《金融研究》

Journal of Financial Research

精编版

2019 年（下卷）

《金融研究》编辑部 / 编

中国金融出版社

责任编辑：马海敏
责任校对：张志文
责任印制：张也男

图书在版编目（CIP）数据

金融研究：精编版. 2019年. 下卷/《金融研究》编辑部编. —北京：中国金融出版社，2020.9

ISBN 978 - 7 - 5220 - 0753 - 3

Ⅰ. ①金…　Ⅱ. ①金…　Ⅲ. ①金融学—文集　Ⅳ. ①F830-53

中国版本图书馆CIP数据核字（2020）第147053号

《金融研究》（精编版）2019年（下卷）
《Jinrong Yanjiu》（Jingbianban）2019 Nian（Xiajuan）

出版发行　中国金融出版社
社址　北京市丰台区益泽路2号
市场开发部　（010）66024766，63805472，63439533（传真）
网 上 书 店　http://www.chinafph.com
（010）66024766，63372837（传真）
读者服务部　（010）66070833，62568380
邮编　100071
经销　新华书店
印刷　保利达印务有限公司
尺寸　169毫米×239毫米
印张　28.5
字数　440千
版次　2020年10月第1版
印次　2020年10月第1次印刷
定价　75.00元
ISBN 978 - 7 - 5220 - 0753 - 3

《金融研究》
（精编版）
编写人员

本卷主编：王　信
编辑部主任：王　鹏
统　　稿：林梦瑶

前　言

《金融研究》是中国人民银行主管、中国金融学会主办，对国内外公开发行的正式出版物。创刊40年来，《金融研究》已成为引领国内学术前沿的理论性、政策性、实践性兼备的权威学术期刊。2005年荣获第三届国家期刊奖。2012年入选国家社科基金资助期刊。《金融研究》编辑部设在中国人民银行金融研究所，负责期刊的组稿、审稿、编辑和出版发行等工作。

为面向国内外读者更广泛、充分地推广《金融研究》所刊载的研究成果，进一步提升期刊的学术和政策影响力，同时促进学术成果转化，更好地服务于中央决策和宏观管理部门的履职需要，《金融研究》编辑部自2019年起对已刊载论文编写精编版，每年分上、下两卷结集出版。

本书是《金融研究》2019年第7~12期共66篇论文的精编版，并结合当前经济金融热点研究领域分类编排。精编版论文为中英文对照，每篇中文内容约2500字，充分考虑了国内外读者的阅读习惯和知识背景，对论文研究背景与意义、研究主题与思路、研究方法与理论依据、数据及来源、主要结论与政策建议、创新与贡献以及未来研究扩展方向等进行了概括和提炼，以期更完整、准确地介绍论文的精华与贡献。精编版同时兼顾现实性、政策性、学术性和可读性，注重提炼思想，阐述观点，力求用简洁生动的语言讲好中国故事，立足文章结论提出有针对性的政策建议，以供参阅。

如需论文完整版，请查阅正刊或登录《金融研究》网站（www.jryj.org.cn）下载论文 pdf 版。

欢迎扫描二维码关注《金融研究》
微信公众号（ChinaJFR）

目录
CONTENTS

01 宏观经济与货币政策

02 金融稳定与风险防范

03 银行经营与企业融资

04 企业改革与创新发展

05 金融市场

06 国际经济与贸易

07 财税政策与地方政府行为

08 普惠金融与社会发展

09 公司治理与公司金融

01 Macroeconomics & Monetary Policy

02 Financial Stability & Risk Management

03 Banking Operation & Financing

04 Enterprises Reform & Innovation

05 Financial Markets

06 International Economics & International Trade

07 Fiscal, Taxation & Local Government

08 Inclusive Finance & Social Development

09 Corporate Governance & Corporate Finance

01　宏观经济与货币政策

货币政策和宏观审慎政策的关联及启示*

——基于英格兰银行的经验

王 信　贾彦东

2008 年国际金融危机对全球经济金融产生了深远影响，也对金融监管和宏观政策框架提出了重大问题。对此，理论界与实务界展开了大范围的讨论和反思。归纳而言，金融机构间的复杂关联、高杠杆率和影子银行问题、流动性风险低估、金融顺周期性以及应对系统重要性机构的有效机制缺乏等，均成为监管当局未能有效识别和化解系统性风险的重要原因。传统微观监管和货币政策都无法保证金融系统整体稳定，需要引入宏观审慎政策切实应对系统性风险。国际金融危机后，这种认识得到强化，推动了宏观政策和金融监管体制改革。

时至今日，宏观审慎政策在内涵、工具和框架等方面快速发展，不仅政策目标更加清晰，工具类型更加丰富，相关理论基础也在不断完善。作为国际金融危机后形成的新政策框架，宏观审慎政策在工具有效性、作用机制、政策框架设计及与货币政策的关系方面都还有待深入研究。特别是在不同的经济、制度环境下，如何遵循理论基础设计宏观审慎制度框架，实践中，如何加强货币政策和宏观审慎政策协调，更好地发挥“双支柱”的政策效果，以及如何借鉴成功的国际经验和做法，建立适

* 原文刊载于《金融研究》2019 年第 12 期。

作者简介：王信，中国人民银行研究局；贾彦东，中国人民银行研究局。

合我国的宏观审慎政策框架等问题，均已成为理论研究和政策实践关注的焦点。

国际金融危机后，英格兰银行高度重视、强化金融稳定职责，结合宏观审慎政策的理论发展，对原有货币政策和金融监管框架进行了大幅度改革，较好地实现了理论与实践的结合。调整后，英格兰银行建立了金融政策委员会，实现了货币政策与宏观审慎政策在不同决策主体下的独立决策模式。英格兰银行货币政策决策的核心是对未来经济预测。相关部门所有工作都是为支持货币政策委员会的判断。从机制设计、分析方法、会议组织和信息公开等方面都体现了系统化、科学化特点。金融稳定政策的核心一直围绕系统风险判断和识别，其宏观审慎政策框架基本实现了理论发展与政策实践的统一。

本文首先对宏观审慎政策的理论基础、政策目标及工具等进行系统综述和梳理。之后，从两类政策关联中涉及的三个重要问题出发，初步讨论了货币政策能否将金融稳定作为政策目标，是否必须引入宏观审慎政策；决策框架设计上，货币政策和宏观审慎政策是分别独立决策，还是联合决策；制度安排上，两类政策是由同一部门负责，还是由不同决策主体分别决定等问题，为我国“双支柱”政策框架的建立和决策机制设计提供了依据。接下来，本文分别从组织架构设计、货币政策框架改革、金融政策框架设计等方面，系统介绍了英格兰银行在货币政策和宏观审慎政策框架改革的经验，重点阐述英格兰银行如何实现理论发展与制度设计的较好融合。最后，给出了我国宏观审慎政策发展的若干启示和政策建议。

我们认为，中国应尽快推动建立完备的宏观审慎政策框架。制度上，应明确宏观审慎政策与货币政策的独立决策模式，同时确立宏观审慎政策的策略、目标、工具和操作规则，并借助中央银行在宏观经济分析和政策制定方面的优势，建立全面、系统的金融风险分析体系。工具上，宏观审慎部门尽快将逆周期缓冲资本（CCyB）、逆周期杠杆率缓冲要求（CCLB）等工具纳入宏观审慎政策工具箱，整合、规范现有宏观审慎政策工具的使用。信息上，应进一步推动金融统计数据信息整合，建立不同层次的系统性风险核心指标集，加强系统性风险的统一监测，形成宏观审慎政策中间目标。方法上，加快建立我国系统性风险模型，正确认识压力测试在宏观审慎政策决策中的作用，统筹开展压力测试。信息发布上，建立规范的政策沟通和信息发布机制。中央银行应在规范框架下，定期表明宏观审慎政策取向，对未来面临的不确定性和重要风险点进行分析说明，适当公布宏观审慎政策工具的决策和调整信息。适时加强市场沟通，有效锚定市场的系统性风险预期。

在宏观审慎政策和货币政策的关联协调方面，应从系统性风险应对的“事前—事中—事后”环节加强机构和部门整合，促进货币政策和宏观审慎政策协调。事前要加强常规的系统性风险监测，加强宏观审慎部门与货币政策及监管部门的协同分析机制建设，定期研讨会商。针对重要风险点，集中开展分析。事中应协调两类政策工具的决策和实施。货币政策部门应及时向宏观审慎部门传递宏观经济分析预测情况。宏观审慎部门应围绕系统性风险态势，提出宏观审慎政策策略。金融稳定部门主要负责金融稳定监测评估，开展风险处置等工作，所有工具的使用都服务于宏观审慎政策的统一决策。事后的风险处置环节则强化金融稳定部门的风险处置职责。宏观审慎部门应及时分析、评估金融机构处置可能出现的系统性风险并加以应对。

同时，在技术上应进一步促进宏观经济模型和系统性风险模型的相互验证、相互补充。基于宏观经济模型的分析和预测是货币政策决策的基础。依据系统性风险模型开展压力测试和情景分析则是宏观审慎政策制定的关键。在操作流程上，借鉴英格兰银行经验，将宏观经济模型作为压力测试情景设计的基础，将风险分析结果作为重要信息反馈至宏观经济模型。在宏观经济模型开发中，要考虑对金融部门的影响，而系统性风险模型的建立，也应设计宏观经济与金融的相互反馈机制。工作机制上，货币政策和宏观审慎政策在讨论、决策相关议题时，均应通过两类模型进行分析和相互验证，以提升货币政策和宏观审慎政策的科学性、协调性。

对货币政策和宏观审慎政策"双支柱"调控框架内在逻辑的思考 *

李 斌 吴恒宇

"双支柱"调控框架是反思国际金融危机教训的重要成果，也是结合我国现实国情的重要理论和实践创新。本文尝试梳理国际金融危机以来全球金融管理理念发生的一些重要变化，重点对货币政策和宏观审慎政策"双支柱"调控框架的理论基础和内在逻辑进行一些新视角的阐释。

2008年国际金融危机以来，金融稳定目标在中央银行政策框架中的重要性再次得到强化，与货币稳定目标一同成为中央银行"双目标"政策组合。中央银行的政策目标经历了一个否定之否定、螺旋式上升的过程。中央银行的政策目标最初源于金融稳定的需要。随着信用货币时代和经济"大萧条"的到来，中央银行开始摆脱贵金属本位制的约束，将重心逐步转向货币政策调控和刺激经济增长，并认为保持币值稳定就可以实现金融稳定，逐渐淡化了金融稳定目标。国际金融危机后，理论界和实务界在反思国际金融危机教训时认识到，由于供给缺乏弹性、价格具有"追涨杀跌"特征的金融交易、初级产品和金融资产等部门的规模和影响显著上升，对由金融顺周期波动和跨市场传染所导致的系统性金融风险需给予更多关注。随着金融稳定的重要性不断上升，中央银行从以往主要

* 原文刊载于《金融研究》2019年第12期。
作者简介： 李斌，经济学博士，研究员，金融委办公室秘书局；吴恒宇，管理学博士，经济师，中国人民银行重庆营业管理部。

履行货币政策职责，转向同时关注保持币值稳定和维护金融稳定的“双目标”。

政策目标的变化要求优化和完善政策工具箱。这可能有多种选择。其中一种是强化原有的货币政策职能，将金融稳定职责纳入传统的货币政策框架，比如，关注包括资产价格在内的更广泛意义上的整体价格稳定。不过，至少从现阶段的情况来看，仅依靠货币政策维护金融稳定、防范系统性风险问题仍有明显缺陷。从国际金融危机后各经济体反思后的普遍共识来看，管理和防范系统性风险、维护金融稳定需要强化宏观审慎政策框架。

货币政策和宏观审慎政策在目标上各有侧重，但并不彼此分割，而是交互影响的，因此需要相互协调配合，形成合力，产生“一加一大于二”的政策效应递增效果，从而形成“双支柱”。中国提出并正在健全货币政策和宏观审慎政策“双支柱”调控框架，这是反思国际金融危机教训的重要成果，也是结合中国国情的重要理论和实践创新。我们理解，所谓“双支柱”，意味着在履行保持币值稳定和维护金融稳定的目标组合中，货币政策和宏观审慎政策是不可或缺的，货币政策不能替代宏观审慎政策，宏观审慎政策也不能替代货币政策。形象地说，就像支撑一座桥梁的两根柱子，虽然各自支撑和受力的位置不同，但相互兼顾，缺一不可。进一步看，“双支柱”有可能同等重要，也有可能在一定阶段内其中一个更重要一些，另一个则发挥辅助性作用。随着形势发展变化和政策目标重心改变，不同支柱的重要性又可能会发生相应的变化，但关键是两个支柱都不能少，由“双支柱”支撑起“双目标”的基本政策框架不变。从理论发展来看，已有不少研究和文献提出了类似“双支柱”的思想，或对货币政策和宏观审慎政策的协调配合进行了研究。从各经济体的实践来看，虽然一些中央银行未明确提出“双支柱”概念，但其政策框架在实质上已具备了货币政策和宏观审慎政策“双支柱”框架的基本特征。

中国人民银行较早开始了宏观审慎政策方面的探索和实践，并一直注重对货币政策和宏观审慎政策的协调配合。例如，在国际收支大额双顺差时期，银行体系的流动性总体偏多，运用窗口指导等具有宏观审慎属性的政策工具，对于抑制货币信贷过快增长、促进银行稳健经营发挥重要作用。在货币政策框架的转型阶段，受制于多方面因素及部分经济主体对利率敏感度不强等约束，仅靠利率调控难以完全控制信贷扩张，也需要借助必要的宏观审慎政策手段。总的来看，宏观审慎政策和货币政策的有效配合使中国较好地应对了内外部复杂形势的挑战，为经济结构调整和改革营造了良好的货币金融环境，同时较好地防范了系统性金融风险，维护了金融稳定，有力地促进了中国经济的可持续发展。

下一阶段，健全货币政策和宏观审慎政策“双支柱”调控框架还需要进一步健全宏观审慎政策框架，并完善货币政策和宏观审慎政策协调配合的体制机制。

一是研究更加明确、量化的宏观审慎政策目标，完善对金融周期和系统性金融风险的监测评估体系，在具有复杂网络特征和联动关系的现代金融生态环境下，重点加强对不同市场金融杠杆水平的整体评估和监测，强化对系统重要性金融机构和金融控股集团的宏观审慎管理，并将更多金融机构、金融交易、金融市场和资金流动纳入宏观审慎管理，扩大宏观审慎政策的覆盖面。

二是从宏观的、逆周期的和跨市场的视角，设计和丰富宏观审慎管理工具，防范金融体系的顺周期波动和风险的跨市场传染，并作好工具效果的评估。加强对货币政策和宏观审慎政策关系的研究，研究不同货币政策工具和宏观审慎政策工具的交互机制，厘清不同政策工具的作用方向、机理和适用条件，推动发挥两类政策的协同作用，强化政策效应。

三是加强多部门统筹协调，进一步完善宏观审慎管理的组织架构，让宏观审慎政策能够更好地落地实施，加强货币政策和宏观审慎政策效果的综合评估和政策协调，建立和完善货币政策、宏观审慎政策和微观审慎监管相互协调和密切配合的组织架构和体制机制，更好地防范和化解经济金融风险。

"双支柱"调控的理论与经验基础*

马 勇

20世纪70年代之后，特别是20世纪90年代以来，世界各主要国家的金融体系都经历了一个快速发展的时期。全球范围内的金融大发展使金融和实体经济之间形成了互相影响、不可分割的内生性关系。一方面，高度发达的金融体系为实体经济的创新发展提供了源源不断的资金支持，金融与科技逐渐成为推动经济增长的两个战略支撑；另一方面，随着金融体系的发展壮大，金融对实体经济的影响也日益深化，金融体系的稳定性和周期波动成为影响宏观经济波动的重要因素。金融和宏观经济之间日渐紧密的内生性关系意味着，必须在一个统一的政策框架内同时考虑金融和宏观经济的调控问题。换言之，有效的政策框架必须实现金融调控与宏观经济调控的协调统一。

尽管统一调控的思路和方向非常明确，但仅仅依赖传统的货币政策工具不足以应对现实中的各种复杂性。比如，尽管价格稳定（或更为广泛意义上的经济稳定）一般被认为是金融稳定的前提和基础，但二者并不总是一致。据世界银行统计，自20世纪70年代末到21世纪初，全球共有93个国家先后发生了112次系统性金融危机，46个国家发生了51次局部性金融危机，这些危机中的大多数都是在政策当局比较成功地控制通胀的背景下发生的。金融危机不仅会直接伤害金融体系自身的稳定

* 原文刊载于《金融研究》2019年第12期。
作者简介： 马勇，经济学博士，教授，中国人民大学财政金融学院，中国财政金融政策研究中心，国际货币研究所。

与发展，还会通过溢出效应对实体经济的稳定与发展产生冲击。事实上，从过去几十年的实际经验来看，价格稳定和金融稳定的目标经常发生冲突，特别是在低通胀和高增长的经济快速发展时期，货币政策虽然能较好地实现控制通胀和稳定经济，但并不足以确保金融稳定，而金融的不稳定常常成为威胁实体经济稳定的一个重要潜在“缺口”。这意味着，传统的单一货币政策框架存在制度设计上的内在缺陷与不足，新的宏观调控框架必须将价格（经济）稳定和金融稳定的目标同时纳入政策视野。

在上述金融和实体经济之间紧密而又复杂的关联关系背景下，过去几十年里世界各国的政策实践早已反复表明，各种传统的政策工具——无论是货币政策工具，还是财政政策工具，抑或是微观审慎监管——即使被正确运用且实施有效，也不足以确保金融和实体经济的长期共同稳定，特别是难以应对形成过程隐蔽而复杂的金融风险问题。作为对 2008 年国际金融危机的一次集体反思和政策回应，宏观审慎政策在国际金融危机后正式进入世界各国决策者的政策视野，其目标是要在传统的货币政策之外，构建专门用于应对金融风险和维护金融稳定的新型政策工具。当宏观审慎政策作为一类新型工具被纳入政策体系并开始发挥重要调控功能之后，传统的基于货币政策的“单一支柱”调控框架就逐渐转向了货币政策和宏观审慎政策相结合的“双支柱”调控框架。

总体来看，随着金融和宏观经济之间关系的日益强化和复杂化，金融稳定对宏观经济的稳定运行具有重要影响，但传统旨在维护价格稳定的货币政策无法同时有效实现金融稳定，根据“丁伯根法则”和政策比较优势原理，在传统货币政策的基础上纳入宏观审慎政策，形成“双支柱”的调控框架，并分别致力于实现价格（经济）稳定和金融稳定的目标，既符合客观现实的调控需要，也具有理论和实践上的合理性和可行性。

从目前全球范围内主要国家的“双支柱”调控实践来看，要进一步形成稳定可靠的政策规则和成熟的操作框架，还需重点解决政策目标、政策工具和政策协调三个核心问题。

首先,从政策目标来看,如果说宏观审慎政策的最终目标是金融稳定,那么具体的盯住目标应该选什么?没有明确的盯住目标,政策操作的随意性会显著上升,而随意性会导致政策决策和行为的不稳定,并最终影响到政策实施的效果。从目前已有的研究来看,通过构建分层指数化的金融稳定目标体系,兼顾总量和结构失衡的监测和判断,可能是一个值得研究和探索的方向。

其次,从政策工具来看,既有研究显示,不同的宏观审慎政策工具会通过不同的路径和传导机制影响金融稳定,而在不同的结构性失衡情况下,具有相对比较优势的政策工具往往是不同的,因此,金融管理部门可考虑建立一个“目标导引式”的政策工具指南,既可有效积累经验,又能进一步增强实践中政策工具选择和使用的针对性、可靠性和有效性。

再次,从政策协调来看,完善“双支柱”调控框架的核心任务之一,是要进一步健全货币政策与宏观审慎政策协调配合的规则与机制,一方面既能有效应对价格(经济)稳定和金融稳定两个基本目标间的偏离和冲突,另一方面又能从长期和全局的视野采取“多工具灵活配置”的综合性措施,提高政策实施的针对性、灵活性和有效性。

最后,从更长远的视角来看,“双支柱”调控框架在完善过程中还应保持适度的开放性和兼容性,从而在更广泛的范围内逐渐实现与其他经济金融政策更加一体化和全局性的协调。客观世界本是一个不可分割的整体,政策决策的原则也应该从整体性出发,形成全局视野的应对策略,这意味着从国家战略层面来看,所有的经济和金融政策最终都应该统一于客观世界,并在充分了解和尊重客观规律的基础上,有原则、有依据地实现充分的协调和搭配。可以预见,在走向金融与实体经济一体化调控模式的过程中,未来的政策创新前景和空间还非常广阔。

货币政策与宏观审慎政策的协调*

马 骏 何晓贝

2008年国际金融危机后，许多国家在维护金融稳定的目标下建立了宏观审慎管理框架。对货币政策与宏观审慎政策的关系以及最优协调方式的认知，是影响各国金融稳定政策机构设置和制度安排的重要因素。

中国人民银行成立了“宏观审慎局”、提出了建立“双支柱”调控框架的目标，但我国货币政策与宏观审慎政策之间的具体分工与协调机制还需进一步完善。在此背景下，本文探讨以下问题：货币政策与宏观审慎政策之间是替代关系还是互补关系？如何设计政策框架和协调机制以有效实现价格稳定和金融稳定目标？各决策和监管部门之间应如何分工协助？

现有文献的研究显示，货币政策与宏观审慎政策在政策目标和传导机制方面存在复杂联系，货币政策对金融稳定的影响和宏观审慎政策对宏观经济的影响（“溢出效应”）会影响两种政策工具的有效性和政策目标的实现。首先，货币政策与宏观审慎政策之间具有一定替代性。两种政策工具的传导机制有相似性，都会通过影响金融机构（尤其是银行）的资产负债表影响宏观经济和金融稳定。例如，放松货币政策（如降息）和放松宏观审慎政策（如放松银行资本充足率）都会刺激信贷供给，推动经济扩张。其次，两种政策工具之间具有一定互补性。货币政策会通

* 原文刊载于《金融研究》2019年第12期。
作者简介：马骏，经济学博士，研究员，清华大学国家金融研究院；何晓贝，经济学博士，清华大学国家金融研究院金融与发展研究中心。

过风险承担渠道影响金融稳定，因此在经济已经过热、杠杆已经过度的情况下，要实现金融稳定的目标，必须“同时”实施稳健的宏观审慎政策和偏紧的货币政策。

货币政策与宏观审慎政策的替代性决定了两者可能形成政策叠加，导致不必要的经济或金融波动，降低社会福利；互补性则决定了一个政策可能因缺乏另一个政策的配合而无法实现目标。然而，哪些情况下以替代性为主，哪些以互补性为主，现有文献结论认为这在很大程度上取决于模型参数设置和宏观情景。例如，发生正向的成本推动冲击时，最优的政策组合是提高利率并放松逆周期资本缓冲，这意味着这种情景下两种政策是替代关系，如果同向操作会造成政策叠加；面临信贷需求冲击时，最优政策组合是提高利率并收紧逆周期资本缓冲，即互补效应占主导，只有同向操作才能有效地实现价格稳定和金融稳定目标。

现有文献的初步结论是，为同时实现价格稳定和金融稳定两个目标，大部分情况下需要货币政策与宏观审慎政策反向操作（由于政策的替代性），但有时也需要两者同向操作（由于政策的互补性）。选择最优的货币政策和宏观审慎政策组合是一个复杂的理论和实证问题，除冲击类别和风险来源外，不同的金融体制和经济周期阶段也会影响选择结果。因此，为了提高政策组合效果，两类政策的决策主体之间需要建立有效的协调机制，加强对货币政策和宏观审慎政策“溢出效应”的量化分析能力。然而在实践中，货币政策与宏观审慎政策的协调能力取决于决策者对两者关系的理解程度、机构设置的路径、经济金融冲击的类别等一系列复杂因素。

中国人民银行从2016年开始引入宏观审慎评估体系（MPA），主要目的是宏观调控。然而很多宏观审慎工具仍然由监管部门负责制定实施，包括多层次的资本监管要求、流动性风险监管指标等。这使得中央银行与金融监管部门在宏观审慎管理和部分微观审慎监管职能上有重叠，货币政策与宏观审慎政策之间的协调机制还需进一步完善。从我国目前货币政策和宏观审慎政策的关系来看，存在以下几方面问题。

第一，和金融稳定有关。我国货币政策目标主要是促进经济增长、充分就业、稳定物价和平衡国际收支，有时也考虑金融稳定、结构性调整和改革等。但金融稳定在货币政策决策中的定位尚不明确。

第二，和MPA机制的目标有关。MPA考核包括四大类目标，即货币信贷政策执行目标、金融稳定目标、结构调整目标、改革目标。其中，货币信贷政策执行目标最重要，金融稳定目标其次。同时，MPA工具的使用还需量化评估。

第三，和MPA与监管部门审慎工具之间的协调有关。审慎监管政策出台前如果缺乏和中央银行的有效沟通，可能导致监管叠加等问题。

第四，中央银行和金融监管部门都需进一步加强对政策效果的定量模型和最优政策组合分析框架的评估。

针对上述问题，借鉴国际理论和相关实践，提出如下初步改革思路：

第一，从法律上明确中央银行的金融稳定职责。明确金融稳定职责的法律依据有助于建立货币政策与宏观审慎政策之间的协调机制，强化中央银行对货币政策和宏观审慎政策的协调能力。

第二，建立货币政策和宏观审慎政策“溢出效应”的分析能力和构建最优政策组合的能力。一方面，需要货币政策决策部门和宏观审慎政策决策部门在一个统一的宏观经济分析框架下识别宏观冲击的类型和来源，设计最佳的货币政策和宏观审慎政策配合模式；另一方面，需要对政策效果进行定量评估，校准两类政策的调整力度，提出最佳政策组合的建议。

第三，为解决宏观审慎决策过度分散化、不协调的问题，建议考虑将主要宏观审慎政策的决策权集中至中央银行，金融监管部门负责组织落实。

第四，建立货币政策与宏观审慎政策的协调流程与机制。一是在重大货币政策出台前，应对其金融稳定效果进行定量分析和评估。如调整政策利率和法定存款准备金率时应充分考量其对资产价格、杠杆行为和银行稳健性指标等的影响。二是在重大宏观审慎政策出台前，须对其宏观经济影响进行评估，如调整资本充足率、住房按揭贷款最低首付比例、固定资产投资资本金比例等监管要求时应考虑其对信贷、经济增长和物价的影响。

货币政策与宏观审慎政策共同支持宏观经济稳定*

黄益平　曹裕静　陶坤玉　余昌华

自2007年美国次债危机为源头的国际金融危机爆发以来，学术界和政策制定者对金融危机的诱发因素、跨境传染机制等进行了深入、广泛的讨论，特别是加强了对货币政策目标与功能的反思。目前的宏观经济政策框架是在“大萧条”之后形成的，在过去九十年间，货币政策和财政政策对于维持宏观经济稳定作出了巨大的贡献，但本轮国际金融危机表明，单纯的货币政策虽然可以支持价格或增长的稳定，却无法有效保证金融稳定，反而在特定条件下可能助长金融风险的累积，最终破坏金融市场与宏观经济稳定。

在此背景下，学术界与政策制定者对货币政策目标展开了深刻的反思与讨论，建议设置与货币政策并立的宏观审慎政策，专司维护金融稳定之责。宏观审慎政策的核心是从宏观的、逆周期的角度采取措施，防范金融系统顺周期波动的跨部门传染所导致的系统性风险，从而维护宏观经济稳定。宏观审慎政策与货币政策之间既有区别，也紧密联系，现实中，两者的目标存在协同与冲突的情形。货币政策侧重稳定物价并促进经济增长，宏观审慎政策旨在维护金融体系的整体稳定，比如控制金

* 原文刊载于《金融研究》2019年第12期。

作者简介： 黄益平，经济学博士，教授，北京大学国家发展研究院；曹裕静，经济学博士，韩国银行研究部；陶坤玉，经济学博士，助理教授，中央财经大学金融学院；余昌华，经济学博士，助理教授，北京大学国家发展研究院。

融体系或特定市场、部门的杠杆水平。前者强调宏观经济稳定，后者维护金融稳定。两者都具有宏观效应和逆周期调节特征，因此政策制定和执行过程中必须充分协调。那么，如何协调货币政策与宏观审慎政策？其对宏观经济稳定的效果如何？两者之间是否存在冲突？在不同的冲击和开放条件下，两者应如何进行最优搭配？基于这些思考，本文探讨了中国货币政策与宏观审慎政策互相配合，共同支持宏观经济与金融稳定的作用机制与效果。

过去十多年来，人民银行积极探索使用宏观审慎政策工具维护金融稳定，最终提出货币政策与宏观审慎政策的“双支柱”政策框架并付诸实践，这是一个具有重要理论与现实意义的尝试，既与国际学术界及国际政策界的前沿思考相呼应，也是一项具有中国特色的政策创新。

在梳理文献与总结国际经验的基础上，本文提出了“双支柱”宏观调控的理论框架。第一，目标协调，让两类政策各司其职，货币政策专注于物价稳定，宏观审慎政策专注于金融稳定，两类目标之间存在协同与矛盾的可能性。第二，根据经济金融周期的不同情形，适当地进行协调搭配，货币政策与宏观审慎政策之间是互补、冲突还是相互独立，取决于经济与金融失衡的类型。第三，货币政策工具与宏观审慎政策工具在具体操作过程中会面临共享渠道的可能，因此需要在操作层面更为精细的协调。第四，区分冲击类型与开放条件的差异，寻求“双支柱”宏观调控的最优政策搭配组合。

本文进一步构建动态随机一般均衡(DSGE)两国(中国与美国)模型，以外部资本流入突然停止作为金融冲击来分析“双支柱”宏观政策的效果与福利对比。该模型的理论创新体现在三个方面。第一，同时考虑了金融渠道与贸易渠道，可以更好地考察金融冲击下，资本流动和汇率变动如何通过贸易和金融渠道对国内经济产生影响。第二，包含了中国特色的非对称特征，考虑了中国资本流动限制和对冲政策，可以更好地解释中国的实际经济。第三，可用于考察资本流入税这项宏观审慎措施的非线性影响，从而为政策制定者在选择宏观审慎政策时提供更具体的操作建议。主要研究结论如下。

第一，金融冲击下，货币政策有助于稳定宏观经济，且随着汇率制度从固定转向浮动，货币政策稳定宏观经济的效果会明显加强。在采用完全自由浮动汇率制度的情况下，中央银行不需要对汇率进行干预，因此，中央银行可以在实施货币政策以减轻关键宏观经济变量波动方面具有更好的独立性与有效性。

第二，在货币政策基础上，增加以跨境资本流入税为代表的宏观审慎政策工具，可以有效遏制金融市场的顺周期机制，进一步提高宏观经济的稳定性，从而验证"双支柱"宏观调控框架的有效性；此外，由于税收政策可以通过征收赋税（补贴）来应对外部资本流入突然停止的冲击，从而减缓金融加速器的负向机制，因此，也可以通过在经济衰退期间适当运用宏观审慎政策来缓解经济波动。

第三，"双支柱"宏观调控政策的有效性和汇率制度有关，当汇率制度的灵活性水平较低时，"双支柱"宏观调控政策对宏观经济的稳定效果更好。

第四，进一步利用福利分析比较货币政策以及"双支柱"宏观调控政策的影响，本文发现，与单独使用货币政策相比，货币政策与宏观审慎政策的组合可以进一步改善福利，且福利提升在不同的汇率制度下都存在，这是因为，在只有货币政策的经济体中，国内货币政策对外国借款利率没有直接影响，而外国借款利率是外债的关键决定因素，在加入宏观审慎政策后，可通过征税提高借款利率或资本价格，从而缓解资本流动的不稳定性。越接近固定汇率制度，"双支柱"宏观调控的福利收益越大，这是因为，在固定汇率制度下，盯住汇率的价格调整成本更高，固定汇率制度下的金融摩擦大于浮动汇率制度下的水平，而宏观审慎政策缓解金融摩擦方面的效果也更强。

经济结构转型与“双支柱”调控框架*

张　斌　熊婉婷

货币政策和宏观审慎政策的实施与协调要考虑宏观经济环境运行的变化。自2012年以来，中国经济开始从制造业主导到服务业主导的经济结构转型。随着人均收入水平突破10 000国际元（购买力平价标准）的临界值，中国经济表现出与高收入国家历史经历高度一致的经济结构转型特征。从消费结构来看，居民部门的支出呈现出显著的消费升级特征，对食品和一般制造业产品的需求逐渐饱和，对服务及个性化制造业产品的需求增加。居民部门的消费升级推动了产业结构转型，导致后者无论是从增加值份额还是从就业份额来看，均呈现出由资本密集型到人力资本密集型的产业转型特征。

实体经济的结构转型对宏观经济和金融市场的稳定产生了冲击。在宏观经济稳定方面，主要威胁从此前的“易热难冷”转向“易冷难热”。宏观经济稳定需要需求和供给的匹配增长，判断二者是否匹配的标准是通货膨胀率。在2002—2012年，反映整体价格水平变动的GDP平减指数均值高达4.7%，说明经济运行存在过热压力。经济过热的原因在于需求增长超过了供给增长。需求增长过快是因为名义购买力增长过快。名义购买力增长主要由信贷增长推动。信贷增长的动力主要来自资本密集

* 原文刊载于《金融研究》2019年第12期。

作者简介：张斌，经济学博士，研究员，中国社会科学院世界经济与政治研究所、中国金融四十人论坛；熊婉婷，理学博士，助理研究员，中国社会科学院世界经济与政治研究所。

型行业的扩张需求。2012年以后，情况出现反转。2012—2018年的平均GDP缩减因子下降至1.8%，较2002—2012年下降了接近3个百分点。工业品价格下行的压力尤为突出，PPI在2012—2016年连续18个季度增速为负。造成这一结果的原因有两个。一个是随着产业结构从资本密集型转向人力资本密集型，市场自发的企业信贷需求大幅下降。另一个是从资本密集型向人力资本密集型的产业转型使传统的银行信贷更加困难。企业信贷增速大幅下降带动全社会广义信贷大幅放缓，导致名义购买力增速下降，进而带来通缩压力。历史经验表明，总需求不足导致的通缩会带来多方面的危害。一旦掉入“债务—通缩”陷阱，经济增长可能会长期衰退。

在金融市场稳定方面，国际金融危机后对系统性风险的反思主要集中于如何防止经济过热和避免过度风险偏好。但是，目前中国经济正面临结构转型和外部需求疲软的挑战，更容易出现经济偏冷和风险偏好不足的系统性风险，因此要基于国情对宏观审慎政策的工作重点进行适应性调整。在时间轴上，需要警惕经济周期和金融周期下行的压力叠加和相互强化。在空间轴上，不仅要增强少数“大而不能倒”的系统重要性机构的风险抵御能力，更需要关注“小广散”式系统性风险，即来自小型机构、广泛分布、分散存在于各种金融业态的金融风险。2016年以来，随着MPA监管体系的全面落实，系统重要性机构的金融稳定性得到了加强，城市商业银行、民营银行、农村商业银行等金融机构的信用风险却在加大。尽管这些机构的个体规模远小于少数几家大型商业银行，但这些机构整体占比高、扩张速度快、业务覆盖面广，并且是中小企业、农村和地方机构的重要融资来源。以2019年初的包商银行、锦州银行事件为起点，一些问题金融机构在未来将通过接管、重组和破产等形式退出市场。由于这些机构同时也是同业业务的重要参与者，一旦出现问题金融机构的集中式市场化清算，将会对整个金融体系造成系统性冲击。

综合以上考虑，中国在结构转型期内的“双支柱”宏观调控政策有以下四个重点。

第一，货币政策目标须集中，将稳定总需求和实现温和通胀作为首要任务。实现温和通胀目标面临的最大挑战是经济结构转型导致的市场自发的企业信贷需求不足。中长期内，需要立足于结构改革，为人力资本密集型行业创造更好的发展环境，发展权益类融资，以此确保市场自发融资需求的增长。短期内，需要通过灵活的利率调整、减少对行业贷款限制以及发掘更多政策手段保持合理的信贷需求增长。

第二，宏观审慎监管体系的设计要适应系统性风险的新变化，完善相关政策工具和配套制度安排。一方面，针对周期下行风险，可适当改进 MPA 框架中的逆周期缓冲要求设计，对信贷收缩过快的金融机构在不影响稳定性的前提下适度放松资本充足率要求。另一方面，宏观审慎监管框架应预先做好“小广散”问题金融机构集中出清的应对措施。一是监管机构应持续拓宽业务监管范围，不断将金融机构出于绕开监管目的的创新业务纳入正规监管，限制高成本、高风险的金融绕道业务发展。二是在前瞻性预警模型中，增加关于中小银行连锁倒闭的压力测试。三是配合其他政策手段建立金融风险防火墙，为问题金融机构的退出建立有序退出机制。

第三，货币政策和宏观审慎政策之间的配合需考虑中国当前金融体系的结构特征，重视促进融资服务供求匹配程度的优化。宏观审慎政策应担任结构调整和业务规范的责任，例如，2017 年和 2019 年将表外理财和同业存单纳入 MPA 考核的政策调整对金融绕道业务的规范起到了积极作用，有助于金融稳定。同时，针对这些监管政策调整对金融体系的信贷供给带来的紧缩作用，需要货币政策保持稳健中的适度宽松加以对冲，以防止过度加重经济和金融周期的下行压力和引发问题金融机构风险的集中爆雷。

第四，加强货币政策与财政政策的协调配合，共同承担稳定宏观经济和金融市场的重任。在维护宏观经济稳定方面，财政政策要发挥好缓冲器的作用，在市场自发需求不足的时候需要及时补上缺口。在防范系统性金融风险方面，财政政策不能把问题金融机构都推给市场，对公益和准公益类的历史债务要认账，对公益和准公益类的新增建设项目要买账，对非公益类的问题债务要尽快进行市场化处理。

宏观审慎与货币政策“双支柱”框架研究*

——基于系统性风险视角

方 意 王晏如 黄丽灵 和文佳

国际金融危机的重要经验表明，货币政策无法兼顾经济和金融稳定的双重目标。在新形势下，中国政府提出“健全货币政策和宏观审慎政策双支柱调控框架”的金融体制改革目标，牢牢守住不发生系统性风险的底线。具体来说，“双支柱”框架强调政策与职能相分离的原则，即宏观审慎政策专门盯住金融稳定目标，货币政策则主要关注经济稳定目标。本文从系统性风险视角，尝试为“双支柱”政策框架提供理论支持。与现有研究文献大多关注经济福利变化相比，本文的研究重点在于“双支柱”政策对金融风险本身的影响。此外，本文强调从时间和空间两个维度关注“双支柱”政策框架与系统性风险之间的关系。

本文首先从金融周期的两个阶段总结了系统性风险的生成和传导机制。金融上行周期主要表现为风险累积，即正向冲击下金融部门风险承担水平的升高；金融下行周期主要表现为风险实现，即负向冲击被金融部门内部杠杆、关联网络等机制放大后对自身和实体经济造成的负外部

* 原文刊载于《金融研究》2019年第12期。

作者简介：方意，金融学博士，副教授，中央财经大学金融学院；王晏如，金融学博士研究生，中央财经大学金融学院；黄丽灵，经济学博士研究生，北京大学汇丰商学院；和文佳，金融学博士研究生，中央财经大学金融学院。

性。进一步地，本文归纳出系统性风险的两个维度，即时间维度和空间维度。以此为基础，本文主要回答了两个问题：宏观审慎政策能否有效防范和化解系统性风险，以及货币政策会通过何种途径对系统性风险造成溢出影响。

关于宏观审慎政策的有效性，本文有以下观点：（1）时间维度宏观审慎政策主要针对时间维度系统性风险，关注金融部门与实体经济之间的顺周期性效应。采用信贷价值比、资本充足率等政策工具进行逆周期调节，可以前瞻性地减弱上行周期的风险累积，以减小系统性风险实现的概率；与此同时，合理设置逆周期资本缓冲、流动性覆盖等政策要求，可以提升金融机构在下行周期抵御负向冲击的能力，以减小风险对实体经济造成的负外部性。（2）空间维度宏观审慎政策主要针对空间维度系统性风险，关注金融部门内部因关联网络而产生的风险放大机制。其中，“窗口指导”“系统重要性机构监管”等事前政策工具主要用于降低金融部门内部的关联程度以及潜在的风险传染效应；而流动性注入等事后政策工具的作用在于防止已经遭受损失的机构进一步抛售资产，对金融网络不断冲击，进一步加剧金融部门整体的损失。

关于货币政策的溢出性，本文有以下观点：（1）货币政策对时间维度系统性风险的溢出以“资本缺口”机制为核心。宽松型货币政策作为正向冲击，影响金融机构资产负债表的扩张行为，进而形成资本正缺口的正反馈循环，加剧上行金融周期系统性风险的累积；紧缩型货币政策作为负向冲击，在资产抛售网络的作用下，形成资本负缺口的负反馈循环，加剧了下行金融周期系统性风险的实现。（2）关于货币政策对空间维度系统性风险的溢出，由于现有文献对这一领域关注较少，本文简要总结了货币政策影响同业业务网络结构的两条潜在机制，即供求匹配机制和风险偏好机制。

综合来看，目前从系统性风险的时间维度探讨“双支柱”政策的研究已经受到广泛的重视，而从系统性风险的空间维度探讨“双支柱”政策的研究较为匮乏。因此，本文分别从时间维度和空间维度对未来“双支柱”政策的制定和协调研究提出如下建议。

宏观审慎政策制定时要进一步关注货币政策对时间维度系统性风险的溢出性，并充分利用政策工具予以化解。（1）在宽松的货币环境下，宏观审慎政策逆周期调节金融周期过度膨胀时，不应仍从传统信贷周期的视角调节资本类工具，应综合资产负债表的各类非传统金融资产与负债表现进行政策调节。（2）宏观审慎政策框架不仅要重视上行周期时逆周期参数的设定，还要完善该参数上调或下调的具体预设场景，做到下行周期时的未雨绸缪。

在空间维度上，要加强空间维度宏观审慎监管理念和工具的创新。（1）在常态时期应重点关注大机构的风险承担水平和中小机构的破产风险，完善中小机构的资本补充机制；在压力或危机时期，应重点关注大机构的破产风险，防止系统性风险的最终爆发。（2）综合利用系统性风险的各类横向关联性，可以更好地防范和化解系统性风险。业务（网络）关联性主要是在上行周期累积关联性，然后在面临负向冲击时，通过前期累积的关联性放大冲击。因此，对金融机构业务（直接、间接）关联性的把握和研究重点应放在风险传导机制和路径上。而金融市场关联性则集中表现为负向冲击下的快速上升，主要对应下行周期。由于这类关联性采用高频的市场数据，可以主要用于系统性风险的实时监测。（3）由于金融网络结构反映的关联机制是系统性风险实现的最重要的内核，如何更全面地研究货币政策这种空间维度溢出，以及空间维度宏观审慎政策如何更有效地关注这种溢出性以减少横向关联性带来的外部性，也应成为未来“双支柱”调控框架研究的重点方向之一。

开放经济下的“双支柱”调控稳定效应研究*

芦　东　周梓楠　周　行

开放经济下货币政策和宏观审慎政策的调控稳定效应是国际经济学界和政策制定者们关心的核心问题。尤其是2008年国际金融危机后，构建宏观审慎政策框架成为全球范围内的重要研究议题。中国在构建宏观审慎政策框架方面开展了系列探索，提出“货币政策＋宏观审慎政策”的“双支柱”调控框架，前者侧重平抑经济周期波动、维护物价稳定，后者侧重防范系统性金融风险。近年来，诸多学者针对“双支柱”框架的理论与实践进行研究，但鲜有在开放经济体的管理浮动汇率制度下，对货币政策和宏观审慎的配合问题进行系统地实证研究和理论分析。

自2005年人民币汇率形成机制改革以来，中国实行以市场供求为基础、参考一篮子货币调节、有管理的浮动汇率制度。保持人民币汇率在合理均衡水平上的基本稳定是中国货币政策的目标之一，汇率是中国货币政策规则不可或缺的一个环节。因此，关键的问题就是：在人民币管理浮动汇率制下，中国货币政策如何受到管理浮动汇率制的影响？进而我国管理浮动汇率制下的货币政策如何与宏观审慎政策相结合以实现宏观经济和金融稳定？上述问题不仅是理论研究的焦点，更是影响未来宏

* 原文刊载于《金融研究》2019年第12期。

作者简介： 芦东，经济学博士，讲师，中国人民大学财政金融学院；周梓楠，金融学博士研究生，中国人民大学财政金融学院；周行，经济学博士，讲师，对外经济贸易大学“一带一路”PPP发展研究中心研究员，对外经济贸易大学金融学院。

观政策决策的关键。

为研究上述问题，本文首先从实证层面考察了人民币管理浮动汇率制度的运行特征及其对我国货币政策的影响。本文基于国际主流方法，在已有的货币政策规则上加入中央银行对汇率的反应。本文发现，人民币管理浮动汇率制对货币政策的影响具有非对称性，表现为货币的贬值预期导致中央银行实施紧缩性的货币政策，以限制货币的过度贬值。但是，当人民币面临升值压力时，中央银行的货币政策对汇率的反应并不显著。对此，一个可能的解释是中央银行主要通过资本管制、外汇冲销等方式对人民币升值进行逆周期调节，从而并未影响到整体的货币供应量。

接下来，本文构建了包含金融部门和货币错配的开放宏观经济模型，重点分析了在面对美联储加息、人民币贬值压力的情况下，货币政策（包含对汇率的反应）和宏观审慎政策（尤其是对外债的限制）的配合如何影响宏观经济和金融的稳定。货币错配是新兴市场国家在经济金融全球化过程中普遍存在的现象。近年来，虽然我国外债风险总体可控，但货币错配的潜在风险日益突出。2015年“8·11”汇改后，人民币贬值预期上升，引发了境内企业加快偿还美元债务的行为，对我国的经济金融稳定产生了一定的影响。另外，中央银行明确表示人民币资本项目可兑换是有管理的可兑换，其中包含对外债的宏观审慎管理。因此，本文对宏观审慎政策的建模主要考虑对外债的逆周期调节。

在汇率制度方面，本文采用国际前沿方法（“偶然紧约束”条件），将我国货币政策对汇率变化的非对称反应纳入结构性宏观模型。本文发现，在管理浮动汇率制下，本国中央银行被迫跟随国外加息以限制货币的贬值幅度。如果缺少宏观审慎政策对跨境资本流动的逆周期调控，中央银行需要更大程度地追随国外升息才能限制货币的贬值，这将导致产出和资产价格等经济金融变量的波动增大。因此，宏观审慎政策会在一定程度上降低经济的波动，实现宏观经济和金融的稳定。进一步分析，本文研究了在宏观审慎政策的情况下，中央银行的完全浮动和管理浮动两种汇率政策对宏观经济和金融变量的影响。结论表明，在模型的参数设定下，从中长期来看，相对于完全浮动汇率制，管理浮动汇率制能带来产出和外债等核心变量的较小波动。

本文的主要贡献在于：从实证和理论两个方面研究了我国管理浮动汇率制对货币政策的非对称影响，进而研究了包含汇率反应项的货币政策与限制银行外债的宏观审慎政策的“双支柱”配合问题。本文为开放经济下“双支柱”调控框架的构建提供了一定理论支持，并为管理浮动汇率制下的“双支柱”配合问题提供了可复制推广的研究思路与方法。

本文具有重要的政策含义：第一，中央银行应继续加强全口径跨境融资宏观审慎管理，通过调节宏观审慎参数（例如外债税率）使跨境融资水平与宏观经济规模、整体偿债能力和国际收支状况相适应，以控制杠杆率和货币错配风险；第二，应该继续坚持货币政策与宏观审慎政策的协调配合，发挥二者的协同效应，更好地维护经济与金融稳定，促进宏观经济健康可持续发展；第三，加强对金融机构等主体货币错配情况的监测、预警和评估，同时配合管理浮动汇率制，建立宏观审慎框架下的系统性风险处理机制，完善货币政策和宏观审慎政策的协调搭配。

金融发展与经济增长的适配性*

——来自英美、德国、法国三大法系的启示

黄　宪　刘　岩　童韵洁

长期以来，学术界与决策部门均高度关注金融发展与经济增长的协调适配问题。主流观点一度认为金融发展对经济增长具有单向正面作用，而英美法系下的金融发展程度又最高，因此应当鼓励本国法治体系及制度框架模仿和学习英美法系国家。然而，本轮国际金融危机在一定程度上打破了国际社会对英美高度“发达”金融体系的迷信，促使人们反思金融发展与经济增长之间可能具有的复杂关系。本文基于不同法系国家群的维度对金融发展促进经济增长的持续性问题进行探究，从法学哲理、法系环境视角剖析它们如何影响一国的金融发展水平和特征，以及对经济增长的促进作用和持续性。

英美法系在偏重私产保护和限制国家权力理念的熏陶下，可以最大限度调动私人及市场的活力，追求短期利益的动力较强，但同样可能带来外部性的扩散和公共利益的损失。在德国与法国法系理念氛围中，对公共利益和社会目标保护的强调，可以制约私人缔约行为的外部性影响。一国法律体系的源头对其法治体系的作用扮演着关键角色，基于这一逻辑关联，本文提出核心研究假设：法系会影响金融发展对经济增长的促进作用及其

* 原文刊载于《金融研究》2019年第12期。

作者简介：黄宪，经济学博士，教授，武汉大学经济与管理学院；刘岩，经济学博士，助理教授，武汉大学经济发展研究中心，武汉大学经济与管理学院；童韵洁，金融学硕士研究生，武汉大学经济与管理学院。

持续性。依据金融发展与经济增长关系的“法金融”根基，本文扩展性地提出了作为两者之间传导途径的“社会机制”和“适应性机制”。

第一，社会机制的传导和影响。社会机制包括社会诸核心要素的商品化程度、人力资本价值和配置模式以及国家与个人权利界定三个方面。各主要法系通过社会机制对金融发展与经济增长关系的影响如下。首先，除了宗教之外的社会核心要素都具有商品属性，但在英美法系下这些核心要素的商品化程度远远大于德国、法国法系。这种差异使得在社会经济长期利益与短期利益的衡量和追求中，英美法系与德国、法国法系国家呈现出不同的行为偏好。其次，从此角度来看，可以将社会要素的金融化视做其商品化的极致。然而，经济对象的过度金融化极易导致相应的金融活动脱离经济基础。最后，英美人力资本模式表明，金融机构的最佳竞争力来自个体最优，因此要在市场上挑选最优者。但这容易带来个人薪酬的“明星”效应，实体部门常常无法与金融业竞争，最终导致人力资本在部门间配置的扭曲。德国、法国法系注重公共利益与群体利益目标协调，对个人价值与利益竞争的追求更为平稳。比如，德国教育与就业在培育“工匠”精神方面尤为突出。

第二，适应性机制的传导和影响。适应性机制是指以法理为基础的金融体系特点、金融监管的方式和标准，以及它们在面对经济增长变化产生新需求时的适应能力。

首先，金融体系与经济增长的关系。英美法系与德国、法国法系在金融体系方面的主要区别在于前者以市场体系为主而后者以中介体系为主。英美法系认为金融市场配置资源占优，主要理由为，资本市场在资金配置上优化了企业资本结构，同时丰富的证券投资工具有助于投资者充分分担风险，降低融资成本。大陆法系认为中介体系配置资源占优，主要理由为，间接融资有利于事前甄别和事后监督，银行业有强大的支付系统与优势，中介机构与企业的关系紧密且长久，银行导向型国家的大银行往往同时以利润和公共利益最大化为经营目标，更容易配合政府政策来平滑经济周期。

其次，金融监管和经济增长的关系。英美法系国家金融监管宽容度较高，优点在于允许更多的金融创新进入试错期，缺陷是有相当部分金融创新是负面的，导致资金在系统内空转并累积风险，进而引发金融危机。德国、法国法系国家更偏向从公共利益出发对私人缔约进行限制，金融监管宽容度较低，因而不易出现由金融危机引发的经济危机。这一特征的优点是金融体系比较稳健，金融业务和创新更多围绕实体经济去开展。缺点是会对金融创新进行限制，使得金融业活力不足。

本文的实证研究结论如下：根据93个国家和地区1989—2015年的数据，用（股票市值+私人部门信贷）/地区生产总值衡量金融发展水平，验证了三大法系下金融发展与经济增长之间倒U形关系及其差别，结果表明：德国法系（中国内地归属于德国法系）下金融发展对经济增长的促进作用的持续性最强，英美法系次之，法国法系最弱。

本文的研究结论具有重要的政策含义。第一，除了英美模式之外，对德国法系下的金融发展模式也应高度重视，尤其是要高度重视法系及其所蕴含的核心哲理的选择与运用，以此提高金融发展对经济增长促进作用的持续性。第二，传统的规模导向型金融发展理念有较大的局限性和缺陷，无论是金融中介还是资本市场，都不能仅看它们的规模总量，更重要的是考察它们贴近实体经济的程度以及所提供的金融服务的针对性。第三，中国是有着悠久且连续历史文化传统的大国，孕育了许多优秀的传统文化和哲理，同时又实行社会主义市场经济体制，其理念都倡导协调发展，不鼓励只追求自我利益最大化下的“贪婪”。因此，中国金融发展在深化改革和不断成熟的过程中，应尊重自身特点和经济运行规律，深入考察和汲取各模式中适合自身的元素，不断吸纳、扬弃和完善，以使中国金融发展最有效地促进经济可持续增长。

储蓄率与杠杆率：一个 U 形关系*

刘哲希　随晓芹　陈彦斌

高储蓄率与高杠杆率并存是近年来我国经济呈现的典型特征。高储蓄率也被认为是我国杠杆率偏高的主要原因之一，由此，能否通过降低储蓄率的方式来去杠杆成为广泛讨论的问题。然而已有研究尚未针对这一问题给出确切答案。

从现实情况来看，至少有以下两个现象不支持储蓄率与杠杆率之间的正相关性。一是高储蓄是我国经济长期以来存在的现象，高杠杆问题则是在 2008 年国际金融危机之后才出现，两者并不直接相关。2008—2018 年，我国储蓄率下滑了 6 个百分点，而同期非金融部门的杠杆率反而大幅上升了 111.6 个百分点。二是从全球范围来看，“低储蓄—高杠杆”的国家比“高储蓄—高杠杆”的国家更为常见。例如，对于美国、英国、法国等典型的杠杆率较高的经济体，其储蓄率均处于较低水平。

有鉴于此，本文试图通过理论模型与实证检验对储蓄率与杠杆率二者之间的关系进行更为系统的分析。在理论模型方面，本文基于 Samuelson-Diamond-Tirole 的 OLG 框架构建了一个含有居民和企业部门的动态一般均衡模型，该模型刻画了储蓄率对杠杆率在两方面的主要影响。以储蓄率下降为例，一方面，储蓄率下降会使居民部门将更多资金

* 原文刊载于《金融研究》2019 年第 11 期。
作者简介：刘哲希，经济学博士，讲师，对外经济贸易大学国际经济贸易学院；随晓芹，博士研究生，中国人民大学经济学院；陈彦斌，管理学博士，教授，中国人民大学经济学院。

配置于消费与金融资产投资，表现为居民部门加杠杆激励增强；另一方面，储蓄率下降会使企业部门获得的可贷资金规模减少，从而影响企业部门的借贷与投资决策。数值模拟结果显示，当储蓄率偏低时，居民部门杠杆率会偏高，企业部门杠杆率会偏低，这类似于美、英等经济体的杠杆率情况。当储蓄率偏高时，居民部门杠杆率会偏低，企业部门杠杆率会偏高，这类似于我国的杠杆率情况。由此，储蓄率与杠杆率之间并非一种单调关系，而是一种U形关系。

进一步地，本文基于理论模型还发现，在高杠杆状态下，较低的储蓄率会使经济面临更大的金融危机爆发概率。这是因为，低储蓄率通常对应于居民部门的高杠杆状态，居民部门将更多资金配置于金融资产领域，从而会引发较大的资产泡沫破裂风险，而一旦资产泡沫破裂将会成为金融危机的导火索。相比之下，较高的储蓄率则通常对应于企业部门的高杠杆状态，往往会导致企业部门的信贷配置效率问题。这一问题虽然会带来经济运行效率的损失，但引发金融危机的可能性较低。以上结论较好地解释了为什么在过去几十年中超过三分之二的金融危机是由居民部门债务所引发，而仅有少数危机由企业债务所引发这一事实。

在实证检验方面，本文以国际清算银行常用的41个代表性经济体为样本，基于1966—2017年的面板数据，对储蓄率与杠杆率之间的关系进行了实证分析。就储蓄率与杠杆率二者关系而言，无论是采取静态面板的固定效应回归模型，还是采用动态面板的Arellano-Bond系统估计方法，均得到了储蓄率与杠杆率之间存在稳健U形关系的结论，与理论模型的数值模拟结果相一致。就储蓄率对高杠杆下金融危机的爆发概率而言，本文基于各主要经济体1966—2010年的金融危机数据并且利用Probit和Logit模型研究发现，高杠杆下较高的储蓄率可以有效降低金融危机的爆发概率，而储蓄率下降则会加大金融危机的爆发概率，这同样证实了理论模型得到的结论。

结合本文的研究结果，预计我国储蓄率的变化会带来两方面影响。一方面，由于储蓄率与杠杆率呈现U形关系且U形曲线的拐点值在39%左右，所以降低储蓄率（2017年我国储蓄率为47%）有助于降低杠杆率。不过，进一步的测算结果表明，这一降杠杆效果较为有限。即使将储蓄率降至拐点值，我国的杠杆率水平也只能下降4个百分点左右。另一方面，由于储蓄率对高杠杆下金融危机爆发概率影响的临界值在48%左右，即当储蓄率低于48%时，将不足以抵消杠杆率上升带来的金融危机爆发风险。当前我国储蓄率已经降至48%以下，根据上述分析，储蓄率进一步下降会使得我国债务发生危机的可能性上升，不利于守住不发生系统性金融风险的底线。

基于此，本文认为，我国不宜通过降低储蓄率的方式来降低杠杆率，反而需要对近年来储蓄率下滑的现象予以高度重视和警惕，对由储蓄率下降带来的经济金融风险提前做好应对方案，从而更好地守住不发生系统性金融风险的底线。针对储蓄率下滑加快的现象，有以下几点政策建议。一是通过加强宏观审慎管理和构建房地产市场健康平稳发展的长效机制，遏制居民储蓄资金大量流向房地产部门的势头，防止储蓄率进一步过快下滑。二是加强对互联网金融背景下各种金融创新行为的规范与监管，避免互联网金融等领域过度分流居民储蓄。三是对居民消费信贷规模进行有效管理，不能将消费信贷作为刺激居民消费的途径。

总体而言，本文是国内较早对储蓄率和杠杆率两者关系展开系统分析的理论研究。与已有研究倾向于认为储蓄率与杠杆率是正相关关系不同，本文发现两者是一种U形关系，并且还得到了“低储蓄—高杠杆”的环境下金融危机爆发概率会显著大于“高储蓄—高杠杆”的结论。这不仅有助于深化对我国高杠杆问题以及如何应对高杠杆问题的认识，对我国结构性去杠杆进程中宏观政策的制定也具有一定的借鉴意义。

产假政策与子女长期人力资本积累*

鲁元平　赵　颖　石智雷

为应对低生育率危机，世界各国在过去数十年间均不同程度调整了人口政策，其中一个重要方面即为延长了产假的时间。中国的人口政策在近年来有较大调整，实施了30多年的一胎政策开始逐渐被取消。一胎政策在一定时期内对调整中国的人口数量具有重要意义，同时也在一定程度上提升了人口质量。然而，中国目前的人口政策主要是鼓励人口增加的数量型政策，但对人口增加的质量关注相对较少，也缺乏相应产假时间调整的制度设计。

产假政策对子女长期人力资本积累的影响已经在国外研究中得到较多关注，主要包括对女性劳动力市场的表现和子女的长期发展两个方面，但中国学者对此问题关注相对较少。造成这种现象的主要原因在于中国的产假是带薪产假，且产假时间往往在1年以内，女性重返劳动力市场后工资经受的损失（wage penalty）相对较小。这与国外带薪产假工资降低较多、部分国家无薪产假对女性劳动力市场带来的持久负面影响存在差异。就对子女长期发展的影响而言，子女缺少父母陪伴的时间越早，认知能力的发展就可能越滞后，从而对人力资本积累产生的负面影响也就越大。作为人口政策的重要方面，产假政策的制定和调整对人口规模

* 原文刊载于《金融研究》2019年第11期。

作者简介： 鲁元平，管理学博士，副教授，中南财经政法大学财政税务学院/收入分配研究中心；赵颖，经济学博士，副教授，中南财经政法大学财政税务学院/收入分配研究中心；石智雷，经济学博士，教授，中南财经政法大学公共管理学院。

和人口质量具有双重影响。

遗憾的是，作为应对低生育率的重要政策安排，国内学者就产假政策调整对微观主体行为方面的研究相对缺乏，导致社会难以评估该政策的短期和长期社会经济效应，为相关政策的制定和执行带来更多的不确定性。这种影响的一个直接体现即为放开一胎政策后，迄今为止尚未有产假政策相应延长的制度安排，这在一定程度上并未降低微观主体的生育成本。在诸多影响微观主体的行为中，产假政策对下一代子女人力资本积累的速度和方式将在较大程度上影响中国未来劳动力市场技能结构的形成与调整，从而对经济的可持续发展产生一定的影响。

鉴于此，本文使用2005年1%人口抽样调查数据，结合1988年7月的中国产假延长政策，即1988年7月颁布的《女职工劳动保护规定》将产假由此前的56天增加至90天，这是中国历史上全国产假执行的统一标准中对产假时间调整最大的一次。增加的产假天数可能对女性劳动者在家庭和劳动力市场上的时间分配和经济资源获取，以及对下一代包括教育和健康在内的人力资本积累产生一定的影响。通过RD-DID方法克服断点前后个体异质性，本文估算了产假时间的延长对子女长期人力资本积累的影响。研究结论显示：（1）产假时间的延长对子女长期人力资本积累具有积极影响，显著增加了子女的实际受教育年限。排除相关政策因素的干扰后，这种影响仍显著存在。（2）这种影响存在较大的异质性，经济地位相对更高的女性以及本地女性子女的受益程度相对更大。（3）产生这种现象的内在机制并非是通过改善个体的健康或家庭经济资源进而促进了教育水平提升的间接方式，而是通过正式照料这种直接方式。

本文的贡献主要在于：准确识别了产假政策调整对子女长期人力资本积累的影响。研究产假对人力资本积累影响的难点在于，生育和休产假行为都是微观家庭的内生决定，该决定的形成可能受诸多不可观测因素的影响，从而难以识别产假对长期人力资本积累的影响。本文采用1988年中国历史上最大的一次产假时间调整，由此前的56天增加至90天，作为识别的政策事件。该政策于1988年7月21日发布，1988年9月1日施行，从颁布到实施的时间间隔较短，可以作为识别产假对子女长期人力资本积累变化的外生冲击，为科学评估和制定调整中国的产假政策，进而促进人口结构合理变动提供智力支持。

在本文研究结论的基础上，提出以下三点政策建议。（1）重视产假政策在代际人力资本积累中的重要作用。中国人口政策的有效实施既要考虑宏观层面人口数量对经济发展的影响，也要考虑微观层面生育意愿调整的影响因素。通过制定合理的产假政策，注重产假时间调整对子女人力资本的长期积累，通过改善子女出生后的认知能力和非认知能力，为优化中国人口结构、提升劳动力素质奠定基础。（2）在女性产假政策调整的基础上，应进一步推动完善父亲的陪产假，父亲的陪产假是当前国际上的一种主流产假政策。单方面延长女性产假时间，可能对女性劳动者进入劳动力市场造成一定程度上的障碍，不利于女性劳动者就业。以家庭为单位，将产假时间在夫妻双方之间进行“总量控制、结构调整”，可在一定程度上发挥产假时间延长对代际人力资本积累的积极作用。同时通过产假时间在夫妻双方间的合理分配，弱化单独延长女性产假时间对其就业造成的潜在负面影响。（3）继续完善产假政策，在带薪产假之外引入无薪产假政策。多国实践经验表明，无薪产假是有薪产假的有益补充。由于带薪产假会增加用人单位的用工成本，应在当前调整带薪产假的基础上制定和实施无薪产假政策，从而减少部分企业对女性劳动者照顾子女时间的限制，增加女性在家庭和事业上的选择权。同时也可在一定程度上减少企业在招聘过程中对女性员工的歧视，促进性别平等。

基于DSGE模型的绿色信贷激励政策研究*

王 遥 潘冬阳 彭俞超 梁 希

传统观点认为，货币金融政策“管总量”，财政税收政策“管结构”。然而近年来在我国全力推进生态文明建设的背景下，旨在促进经济结构绿色转型的绿色金融政策和绿色信贷政策发展迅速。货币金融政策如何发挥管理经济结构、促进绿色转型的作用？相关政策工具有怎样的潜在效果与成本？如何构建理论模型对此加以量化分析？本研究尝试回答这些问题。

绿色金融政策在我国的一般含义是促进金融服务支持环境改善、气候变化减缓与适应、资源高效利用的政府与监管机构政策。狭义而言，即能够激励绿色金融活动的金融政策工具与干预手段，例如，针对绿色信贷的贴息、中央银行再贷款、政府担保、降低风险权重与资本要求（绿色信贷激励政策）等。2016年，我国颁布《关于构建绿色金融体系的指导意见》，上述政策陆续被提出或开始试点施行。国际上看，随着气候变化问题日趋受到全球关注以及2017年国际“央行与监管机构绿色金融网络”（NGFS）的成立，多国政策制定者也开始考虑引入类似政策。

* 原文刊载于《金融研究》2019年第11期。

作者简介： 王遥，经济学博士，研究员，中央财经大学绿色金融国际研究院、财经研究院；潘冬阳，博士研究生，伦敦大学学院可持续资源研究所；彭俞超，经济学博士，讲师，中央财经大学金融学院；梁希，经济学博士，高级讲师，爱丁堡大学商学院。

本文基于真实商业周期（RBC）框架，设计了包含绿色金融因素的动态随机一般均衡（DSGE）模型。在 DSGE 模型中纳入绿色金融因素的具体方法是：第一，引入异质性生产部门，即绿色生产部门与其他生产部门；第二，通过生产部门“营运资金”的设定引入其借贷需求，绿色生产部门的借贷为“绿色信贷”，其他生产部门的信贷为传统信贷；第三，引入银行作为金融中介，发放绿色信贷与传统信贷；第四，引入中央银行与财政部门，对绿色信贷活动施行定向降准、再贷款、贴息三类激励政策。

根据模型开展了基于中国数据的量化分析，有以下发现。

第一，无论是以临时性政策优惠的形式引入，还是按一定内生规则纳入经济系统，针对绿色信贷的定向降准、再贷款、贴息三类激励政策均具有提高绿色信贷量的直接效果；三类政策的效果从大到小排序依次是再贷款（同时调整对银行的绿色信贷再贷款利率与质押率）、贴息（调整对绿色信贷的贴息率）、定向降准（调整降准率相对绿色信贷占全部信贷比的弹性）。

第二，三类政策若以临时性政策优惠的形式引入，将扩大绿色生产部门的产出与就业，同时减少其他生产部门的产出与就业，总产出与总就业会受到一定负面影响；在中国现有信贷与产业结构下，正面影响明显，负面影响不明显；三类政策均能够带来总污染量的减少。

第三，三类政策若按一定内生规则纳入经济系统，其强度须达到一定水平时，才能够在生产率冲击后带来经济的绿色化转型，即经济系统中过弱的内生绿色信贷激励政策的效果不明显；从绿色生产部门与其他生产部门占比的角度而言，三类政策均能够优化经济结构。

进一步分析得出了政策在经济体系中带来上述效果、发挥管理经济结构作用、促进绿色转型的基本机制：引入绿色信贷激励政策→绿色信贷相对其他信贷的利率（价格）降低→绿色信贷对银行更有利可图，对企业成本更低→银行发放的绿色信贷即企业获得的绿色信贷相对其他信贷数量增加→绿色（其他）项目获得的生产要素（含劳动或就业）相对增加（减少）→绿色（其他）项目的产值上升（下降）→环境污染减少。与此同时，激励政策会带来工资总水平上升，该变化对家庭决策的收入效应大于替代效应，使家庭提供的总劳动投入量（总就业）相对下降，总产出也因此相对下降。

总体而言，针对绿色信贷的贴息、定向降准、再贷款均是有效且合意的激励政策，一定强度的政策不仅能够提高绿色信贷量，在绿色意义上优化经济结构，而且对总产出、总就业不会造成显著的负面影响，从而带来经济与环境双赢的结果。

基于上述研究发现，对进一步激励绿色信贷发展提出如下政策建议。第一，中央银行可研究开办专门的“支绿再贷款”业务，定向激励银行的绿色信贷业务；第二，在风险可控前提下，中央银行与银保监部门可放宽银行获取政策支持的条件，例如，对绿色债券作为再贷款抵（质）押品时的评级要求；第三，银保监部门可会同巴塞尔委员会，开展放宽绿色信贷资本监管要求的国别试点；第四，中央银行可在市场流动性不足的时期，开展“绿色资产购买计划”或“绿色 QE”；第五，金融监管部门与财政部门、地方政府部门通力合作，多角度扩大绿色信贷贴息、风险补偿等工作所需资金的来源，并制定精准有效的政策实施细则；第六，与补贴政策相对应，相关部门还可研究将金融机构利息收入免征增值税的范围扩大到绿色信贷。

可能有观点认为，中央银行与金融监管机构关心绿色发展问题，偏离了其传统的权责范围。但实际上，“中央银行在经济的绿色可持续发展中具有重要作用”已基本成为国际共识：一方面，中央银行能够引导金融的资源配置功能，主动推动经济绿色转型；另一方面，中央银行也需要且能够防范环境与气候问题可能诱发的经济金融风险。国际上，对相关问题的研究已经全面起步，前沿主题涉及气候变化与金融风险的关联、中央银行权责范围的扩展、政策工具的设计实施与量化分析等。本研究是一个初步的尝试。涉及中央银行与绿色发展问题的研究，仍需大量且深入的工作。

时变概率的区制转换泰勒规则设计及其“稳定器”作用机制研究*

彭　洋　张　龙　吴莉昀

在过去的几十年中，全球性和区域性经济（金融）危机频发。与此同时，经济全球化进程的加快在给中国经济发展带来机遇的同时，也对中国宏观经济调控方式提出了新的挑战。在此背景下，传统货币政策较难实现有效的逆经济周期调控的目标，进而对中央银行的货币政策创新提出了较高要求。

经典的泰勒规则虽然在西方国家的货币政策中得到了有效的应用，但其在中国的适用性相对较弱，在部分时间段内不但不能平滑经济波动，还起到顺经济周期的作用。相机抉择的货币政策虽然具有较强的经济稳定作用，但时间把握的困难性容易导致动态不一致问题，同样会起到顺经济周期的作用。可见，设计一种同时包含规则性成分和相机抉择成分的货币政策对于中央银行在新时期的逆周期性调控具有重要参考意义。

基于此，本文构建出区制转换形式的泰勒规则。与以往研究不同的是，本文内生化了马尔科夫区制转换概率，使其具有时变性特征。此外，考虑到逆风向调控的相机抉择货币政策的操作工具主要是货币供应量、公开市场业务和存款准备金率等，因此，令马尔科夫区制转换概率的时变

* 原文刊载于《金融研究》2019 年第 7 期。

作者简介：彭洋，博士研究生，湖南大学经济与贸易学院；张龙，讲师，西南财经大学中国金融研究中心；吴莉昀，博士研究生，上海财经大学公共经济与管理学院。

性依赖于基础货币供应量、银行系统信贷水平、汇率以及存款准备金率四个货币政策工具的变化，构建出具有时变转换概率的马尔科夫区制转换泰勒规则。其中，时变性的马尔科夫区制转换概率是关键纽带。一方面，它联系着泰勒规则，决定了泰勒规则可以发挥自动稳定器作用的区制；另一方面，它联系着相机抉择货币政策的操作工具，使货币政策不再以利率作为直接操作工具，而是以利率作为中间目标，并使利率对通货膨胀缺口和产出缺口在不同区制下的反应方式间接地随货币供应量、银行系统信贷水平、汇率以及存款准备金率的变化而变化。此外，这些直接操作工具又同时可以起到相机抉择的逆风向调控作用。因此，具有时变转换概率的马尔科夫区制转换泰勒规则既保留了规则性货币政策的程式化，又保留了相机抉择性货币政策的稳定器效果，使其在经济周期性波动的调控方面发挥着较强作用。

本文通过两步骤 MLE 方法对设计的非线性货币政策进行参数估计，主要结论如下。

第一，政策效果。本文分析发现，典型前瞻泰勒规则的拟合效果最差，三区制的时变转换概率马尔科夫区制转换泰勒规则的拟合效果次之，两区制模型拟合效果最好。进一步应用两区制模型分析发现，区制一内的泰勒规则不具有自动稳定器作用，区制二内的泰勒规则对通胀和产出都有良好反应。主要原因在于，区制一内的平均利率水平较低，零利率下限限制了中央银行通过短期名义利率调控宏观经济的能力。同时，区制一内的短期名义利率波动较小，也说明中央银行较少干扰短期名义利率。区制二内的情况正好相反，短期名义利率水平较高，从而在区制二内的货币政策具有较强的自动稳定器作用。

第二，自动稳定器作用机制分析。基础货币增长率增加、资本市场信贷水平宽松以及人民币汇率水平下降都会增大（本文）货币政策中规则性成分具有自动稳定器作用区制的演化概率，同时，又会减小规则性成分不具有自动稳定器作用区制的演化概率；上调存款准备金率会同时增大两个区制的演化概率。考虑到转换概率方程的系数大小和方向问题，在不同的经济时期应选择不同的货币政策工具引导经济系统向规则性成分具有自动稳定器作用的区制转变，又恰好使其具有相机抉择的逆风向调控作用。

基于本文的分析结果，本文设计的货币政策可以如下操作。（1）当经济增长放缓时，中央银行应以基础货币和窗口指导为直接操作工具，以短期名义利率为中间目标。一方面，经济下滑时增大基础货币供给、提供宽松型窗口指导具有相机抉择的逆风向调控作用；另一方面，又可以引导经济系统转向规则性成分具有自动稳定器作用的区制，在此区制内短期名义利率对物价、产出有正向动态调节作用。（2）当经济高涨时，中央银行应以汇率和存款准备金率为直接操作工具，以短期名义利率为中间目标。一方面，经济高涨时提高存款准备金率等具有相机抉择的逆风向调控作用；另一方面，又可以引导经济系统转向规则性成分具有自动稳定器作用的区制，在此区制内短期名义利率对物价、产出有正向动态调节作用。

02　金融稳定与风险防范

房价波动、金融稳定与最优宏观审慎政策*

司登奎　葛新宇　曾　涛　李小林

过去几十年中，金融危机的频繁爆发主要源于房价大幅上涨所带来的信贷过度扩张，这隐含着房价的快速上涨及其引致的信贷扩张会对金融稳定产生重大隐患。作为世界第二大经济体，自1998年实行全面住房制度改革以来，中国房地产市场也经历了前所未有的蓬勃发展。与此同时，如何实施有效的政策以降低房地产市场波动及维护金融稳定已成为政府及公众普遍关心的重要问题。近年来，学界存在的一个共识是，除货币政策之外，宏观审慎政策或许能够起到有效遏制房价波动并发挥维护金融稳定的作用。然而，至于如何构建合适的宏观审慎政策框架并把握相应的调控力度仍是学界亟须研究的前沿问题。

目前，我国已初步建立综合房地产走势、金融机构房地产贷款投放以及资产质量等情况的房地产金融宏观审慎管理框架。然而，这一监管框架能否有效维持房地产市场平稳有序运行，进而防范系统性金融风险的发生，其根本还在于对我国房地产市场的波动与金融稳定之间的传导路径认识是否充分。为此，本文关注的问题是：房价变动究竟如何影响金融市场波动？具有怎样的动态传导机制？宏观管理部门应选择何种类

* 原文刊载于《金融研究》2019年第11期。

作者简介：司登奎，经济学博士，副教授，青岛大学经济学院；葛新宇，经济学博士，讲师，苏州大学东吴商学院；曾涛，经济学博士，研究员，浙江大学经济学院；李小林，经济学博士，副教授，中国海洋大学经济学院。

型的政策工具以有效调控房地产市场波动、维护金融市场稳定并提高社会福利？如何把握政策锚定的方向及调控力度？在党中央、国务院作出的“三去一降一补”重要部署中，应怎样完善现行的政策调控体系？显然，对于上述问题的进一步研究不仅有利于政策制定者合理实施宏观审慎政策进行精准调控，还有助于提高宏观金融调控的有效性以及促进经济平稳健康增长，因而具有重要的现实意义。

为回答上述问题，本文立足于中国发展现实，构建了一个包含房地产部门及银行部门的动态随机一般均衡理论模型，该模型的突出特点是异质性、多部门以及包含不同类型的金融摩擦，每个部门都有其目标函数，也面临不同的预算约束。当模型处于均衡状态时，所有部门也都处于出清情形。需要特别指出的是，本文构建的动态随机一般均衡理论模型能够被用来解决与中国经济相关的两类重要问题。第一，该基准模型能够拟合中国房价波动对投资、信贷以及银行杠杆率冲击的特征事实。特别地，房价上涨会引起房地产投资的增加，进而带动信贷的增加。贷款需求的增加会进一步扩大利差（贷款利率与存款利率之差），此时银行将会有更强的动机加杠杆。此外，金融摩擦的存在不仅放大了房地产市场波动对金融市场稳定的冲击，而且这一冲击还具有持久性特征，因此，房价的快速上涨会对金融稳定产生潜在威胁。第二，采用代表性的信贷类宏观审慎政策工具（贷款价值比）和资本类宏观审慎政策工具（资本充足率）进行逆周期调控实验，并以此考察两类宏观审慎政策工具在降低房地产市场波动、维护金融市场和宏观经济稳定层面所呈现的调控效果。

本研究的主要发现概述如下。本文所构建的模型不仅能够描述房价、投资、信贷及银行杠杆率的动态变化特征，还能够较好地捕捉房价波动向银行资产负债表及宏观经济的动态传导机制。特别地，当房价波动来自住房需求增加时，金融管理部门应该实施贷款价值比政策，且该政策应锚定房贷缺口及房价缺口，以有效降低房地产市场波动、维护金融市场稳定并提高全社会福利。但需要注意的是，当房价波动来自于生产率(包括最终产品部门生产率及房地产部门生产率)及跨期偏好时，贷款价值比政策尚无法很好地实现调控效果。相反，锚定房贷缺口及房价缺口的资本充足率政策则能够弥补贷款价值比政策的不足。换言之，贷款价值比与资本充足率政策在降低房地产市场波动及维护金融稳定上具有相得益彰的调控效果。

本研究不仅有助于更好地厘清房价波动与金融稳定之间的内在联系，同时也揭示了宏观审慎政策在降低房地产市场波动及维护金融市场稳定层面发挥的重要作用。本文研究结果至少具有如下三点政策启示。第一，由于住房需求对房价的影响相对较大，政府在制定宏观调控政策时不仅应考虑住房的刚性需求，还应抑制对住房的投机动机，即如何实施差异化的政策以有效调控房地产市场波动是决策部门需要考虑的关键问题之一。第二，由于不同的宏观审慎政策在降低房地产市场波动及维护金融稳定上呈现的调控效果不尽一致，且在不同的影响因素下，不同类型宏观审慎政策的锚定方向和操作力度也存在差异，因此，决策部门不宜采取“一刀切”的措施进行干预，而应注重识别房地产市场波动的冲击源并因效施策进行调控。第三，由于我国存在突出的区域性差异及制度性障碍等典型事实，因此为保持房地产市场及金融市场的长期稳定，还应力求解决制度性障碍并因城、因地施策，通过建立房地产长效机制以维护金融市场和宏观经济的稳定。

经济政策不确定性与企业杠杆率*

宫汝凯　徐悦星　王大中

在中国经济进入“新常态”和亟待转型之时，债务规模呈现快速增长，潜在的风险迅速上升，如何“去杠杆”成为政府和社会各界关注的焦点。然而，现实数据与既有研究显示，在宏观杠杆率（债务总额/GDP）快速上涨的同时，微观企业的杠杆率（总负债/总资产）却出现逐年下降的态势。由此，派生出一系列值得深入思考的问题：企业杠杆率变动呈现出哪些结构性特征？促使企业杠杆率变动的主要因素是什么？考虑到中国经济转型的背景，经济转型与影响企业杠杆率变化的因素如何互动？深入分析这些问题有助于理解企业杠杆率变动背后的逻辑，对科学和有效地制定“去杠杆”政策具有较强的参考价值。

考虑现实的背景，中国正处于从计划经济向以市场为主要资源配置方式的社会主义市场经济的转型过程中，政府对资源配置和经济运行依然具有很强的干预意愿和调控能力，频繁出台各类经济政策。值得关注的是，这些政策能够在推动大规模基础设施建设、熨平经济周期波动以及引导和鼓励新兴产业发展等多个方面克服市场配置资源的不足，促进国民经济稳定快速发展，但频繁的经济政策变更可能会使企业面临经济政策的不确定性，进而对企业经营决策产生影响，特别是会影响到企业

* 原文刊载于《金融研究》2019年第10期。

作者简介：宫汝凯，经济学博士，副教授，东华大学旭日工商管理学院；徐悦星，经济学硕士研究生，东华大学旭日工商管理学院；王大中，经济学博士，副研究员，中山大学管理学院。

的融资行为。一方面，经济政策不确定性升高会增加企业管理层对未来经济政策形势判断的难度，降低投资意愿，减少资金需求；另一方面，政策不确定性的升高会增加借贷双方潜在的信息不对称程度，面对企业未来的现金流波动性和违约风险，银行等金融机构会减少信贷资金供给。因此，政策不确定性的升高会导致企业杠杆率下降。在这种情形下，若一味地“去杠杆”可能会进一步恶化企业面临的融资环境，影响中国经济的健康稳定发展。因此，厘清企业杠杆率的结构以及分析企业杠杆率变动背后的逻辑对有效制定和实施供给侧结构性改革政策具有很强的现实意义。

有鉴于此，本文在梳理企业杠杆率变化的结构性特征的基础上，将宏观视角的经济政策不确定性和微观层面的企业融资决策相联系，从政策不确定性这一崭新的视角来探索转型中企业的杠杆率变动，以及背后的逻辑。

首先，采用2002—2016年的A股上市公司季度数据，通过分期限结构、分地区、分企业所有制、分企业规模和分行业的统计描述，细致地分析企业杠杆率结构性变化的五组经验事实。在此基础上，本文进行相应的文献梳理，并基于资金需求和资金供给两个视角，分析政策不确定性对企业杠杆率的影响机理。

其次，综合运用Baker等人构建的中国经济政策不确定性指数，实证分析政策不确定性与企业杠杆率之间的关系。每季度最后一个月、月度简单平均和月度加权平均得到的季度不确定性指数的估计结果表明，面临经济政策的不确定性越高，企业的杠杆率会出现显著下降。经济政策不确定性指标每升高1%，企业的杠杆率将会平均下降0.05—0.07个百分点；并且这一负向效应呈现明显的结构化特征，即在短期负债率、民营企业、小规模以及制造业企业样本中更为明显。

最后，考虑企业所在地区的经济转型背景对政策不确定性与企业杠杆率之间关系的影响并进行扩展分析研究发现，政策不确定性对企业杠杆率的负向效应会随所在地区市场化水平的提高、民营化改革的逐步推进以及对外开放度的持续扩大而显著降低。以上研究结论在缓解内生性问题、替换关键变量和多种模型设定下均具有较强的稳健性。

本文的贡献主要体现在三个方面。首先，基于上市公司的季度数据，分期限结构、分地区、分企业所有制、分企业规模和分行业等多个方面系统地梳理企业杠杆率结构性变化的经验事实，增进了对企业杠杆率变化的结构性特征的认识和理解，可作为现有相关文献的有益扩展和补充。其次，尝试从政策不确定性这一崭新视角探索中国企业杠杆率变动背后的逻辑，拓展了宏观经济政策与微观企业融资行为之间的互动关系研究。值得一提的是，本文的研究并不是着眼于某一项具体的经济政策，而是基于整体经济政策不确定性的角度，进而拓展了现有政策评价的研究文献。最后，采用中国上市公司的季度数据，从总体和异质性视角为经济政策不确定性对企业融资行为的影响提供了全面和细致的经验证据，特别考察了经济转型过程中市场化、产权改革以及对外开放等一系列改革变量可能的调节作用。

本文的研究结论具有直接的政策启示。一是，在实行“去杠杆”等政策和推进供给侧结构性改革时，需要区分债务期限结构、所在地区、企业所有制、企业规模和所属行业等多个方面的内容，厘清企业杠杆率的结构性问题和时变特征，充分认识到政策干预及不确定性对企业杠杆率分化的影响，防止制定“一刀切”的去杠杆政策。二是，要降低或缓解政策干预以及政策不确定性对企业融资决策的负向影响，需要进一步深化经济体制改革，主要涉及持续推进市场化进程，以国有企业改革为主导的产权制度改革，以及以扩大贸易和“引进来”“走出去”双向投资为内容的对外开放，进而为企业的健康发展提供良好的融资环境。

美国货币政策推升了新兴市场国家非金融企业杠杆率吗？*

谭小芬　李　源　苟　琴

2008 年国际金融危机爆发后，为稳定国内宏观经济，美国等发达经济体相继推出了量化宽松的货币政策，造成全球融资环境和流动性水平异常宽松。各国货币政策的制定是基于国内目标，但是流动性不会局限于一国范围内，而是会通过贸易和金融渠道对其他国家产生外溢效应。一个国家的经济规模越大，系统重要性就越强，尤其是储备货币发行国，其货币政策的溢出效应也就越大。美国作为全球最大的经济体和国际收支持续逆差的储备货币发行国，其系统重要性和货币政策溢出效应不言而喻。

从外溢效应来看，美国量化宽松货币政策的实施会通过资本流动造成新兴市场国家货币升值、国内利率被动降低、资产价格上升、信贷供给增加等外部冲击，而这些因素恰好有利于新兴市场国家中的非金融企业以更低的融资成本和更多的融资机会去增加其负债规模。从全球范围来看，随着美国量化宽松货币政策的实施，包括中国在内的主要新兴市场经济体的非金融企业部门杠杆率也确实出现了明显上涨（谭小芬和李

* 原文刊载于《金融研究》2019 年第 8 期。

作者简介：谭小芬，经济学博士，教授，中央财经大学金融学院；李源，博士研究生，中央财经大学金融学院；苟琴，经济学博士，副教授，中央财经大学金融学院。

源，2018）。根据国际清算银行（BIS）的统计数据，新兴市场国家非金融企业部门杠杆率由2008年第四季度的56.1%上升至2017年第四季度的102.6%，增幅约为46.5%，平均每年增长约5.2个百分点，但同一时期发达经济体的这一比例则仅由87%上升至92.7%。

那么，美国量化宽松货币政策的实施是否会推升新兴市场国家非金融企业杠杆率的快速上涨？二者之间是否存在一定的内在联系？对该问题的解析不仅有助于从微观企业角度进一步了解美国货币政策的外溢效应，还有助于新兴市场国家更好地应对美国货币政策的调整，维护自身经济与金融的稳定。

通过观察新兴市场国家非金融企业部门杠杆率和美国影子利率的变动趋势，可以发现，新兴市场非金融企业杠杆率的快速攀升时期正好对应于美国影子利率为负值的时期。而自美联储2015年12月开启国际金融危机后的首次加息以来，联邦基金利率和影子利率逐步攀升，与此相伴的是，新兴市场国家非金融企业部门杠杆率的快速上涨趋势趋于平稳，甚至呈现出下降趋势。

为深入细致地分析美国货币政策与新兴市场国家非金融企业杠杆率之间的关系，本文选取28个新兴市场国家2003—2015年非金融企业年度数据，从不同企业融资约束、不同行业外部融资依赖程度以及不同国家特征等角度对二者的关系进行探讨，以期为中国非金融企业降杠杆的政策选择提供一定的国际视角。

本文研究发现，美国影子利率与新兴市场国家非金融企业杠杆率变动之间存在显著负相关关系，即美国影子利率的降低会促使新兴市场国家非金融企业杠杆率出现更大幅度的上涨。这意味着，美国量化宽松的货币政策会对新兴市场国家非金融企业杠杆率产生显著的推升作用。进一步的异质性分析表明，美国货币政策的调整对非金融企业杠杆率的这一影响在融资约束程度较高的企业、外部融资依赖度较高的行业以及资本账户开放程度较高但汇率弹性僵化的国家中表现得更为显著。一国金融发展程度的提升有助于缓解美国货币政策对本国非金融企业杠杆率变动带来的冲击。亚洲地区的新兴市场国家，其国内非金融企业杠杆率的变化受美国货币政策影响的平均程度要显著高于世界其他地区。这意味着，新兴市场国家在调控国内非金融企业部门杠杆率的过程中，除了要考虑国内因素外，也应高度重视美国货币政策等外围环境的变化。

相对于以往文献，本文的边际贡献主要包括以下四点。（1）以往对企业杠杆率决定因素的研究大多数集中于考察企业特征、行业特征和国家特征因素的影响，关于全球因素和企业杠杆率的文献较为缺乏，本文证实了新兴市场国家非金融企业杠杆率变动会受到美国货币政策的影响，进一步丰富了企业杠杆率的文献。（2）本文运用跨国面板数据找到了美国货币政策对新兴市场国家外溢效应的微观证据，可以作为美国货币政策外溢效应宏观证据的有益补充，这不仅有助于更深入细致地了解美国货币政策外溢效应对新兴市场国家实体经济的冲击，也为新兴市场国家处理当前较高债务风险提供新的视角。（3）本文分析了美国货币政策与新兴市场国家非金融企业杠杆率变动之间的关系在不同企业类型、不同行业、不同国家以及不同区域间的差异性，为新兴市场应对美国货币政策冲击提供了有力的支撑。（4）以往文献在衡量美国货币政策时大多采用联邦基金利率指标，但是这一指标仅考虑了常规货币政策的影响，而忽略了国际金融危机后美国大规模非常规货币政策的推出，本文采用的影子利率能够更全面地衡量常规和非常规货币政策对新兴市场的溢出效应。

本文具有重要的政策启示。随着中国金融开放的逐步推进、资本账户的渐进开放和汇率市场形成机制的不断完善，中国与全球金融市场的联系越来越紧密。本文从全球金融环境视角，揭示了美国货币政策的变化增加了中国等新兴市场国家非金融企业面临的外部融资环境的不确定性。中国监管层在稳杠杆的同时也应重视并考虑应对由美国货币政策调整给中国非金融企业带来的潜在冲击，避免因国内外政策冲击相互叠加造成非金融企业杠杆率大幅度变动而引发风险。

中国房地产市场价格泡沫与空间传染效应*

李伦一　张　翔

2016 年 12 月，中央经济工作会议表示，要坚持“房子是用来住的，不是用来炒的”定位，要求回归住房居住属性。在此背景下，本文具体探究以下问题：与其他金融资产相比，房地产市场的价格泡沫应该如何测度？房地产市场的价格泡沫是否存在空间传染性？背后的影响机制如何？各地方的房地产宏观调控政策是否有效地抑制了房地产价格泡沫的继续膨胀？上述问题的研究不仅可以对中国各城市的房地产价格泡沫进行定量分析，还能发现各地房地产泡沫之间的联动特征关系。同时，本文也有助于各地方政府因地制宜地制定房地产调控政策，为有效防范房地产市场的区域性风险提供参考。

具体来看，本文使用对数周期性幂律（Log-Periodic Power Law，LPPL）模型对我国房地产市场价格泡沫进行测度。LPPL 模型最早用于预测地震的研究，之后许多研究使用 LPPL 预测历史上西方金融市场的金融危机以及泡沫和反泡沫现象。这些研究发现 LPPL 模型对这些现象具有最佳的模拟和预测结果。该模型使用观察到的价格时间序列数据检测价格泡沫的形成及其预期崩溃点，即泡沫的终点。与股票市场不同，房地产

* 原文刊载于《金融研究》2019 年第 12 期。

作者简介：李伦一，经济学博士，西南财经大学金融学院；张翔，经济学博士，副教授，西南财经大学金融学院，西南财经大学大数据研究院。

价格泡沫的特征是房地产价格在中长期呈现持续上升，价格泡沫缓慢出现。图 1 显示了 LPPL 模型对代表性城市房地产价格综合指数的拟合。

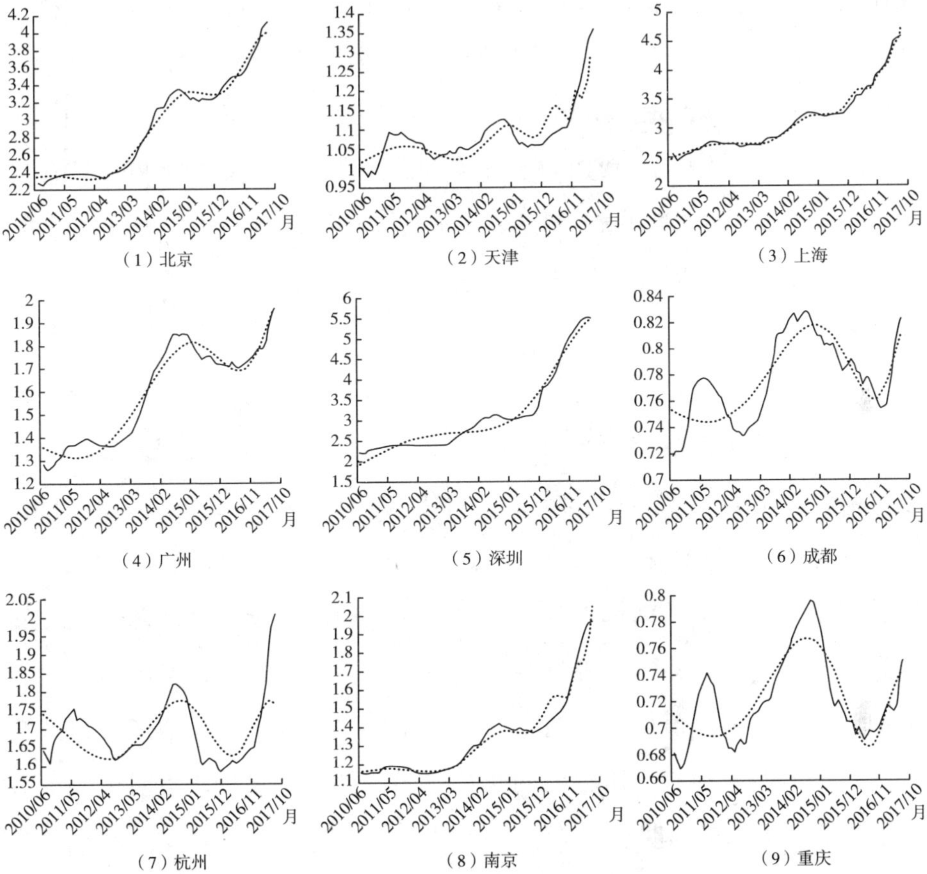

注：实线表示房价真实数据，虚线表示模型拟合数据。

图 1　代表性城市房价指数 LPPL 模型拟合

本文的主要贡献和研究结论体现在以下方面。

第一，本文使用 2010 年 6 月至 2017 年 11 月全国 100 座城市的微观结构的房地产市场数据，结合 LPPL 模型确定了中国 100 座城市的房地产价格泡沫的测度和推算。具体来看，泡沫存在两种状态，即正向泡沫和反向泡沫。两者最大的区别在于价格动态是在价格崩溃点之前还是之后。正向泡沫是价格表现为快于指数增长且伴随着振荡，价格崩溃点在未来某一刻出现；反向泡沫则出现在价格崩溃点之后，价格由下向上调整。

第二，本文利用城市之间的横截面物理和经济距离空间，探讨由LPPL模型测度的房地产价格泡沫是否具有空间传染效应。在单个城市或者根据地理位置和经济水平划分的五个区域之间，房地产价格综合指数都存在很强的空间传染性。首先，经济距离空间较物理距离空间带来的传染性更强；其次，具有正向泡沫的城市（区域）的空间感染性比具有反向泡沫的城市（区域）的空间感染性更为明显；最后，反向泡沫城市（区域）的新房价格指数，尤其是二手房价格指数的上涨对周边城市（区域）的房地产价格指数具有强烈的影响。

第三，本文考察了一些一线城市实施房地产调控政策前后的价格泡沫，以及这些调控政策对泡沫空间传染性的影响。本文发现，城市的房地产调控政策在一定程度上抑制了房价传统影响因素（如信贷、新房价格、二手房价格）的推高作用。其中，购买限制（限购）、价格限制（限价）、贷款限制（限贷）和销售限制（限售）对房地产市场价格泡沫及其空间传染性的影响渠道不同。限贷会使房地产价格产生拐点，而限售会有效地抑制市场投资。值得注意的是，本文发现限贷政策对房地产价格泡沫的空间传染性的抑制作用较限购政策更强，同时，限贷政策对金融信贷水平的抑制影响最为明显。

本文的结论具有重要的政策含义。第一，由于单个城市（区域）房地产价格泡沫的空间相关性较强，所以调控政策的实施不仅仅要考虑本城市（区域）的房地产价格综合指数、二手房价格、新房价格、信贷水平和土地供给水平之间的相互影响，同时还要注意周边地区房地产市场价格泡沫的助推作用。第二，限购、限价、限贷和限售调控政策对房地产价格泡沫的空间传染性的抑制效果不同，限贷政策较限购政策的调控效果更好。第三，各地方政府在出台各类调控政策时，也应考虑周边城市或中心城市与本区域房地产价格之间的联动变化特征。

我国商业银行逆周期资本监管的锚定指标选取*

王 擎 刘 鹏 田 娇

2008 年国际金融危机以来，强化宏观审慎监管成为全球金融监管的共识。作为宏观审慎监管制度的重要组成部分，2010 年版的巴塞尔协议Ⅲ对全球银行资本监管提出了实施逆周期资本要求的新标准，以对冲银行信贷过快增长的亲周期性，缓解由此带来的系统性风险。截至 2018 年 12 月，巴塞尔委员会的 28 个管辖成员国（地区）下的 45 个监管当局或部门公布了逆周期资本监管实施规则，但中国尚未出台或公布具体的监管细则和要求。究其原因，阻碍政策落地的关键是锚定指标尚未确定。实施逆周期资本监管必然涉及逆周期资本的计提、动态调整和取消等，这些均须以锚定指标作为主要依据。

锚定指标的确定对于构建逆周期资本监管规则至关重要，但目前尚无统一的、经过时间检验的确定指标或具体方法可借鉴。各国在监管实践中选取的各类指标复杂多样，尚无定论，且大多数国家尚未开始实施逆周期资本缓冲调节，无法验证其实施效果。采用巴塞尔委员会推荐使用的“广义信贷 /GDP”指标是否契合中国银行业的风险特征？还有哪些指标和要素值得特别关注？指标的选取机制是什么？这些问题值得认真

---

* 原文刊载于《金融研究》2019 年第 11 期。

作者简介： 王擎，经济学博士，教授，西南财经大学中国金融研究中心；刘鹏，博士研究生，西南财经大学中国金融研究中心，中国银保监会；田娇，经济学博士，副教授，西南政法大学商学院。

探讨，以便深化逆周期资本监管思想，推动政策在中国落地。

由此，本文采用受试者工作特征曲线（ROC）方法对逆周期政策的指标预警能力进行分析和比较。首先，在梳理各国监管实践所广泛采用的核心指标和参考国际清算银行提出的三类备选指标的基础上，确定15个原始指标，为锚定指标的选取提供政策依据和实践基础；再结合中国银行业的风险特征和数据可得性，增加6个反映中国贷款结构实际情况的信贷指标；进一步通过4种形式变换衍生出84个指标，最终形成105个指标供筛选，给出了反映宏观、微观等不同层面的各类备选锚定指标。

其次，对备选锚定指标进行筛选和验证。由于中国尚未发生过“系统性金融风险/金融危机”，以金融中周期的“金融下行期”予以替代，起点设定为2011年第一季度，以此作为实施逆周期监管的参考时间节点。通过绘制时间节点一年前时点上的ROC曲线并计算AUC值，衡量锚定指标对未来一年是否爆发系统性金融风险的预测能力。

最后，考察指标在反映系统性风险时是否满足静态的及时性、动态的稳定性、经济意义上的解释性以及数据的可获取性等标准，以此对锚定指标进行优劣判别。此外，本文还确定了2007年第二季度、2009年第三季度和2014年第一季度为3个金融短周期里“金融下行期”开始的时间节点，以此检验ROC曲线方法是否能够筛选出一致的指标结果。

实证研究结论有以下几点。一是AUC方法是较好地识别逆周期资本缓冲计提锚定指标的方法。从不同金融周期下的多个“金融下行期”的稳健性检验来看，该方法均得出了高度一致的指标筛选结果。二是识别出了房地产价格趋势缺口等特定行业指标，房地产贷款趋势缺口、个人住房抵押贷款趋势缺口以及消费贷款趋势缺口等特定类别信贷指标，能够从行业、政策、市场等多个维度追踪潜在风险，是更优的锚定指标。三是组合锚定指标的预警能力和稳定性优于单个锚定指标，提供了进一步发挥指标作用的方法。

本文的贡献主要体现在以下几方面。一是锚定指标评估模型的创新运用。ROC 曲线方法与本文讨论备选指标是否真实反映系统性风险高度契合，该方法在国内相关领域的研究中首次被用于判别中国的逆周期锚定指标优劣，为本文结论的可靠性提供了方法上的保障。二是备选锚定指标的全面覆盖性和科学选取性。通过巴塞尔协议等制度文件、各国逆周期监管政策实践以及国内外文献研究，对备选锚定指标的选取进行了全方位的整理和衍生变换，形成 105 个指标供筛选，为选取出最有效的锚定指标提供了可能。三是考察时期的周期完整性。所选取的样本区间为 2004 年到 2018 年的季度数据，该期间的数据信息能体现出相对完整的经济金融周期，为实证研究逆周期政策并给出符合实际的判断提供了基础。四是研究结论的创新性。本文通过对比系统性风险的预警效果确定出最佳锚定指标，并提出与个人住房信贷和消费信贷挂钩的逆周期资本监管要求，为探寻中国可行的逆周期资本挂钩机制提供了新信息和有益参考。

本文有以下政策建议。第一，在锚定指标的选择理念上，将指标着眼点从巴塞尔委员会提议下的总类信贷转向分类信贷、广义信贷收敛至行业信贷，以提升反映系统性风险的锚定指标的精细度。第二，从落实锚定指标的角度来看，将房地产价格趋势缺口、消费贷款趋势缺口、房地产贷款趋势缺口以及个人住房抵押贷款趋势缺口等纳入逆周期资本监管的锚定指标系列。这些指标从不同维度反映了我国庞大经济金融体系运行的重要微观基础，有助于提高锚定指标挂钩变量的预警效果。第三，在确定具体的锚定指标个数及形式时，可考虑在指标系列里选择相关度较弱的指标进行组合搭配，以此优化锚定指标在预警系统性风险时的稳定性。单个指标未来存在的不确定性易导致逆周期资本监管政策的不稳定，所以应避免对单个指标依赖度过高。

信任与欺骗：投资者为什么陷入庞氏骗局？*

——来自e租宝88.9万名投资者的经验证据

王正位　王新程　廖　理

我国P2P网络贷款行业在全球具有领先地位。根据国际清算银行（BIS）的估算，我国网贷规模居于世界首位，已经超过美国和英国。目前，我国P2P网络贷款正从野蛮生长发展阶段进入到合规有序发展阶段。根据网贷之家的数据，P2P网络贷款行业在2017年达到顶峰，月均成交额超过2000亿元人民币，月底待还余额超过1万亿元人民币。进入2018年以来，P2P网贷行业进入缓慢发展阶段，月均成交额已逐步下降为1000亿元人民币。2019年9月，当月成交额已不足700亿元人民币，月底待还余额仅不到6000亿元人民币。

P2P网络贷款的快速发展蕴含着诸多风险。截至2019年9月，我国共有6616家P2P网络贷款平台成立。其中，正常运营的平台仅剩602家，占比不足10%。停业或转业平台共计3153家，累计问题平台数量达2861家。早期的问题平台中有很多平台都属非法运营，涉嫌诈骗和非法吸收公众存款。庞氏骗局是其中危害最大、影响最广泛的形式之一，给投资者带来了巨大损失。

* 原文刊载于《金融研究》2019年第8期。

作者简介： 王正位，金融学博士，助理教授，清华大学五道口金融学院；王新程，博士生，清华大学五道口金融学院；廖理，经济学博士，教授，清华大学五道口金融学院。

我国普通民众金融知识相对匮乏，金融科技的创新性又为骗局提供了噱头，投资者难以分辨平台的优劣。为什么投资者会信任庞氏骗局的组织者？这是预防和阻断庞氏骗局的关键，然而却是理论研究的“盲点”。为避免造成更大损失，有必要借助真实数据认清庞氏骗局的发展规律，这既可以为P2P网络贷款平台合规化发展提供宝贵经验，也可以为防范未来可能发生的复杂金融骗局提供线索。

为探究这一问题，本文选取e租宝这一典型的庞氏骗局作为研究对象。该平台为2014年成立的P2P网络贷款平台，其资产端产品对外宣称为融资租赁债权转让，但实质上几乎所有项目均为伪造，资金端则面向公众筹集。e租宝产品预期年化收益率在9.0%到14.2%，期限分为3个月、6个月和12个月。由于2014年是P2P网络贷款平台行业发展的初期，行业整体收益率较高。与其他平台相比，该平台的整体收益率处于较低水平，但是与同期银行存款等金融产品的收益率相比已具有明显吸引力。

通过对e租宝2014年10月30日到2015年12月4日的投融资数据分析，发现e租宝发展非常迅速。该平台最初40天新增投资者只有1760人，而在最后40天，新增投资者数量已达269085人，在不到14个月的时间内，每40天新增投资人数增长了150倍①。整体新增投资者呈现指数增长的趋势。作为庞氏骗局平台的e租宝发展迅猛，仅在一年多的时间内就累计吸引了近90万名投资者。除投资者人数众多外，投资者累计投资金额也达到741亿元人民币（超过100亿美元）。

首先，本文运用计量经济学方法分析投资者陷入庞氏骗局的原因，得出以下结论。一是投资者在个人的多次投资中会通过自己的投资经验逐步建立起对平台的信任。投资者从平台成功收回的本金与利息会加强投资者对平台的信任。因此，在平台经营早期，投资者会相对谨慎，仅

① 由于e租宝整个项目持续大约400天，我们将交易时间等分为10段，每1段时间涵盖40天。

使用从平台收到的初始投资利息或本金进行再投资，在其多次投资后才会开始盲目信任平台，并从个人财富中额外追加投资。二是周围投资者的持续参与也会影响投资者的投资决策。在e租宝发展初期，整体投资者数量较少，投资者对平台的信任需要更多的投资探索。而在发展后期，e租宝投资者整体规模的增加，使得新投资者与老投资者都盲目信任平台，或至少不认为自己会是最后的“接盘人”。因此，所有投资者会更快速地追加投资。

其次，本文利用事件研究的方法研究信任背书对投资者投资决策的影响。从2015年4月1日起，e租宝分别在央视一套、央视二套等央视频道投放广告。研究发现，官方媒体的广告也会带来投资者对平台的信任。新投资者从央视广告获知e租宝平台的信息后更加信任该平台，在首次投资时可能会投入更多的资金。而老投资者在看到e租宝的央视广告后，进一步确信e租宝平台“正规可靠”，愿意将自己更多的财富投入到e租宝。由此可见，官方媒体广告的信任背书也会对投资者的决策产生影响，使其将更多财富投入庞氏骗局。

本文的贡献主要体现在两个方面。第一，本文探究了庞氏骗局发展的内部特征，拓展了相关领域的文献。受限于数据的可获得性，原有相关研究主要是宽泛的欺诈领域的理论研究。近年来，极少数实证研究会关注庞氏骗局的横截面特征以及其对金融市场的影响。本文从微观层面研究庞氏骗局的发展规律，为公众深入了解庞氏骗局内部形成机理作出了贡献。第二，本文发现了影响投资者信任的因素，丰富了信任领域的文献，而已有关于信任的学术研究集中于探究一般信任的重要影响和产生因素。本文聚焦e租宝投资者信任骗局的内部与外部因素，为信任领域中特殊信任的研究提供了新的视角。

根据以上研究结果，本文提出如下政策建议。

第一，应注重投资者教育，提醒和引导投资者分散投资。一方面，金融知识丰富的投资者更容易甄别出优质的网贷平台；另一方面，注重资产分散的投资者不会在单一平台或者单一投资渠道投入过多资金。即使出现庞氏骗局，如果老投资者不持续追加投资，庞氏骗局的发展速度会有所下降（骗局也越有可能被尽早揭穿），同时分散投资也可减少骗局对投资者基本生活的影响，从而有效降低发生社会性群体事件的风险。

第二，应重视部分公司以金融科技为噱头，实际组织庞氏骗局的风险。金融科技的发展使诸多公司的经营模式更为复杂，骗局的形式更为隐蔽，对投资者的危害程度进一步增大。因此，应在早期有针对性地排查金融科技公司，根据其实际业务判断其是否具有庞氏骗局的风险，尽可能地保护投资者的财产安全。庞氏骗局的本质是资金在公司内部的相互拆借，因此银行等金融机构可对平台资金流水进行监控，及时发现预警信号。

第三，应加强对金融产品广告的审查监管。官方媒体广告会为投资平台提供信任背书，增加投资者信任。因此，电视台应明确自身的社会与经济双重属性，平衡好宣传与经营功能。相关部门也有必要完善对电视台广告播出内容的监管，对影响广泛的金融产品进行更严格的合规审查。

03 银行经营与企业融资

经济政策不确定性与企业贷款成本*

宋全云　李　晓　钱　龙

自2000年以来，我国经济政策的不确定性呈现出“上升—下降—再上升”的波浪式增长趋势（见图1），尤其是自2014年我国经济进入新常态以来，为应对经济衰退而实施的“大众创业、万众创新”以及“互联网+”等经济政策，在推动企业创新能力提升的同时，也使经济政策不确定指数由2014年的95迅速增加到2018年的278，增加了将近2倍。

经济政策是我国调结构、促转型的重要手段，对经济发展有着持续而深远的影响。实践中，经济政策制定的复杂性、经济政策的不可预期性等常会引发经济政策的不确定性。已有研究均表明经济政策不确定性对宏观经济运行和企业行为会产生重要影响，但是鲜有研究对经济政策不确定性影响宏观经济运行和企业行为的机制进行探讨。在我国，金融体系以银行为主导，银行信贷仍是家庭、企业等微观经济主体的重要资金来源。银行信贷在家庭应对风险及意外冲击、自主创业、平滑消费、财富积累等活动中扮演着关键的角色。同时，银行信贷也是企业投资、扩大生产经营的重要途径。因而无论是从家庭部门来看，还是从企业部门来看，银行信贷均可能是经济政策不确定性作用于实体经济的重要渠道，然而鲜有研究对此进行分析。

* 原文刊载于《金融研究》2019年第7期。

作者简介： 宋全云，经济学博士，讲师，西南财经大学金融学院；李晓，金融学博士，西南财经大学经济与管理研究院；钱龙，金融学博士，中国人民银行南京分行。

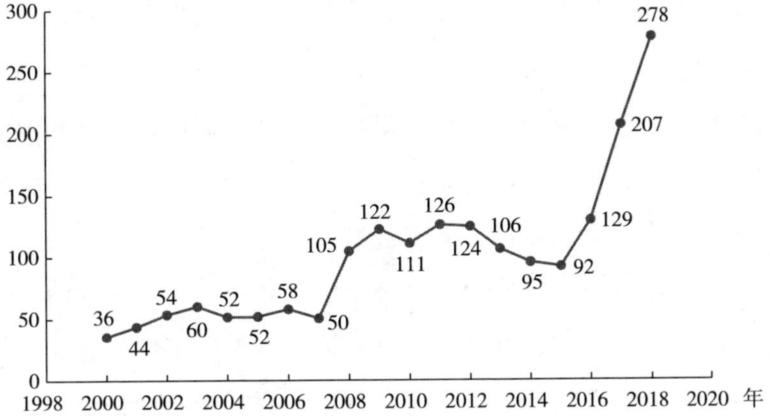

图 1　我国经济政策不确定性指数（2000—2018 年）

（数据来源：http://www.policyuncertainty.com/china_monthly.html。年度数据由月度指数取平均值计算得到）

根据上文分析可知，银行信贷可能是经济政策不确定性作用于实体经济的重要传导渠道。在我国经济进入新常态、经济政策不确定性增加、经济增速放缓等大背景下，探讨经济政策不确定性对企业贷款成本的影响具有重要的理论和现实意义。基于此，本文聚焦以下两个问题：第一，经济政策不确定性会对企业贷款成本产生怎样的影响？进一步地，它对不同类型银行、不同类型企业的贷款成本是否有异质性影响？第二，经济政策不确定性引致的企业贷款成本增加是否与企业贷款违约风险恶化有关？对上述问题的研究不仅有助于更好地考察经济政策不确定性如何影响企业行为和宏观经济，对理解经济政策的一致性和透明度、维护金融稳定也尤为关键。

本文借助 Baker 等人构建的中国经济政策不确定性指数和大型银行信贷微观数据，研究了经济政策不确定性对企业贷款成本的影响，得出以下几点主要结论。第一，经济政策不确定性的增加导致企业的银行贷款成本显著上升，经济政策不确定性指数增加一个标准差将使企业的银行贷款利率浮动幅度增加 1.02 个百分点。银行视角下的异质性检验发现，首先，与大型国有商业银行相比，经济政策不确定性对小型银行的企业贷款成本的影响更大。可能的解释是，当经济政策不确定性升高时，银行的“自我保险”动机增强，而且银行对未来的流动性需求和未来经济政策的实施频率、实施力度等难以形成较为准确的预期，这将促使银行不得不通过提高贷款成本的方式来甄别企业。第二，企业视角下的异质性分析发现，经济政策不确定性升高使中小企业、私营企业的贷款成本的增加幅度更高。第三，进一步研究经济政策不确定性对企业贷款违约的影响发现，伴随着经济政策不确定性的升高，企业贷款违约风险反而会下降。这表明，经济政策不确定升高时，银行会选择信用评级更高的贷款，这符合谨慎性动机。

基于本文的实证分析结果，提出如下政策建议。第一，在运用经济政策调控经济时要考虑政策调整的幅度和频率，尤其是政策调整对银行信贷配置的潜在负面影响。第二，政府等相关部门需加强对银行业预期的管理和引导，提高银行对政府政策不确定性的预期，提升银行等正规金融机构的资金配置效率，使其更好地服务于实体经济、契合政府颁布政策的初衷。第三，政府在制定经济政策时，需考虑经济政策调整对不同类型企业和不同类型银行的差异性影响，提高经济政策的针对性和有效性。

本文的贡献主要体现在以下两个方面。一是丰富了关于经济政策不确定性影响的文献，从微观角度更好地理解了经济政策不确定性如何影响宏观经济波动和企业行为。二是发现经济政策不确定性的增加将加剧我国银行业信贷资源配置的扭曲，这表明保持经济政策幅度和频率的相对稳定对提高我国银行体系的稳定性和服务效率具有重要意义。未来的研究应将经济政策不确定性对银行信贷供给和微观主体信贷需求的影响纳入一个统一分析框架。

互联网金融、存款竞争与银行风险承担*

郭　品　沈　悦

在技术进步与金融创新的共同推动下，互联网和金融相互渗透、不断融合，互联网金融实践日新月异，业务创新层出不穷。尤其是 2013 年以来，互联网金融的发展创造出一系列“奇迹”式的繁荣，显著影响了原有的金融生态，强化了存款市场的竞争程度，进而影响了银行的风险承担水平。

那么，互联网金融通过何种存款竞争渠道影响银行的风险承担水平？不同业态的互联网金融对商业银行的影响是否存在异质性？不同类型的商业银行对互联网金融冲击的响应是否存在差别？回答上述问题不仅有助于在理论上丰富互联网金融与银行风险承担的相关研究，还能在实践上提高银行业风险防范水平，推动金融发展不断提质增效。

基于以上考虑，本文通过构建引入互联网金融约束的银行环形城市模型，系统推演了“互联网金融→存款结构 / 付息成本→银行风险承担”内在传导机制，并基于 2003—2016 年我国 83 家商业银行的非平衡面板数据，建立多重中介效应模型，采用动态面板估计方法，验证了上述影响及其“双重”异质性。本文主要有如下发现。

第一，互联网金融的发展主要通过恶化存款结构和抬高付息成本两种渠道来加大我国商业银行的风险承担压力。其中，恶化存款结构效应

* 原文刊载于《金融研究》2019 年第 8 期。

作者简介：郭品，经济学博士，助理研究员，西安交通大学经济与金融学院；沈悦，经济学博士，教授，西安交通大学经济与金融学院。

的相对贡献为50%左右，抬高付息成本效应的相对贡献为35%左右。首先，互联网金融带来的存款竞争会削减客户存款占比、恶化存款来源结构，而存款结构恶化将促使商业银行偏好高风险、高收益的投资项目，以应对盈利空间的萎缩。其次，互联网金融带来的存款竞争会倒逼银行负债利率市场化，抬高其付息成本，而融资成本的上涨将增加商业银行的道德风险问题和风险转嫁动机，最终提高银行风险承担水平。总的来看，互联网金融通过存款竞争影响银行风险承担水平的综合效应是恶化存款结构效应和抬高付息成本效应叠加导致的。

第二，相较于互联网渠道构筑业态，互联网支付结算、互联网资源配置和互联网财富管理业态对银行存款结构和付息成本的不利影响更为明显。从我国的现实情况来看，渠道构筑式的互联网金融主要体现为各金融机构通过网络渠道传递价格信息，提升交互效率，因此，其与商业银行之间呈现融合而非竞争的格局。比较而言，以支付宝为代表的互联网支付结算业态、以P2P和众筹为代表的互联网资源配置业态和以余额宝为代表的互联网财富管理业态均对商业银行具有竞争大于融合的影响。因此，相对于互联网渠道构筑业态，互联网支付结算、互联网资源配置和互联网财富管理业态对商业银行的不利冲击更为显著。

第三，相比于国有、大规模、低流动性和低资本充足率的银行，面对互联网金融的冲击，非国有、小规模、高流动性和高资本充足率的银行的客户存款流失得更快，平均付息成本上涨更多。与股份制和城市商业银行相比，大型国有商业银行虽然资产规模雄厚，但流动性水平和资本充足率偏低。由此认为，上述不同商业银行之间的异质反应实际上映射了大型、股份制和城市商业银行在目标客户、业务结构、监管程度和角色定位等方面的差别。

本文的贡献主要体现在以下几个方面。第一，从中国特殊的经济金融环境出发，构建引入互联网金融约束的银行环形城市模型，推演了“互联网金融→存款结构/付息成本→银行风险承担”内在机制，从而使分析拥有了中国特色的微观基础。第二，通过建立多重中介效应模型，首次从恶化存款结构和抬高付息成本两个方面验证了互联网金融影响银行风险承担水平的传导机制，并分别评估了恶化存款结构效应和抬高付息成本效应的相对贡献。第三，改变了以往文献只关注互联网金融对商业银行的总体影响，本文不仅基于金融功能理论把互联网金融划分为四个典型业态，剖析了各种业态的互联网金融对商业银行存款结构和付息成本的异质影响，还进一步从产权类型、资产规模、流动性水平和资本实力四个维度出发，考察了不同微观特质的商业银行对互联网金融的差别响应。

本文的结论具有重要的政策含义。第一，应构建兼具一般性和特殊性的互联网金融风险监管体制，在促使互联网金融发挥“鲶鱼效应”的同时，严防各类风险。监管当局应结合互联网金融的监管特点，制定包括进入退出、信息披露、风险准备、风险分担在内的互联网金融监管机制整体框架及具体操作流程，加强针对互联网金融风险的全链条监管。第二，应采取针对性、差异化的银行业监管措施。在风险可控的前提下，继续完善商业银行的公司治理结构和激励约束机制，在控制商业银行个体风险的同时，杜绝系统性风险的传染问题。

资本管理高级方法、商业银行风险偏好与信贷配置*

刘　冲　杜　通　刘莉亚　李明辉

理论界普遍认为2008年国际金融危机爆发的重要诱因是商业银行过度的风险承担行为以及金融监管的失败。2010年12月，巴塞尔银行监管委员会正式发布《巴塞尔协议Ⅲ》，从多个角度修正《巴塞尔资本协议Ⅱ》的缺陷。原银监会将《巴塞尔资本协议Ⅱ》与《巴塞尔协议Ⅲ》结合，于2012年6月发布并在2013年1月正式实施包含资本管理高级方法的新资本协议。资本管理高级方法具体包括信用风险内部评级法、市场风险内部模型法和操作风险高级计量法。2014年4月，银监会核准六家银行实施资本管理高级方法试点，对信用风险的计量采取内部评级法，使用内部模型取代监管部门的统一规定来计量风险资产的风险权重。

已有研究表明，资本监管会对银行的风险识别和定价产生影响，进而影响银行的风险承担行为。因此，实施资本管理高级方法的效果如何、是否会影响商业银行的风险偏好和信贷配置、能否对供给侧结构性改革提供支持等问题都亟待解答。研究资本计量方法改革如何影响试点银行

* 原文刊载于《金融研究》2019年第7期。
作者简介：刘冲，经济学博士，副教授，上海财经大学金融学院，上海国际金融与经济研究院；杜通，金融学博士研究生，上海财经大学金融学院；刘莉亚，金融学博士，教授，上海财经大学金融学院，上海国际金融与经济研究院；李明辉，金融学博士，讲师，华东师范大学经济学院，上海并购金融研究院。

的风险偏好和信贷配置，进一步回答改革是否鼓励信贷“脱虚向实”，在“宏观审慎评估”与“微观审慎评估”双调控背景下，探讨资本监管的微观作用基础对提高监管水平具有重要借鉴意义，对金融支持供给侧结构性改革也有启发。

资本管理高级方法对于部分银行试点的特征，使本文可以使用双重差分和三重差分方法进行实证检验。根据国内16家上市银行2010年至2016年的微观数据，整理出各银行分行业的信贷数据，并与原银监会公布的13个行业信贷风险数据进行匹配，利用双重差分和三重差分方法进行分析，对资本监管改革如何影响试点银行的风险偏好，进而影响试点银行在行业之间的信贷配置进行实证检验，得到如下主要结论。

第一，试点银行的风险加权资产规模显著下降，表明资本管理高级方法能够有效约束商业银行配置高风险资产，降低其风险偏好。

应用资本管理高级方法，将提高银行对资产风险的敏感性，高风险资产计量的风险权重更大，对资本的消耗也更多，商业银行配置高风险、高收益资产的风险偏好受到更高资本要求的约束，从而起到抑制其风险承担的效果。

第二，试点银行高风险行业的信贷投放得到有效抑制，表明内部评级法能够有效地识别不同行业的信用风险。

内部评级法的使用，将增强银行区分客户的能力、优化客户选择和资产结构，在制定信贷政策时，基于计量结果对各行业制定不同的评级。因此，风险偏好降低后的银行，或收紧信贷标准降低对高风险客户的信用评级，或加强对低风险客户资源的竞争力度，原本违约率较高的行业获得信贷的难度增大，新增信贷资源更多地流向违约概率较低的行业。

第三，试点银行风险偏好的变化呈非线性特征，虽然高风险行业的信贷投放显著减少，但并未显著增加低风险行业的贷款，而是将贷款更多地配置到中等风险的行业中。

在盈利动机驱使下，银行有意愿持有高风险、高收益资产。在资本计量新方法的约束下，试点银行减少高风险行业信贷配置，会对其利润造成一定的负面冲击，更多配置贷款至中等风险行业，体现出银行在风险与收益之间的权衡。

第四，将行业按照虚拟经济和实体经济进行划分，研究发现，实施资本管理高级方法后，试点银行减少了制造业（实体经济）和建筑业（实体经济）的贷款，显著增加了金融业（虚拟经济）的贷款。

对比代表性行业所获信贷配置的变动情况，可以看出，虽然试点银行依据行业信贷风险进行了信贷配置的调整，但这种调整并没有落实到支持实体经济发展上去，甚至加剧了信贷的“脱实向虚”。金融业平稳且低水平的不良贷款率可能与金融业尚未完全打破刚性兑付有关，这使试点银行配置更多信贷至金融业成为理性选择。

结合实证结论，本文有以下政策启示。

一是监管部门应稳妥推广资本管理高级方法，鼓励商业银行提高客户数据的收集能力，以及提升信息系统对于风险的分析能力，保证内部评级体系的有效性。对于尚不能单独开展内部评级法的中小型银行，可先由几家银行合作构建联合内部评级模型进行试点，合作银行之间共享客户信息，采用联合信贷审查机制提高信贷审批效率、降低内部评级的成本，提高内部评级的有效性。同时，上述试点还应与金融去杠杆、支持实体经济等战略相结合，有针对性地进行行业信贷配置。

二是内部评级法会影响商业银行的信贷配置，放大信贷投放的亲周期性，因此，在实施内部评级法的同时，应当采取配套措施缓解亲周期效应。例如，运用逆周期资本缓冲工具，通过监管部门协调配合，确定合适的逆周期资本计提，经济上行期时多计提资本，经济下行期释放资本以吸收损失，缓解商业银行风险偏好的亲周期性。

担保物权制度改革降低了企业债务融资成本吗？*

——来自中国《物权法》自然实验的经验证据

钱雪松　唐英伦　方　胜

企业融资难和融资贵问题一直困扰着我国的经济发展。改革开放以来，我国采取推动金融市场化改革、调整“直接融资—间接融资”结构、鼓励中小银行发展等举措来改善企业融资环境。但受各种因素影响，企业尤其是中小企业面临的融资困境仍然较大，2019 年政府工作报告也将缓解企业融资难、融资贵问题列为重点工作任务。在此背景下，如何有效降低企业融资成本的问题成为决策部门、企业和学术界关注的焦点。特别是，考虑到我国法律制度环境的不断调整，以《物权法》出台为标志的担保物权制度改革是否以及如何影响企业债务融资成本等问题也亟须回答。

在我国从计划经济向市场经济转型的过程中，为完善市场经济法律环境，新的法律法规不断出台和完善。与之前的《担保法》相比，2007 年出台的《物权法》明确了物的归属，强调对物权的保护，不仅增加了存货、应收账款、基金份额等新型可抵押资产和可质押权利，丰富了担保物权类型，还完善了担保物权的设定和实现程序，降低了担保物权的

* 原文刊载于《金融研究》2019 年第 7 期。

作者简介：钱雪松，经济学博士，教授，华中科技大学经济学院；唐英伦，博士研究生，华中科技大学经济学院；方胜，经济学博士，博士后，中山大学国际金融学院。

交易成本。以《物权法》出台为标志的担保物权制度改革降低了放贷风险，有助于增强企业借款时的议价能力，从而在一定程度上影响企业的债务融资成本。这为本文考察法律制度变化如何影响企业债务融资成本提供了较好的研究素材。

本文以我国《物权法》的出台为自然实验，选取2003—2008年中国工业企业数据库中制造业企业作为研究对象，从《物权法》出台影响企业债务融资成本的异质性切入，将样本中固定资产占比最高的1/3企业和最低的1/3企业分别界定为对照组和实验组，运用双重差分法实证检验担保物权制度改革如何影响企业的债务融资成本。本文得到如下实证结果。

一是《物权法》出台之后，与固定资产占比较高的企业相比，固定资产占比较低的企业的债务融资成本显著降低。

二是与《物权法》出台通过扩大可抵押资产范围、加强债权人保护等渠道降低企业债务融资成本的经济直觉一致，本文基于地区制度环境和企业特征的三重差分检验结果表明，担保物权制度改革降低企业债务融资成本的作用机制表现出异质性。与法律制度环境较好的地区相比,《物权法》对企业债务融资成本的降低作用在法律制度环境较差的地区相对更大；与金融市场化程度较高的地区相比，《物权法》对企业债务融资成本的降低作用在金融市场化程度较低的地区相对更大；与融资约束较弱的企业相比，对融资约束较强的企业而言，《物权法》对债务融资成本的降低作用相对更大。

本文主要贡献在于丰富了"法与金融"研究文献，为债权人保护等法律制度环境如何影响企业债务融资成本等问题提供了来自我国的经验证据。现有关注法律制度与企业债务融资成本关系的文献大多从法律制度环境的国家（地区）差异切入进行考察，不仅容易受到遗漏变量、法律变量测度偏误等问题的困扰，还难以清晰地揭示出法律环境因素影响债务融资成本的作用机理。虽然有少量研究尝试利用法律改革的自然实验探讨企业债务融资成本问题，但这些基于印度、巴西等新兴市场的研究，所得结论也并不一致，从我国的经济实践切入，探究法律制度改革是否以及如何影响企业债务融资成本的研究十分稀缺。本文研究不仅识别出加强债权人保护的法律改革与企业债务融资成本下降之间的因果关系，而且清晰地揭示出担保物权制度改革降低企业债务融资成本的作用机制在于“《物权法》出台→提升债权人保护和借款企业议价能力→降低企业债务融资成本”，从而为“法与金融”研究领域提供了来自我国的经验证据，增进了对债权人保护等法律制度环境如何影响企业债务融资成本问题的认识和理解。

本文的研究结论具有重要的政策含义。第一，为缓解企业融资难、融资贵问题，一个重要途径在于，从市场需求出发不断推动法律制度改革，以市场化导向的法律改革促进金融基础性制度的良性变迁。特别是法律制度环境相对落后的地区，更加需要重视法律制度的作用。第二，可进一步扩大可抵押资产的范围，完善相关的担保物权设定和实现程序。由于在我国经济实践中，银行等债权人在提供贷款时十分依赖抵押品，因此，扩大可抵押资产的范围不仅有助于扩大债权人保护自身利益，还可以提升债务人借款时的议价能力，从而有助于拓展借贷双方签订借贷契约的空间，促使形成更合理有效的贷款定价机制，进而推动企业债务融资成本下降。

定向支持政策能缓解民营企业的融资约束吗? *

——基于民营企业债务融资支持工具政策的研究

徐　光　赵　茜　王宇光

民营经济是支撑中国经济高速发展的重要力量,但长期以来民营企业却一直面临融资困境。为解决这一问题,各监管部门陆续出台了一系列针对民营企业的帮扶措施。其中,民营企业债务融资支持工具政策引入了信用风险缓释凭证(以下简称CRMW)等衍生工具,被认为是一种以市场化的运作方式缓解民营企业外部融资约束的定向支持政策。CRMW是指"由标的实体以外的机构创设的,为凭证持有人就标的债务提供信用风险保护的,可交易流通的有价凭证"。通过在债券发行阶段同步发售CRMW,投资者在购买债券时可以选择购买CRMW以规避债券违约风险、保护一定金额的名义本金。一旦债券出现违约,投资者就可以从创设机构处获得相当于名义本金金额的赔付,其损失将仅限于购买CRMW所付出的信用保护费用。那么,这一定向支持政策是否真的能精准缓解民营企业的融资困境?如果可以,其具体的作用机制是什么?通过收集银行间债券市场相关数据,本文就这一定向支持政策对民营企业债券融资的实际影响进行实证考察。

* 原文刊载于《金融研究》2019年第12期。

作者简介:徐光,博士研究生,清华大学五道口金融学院;赵茜,经济学博士,讲师,中央财经大学国际经济与贸易学院;王宇光,经济学博士,厦门大学经济学院。

本文研究时间区间为2018年4月至2019年3月，共收集到各项数据完整的债券样本2347个，其中，民营企业样本655个，国有企业样本1692个。数据主要来源于Wind数据库，债券取消发行数据则根据上海清算所的数据手工收集。本文首先回顾了政策背景，构建了相应的理论框架，指出这一政策同时存在信号传递效应和CRMW保险效应，不过信号传递效应会对所有的民营企业有显著的融资改善作用，而CRMW保险效应则只对评级较低的民营企业具有融资改善作用。根据理论框架，本文设计实证方案并就何种效应在缓解民营企业融资约束中发挥主导作用进行检验。在使用民营企业样本进行分析的基础上，本文还使用双重差分法（以下简称DID）对政策能否实现对民营企业的精准支持进行探讨。此外，本文还使用倾向得分匹配法（以下简称PSM）就CRMW保险效应的作用机制作进一步探讨。

本文主要研究结论如下。第一，民营企业债务融资支持工具政策发布后，民营企业的债券融资成本降低、债券发行成功概率提升。在使用DID方法进行稳健性检验后，结果显示民营企业债券发行价格在政策发布后较国有企业下降得更为明显，说明定向支持政策能够实现对民营企业的精准支持。第二，现阶段定向支持政策的信号传递效应较强，CRMW的保险效应较弱，不同评级的民营企业债券均在政策发布后表现为发行价格的降低和发行成功概率的提升。第三，现阶段CRMW改善民营企业融资约束的作用尚未完全发挥，其直接降低民营企业债券发行价格的作用并不明显，但却能显著提升民营企业债券发行成功的概率，间接减低企业的综合融资成本。

本文的研究结论具有重要的政策含义。第一，民营企业债券融资支持政策有助于对民营企业进行精准支持，夯实、疏通货币政策传导的微观基础。因此，现阶段为持续缓解民营企业融资约束，应高度重视债券市场在调整经济结构、精准定向支持方面的积极作用，出台更多的利用债券市场提升民营企业债务融资能力的相关政策和措施。第二，现阶段CRMW更多的是解决企业融资难而不是融资贵的问题，民营企业发行债券时是否搭配CRMW实际上是要在“高概率发行、高成本融资”和“低概率发行、低成本融资”之间进行权衡取舍，CRMW更适合于需要优先解决“融资难”问题的民营企业。第三，现阶段CRMW存在保险效应较弱等问题，亟待相关配套政策进一步出台与落实。具体而言，既要积极推动各类金融机构参与CRMW发行，丰富完善多层次的金融机构体系，同时也要积极研究制定关于CRMW的资本计提等配套措施，发挥政策合力提升CRMW的保险效应并形成长效机制。

本文主要有以下创新点和贡献。第一，本文不仅关注民营企业债务融资支持工具政策对债券发行价格的影响，还基于债券取消发行的独特数据，考察了这一政策对民营企业债券融资可得性的影响，为全面考察政策效果提供了基于大样本的经验证据。第二，不同于现有研究，本文聚焦于定向支持政策能否有效作用于政策客体，对政策的结构性调整效果进行了深入研究，从而为已有的政策研究提供了新的研究视角。第三，本文指出民营企业债务融资支持工具政策具有改善企业融资能力的信号传递效应和CRMW的保险效应，并且使用DID方法和PSM方法分别对其进行验证，不仅为理解政策传导机制提供了新的理论指引，而且为评价政策作用提供了更为细致和有针对性的实证依据。后续研究还应进一步关注如何持续提升CRMW的保险效应，进一步降低民营企业的债务融资成本。

“老赖”越多，贷款越难？*

——来自地区诚信水平与上市公司银行借款的证据

戴亦一　张鹏东　潘　越

诚信是人类的美好品质，也是社会运行的重要润滑剂（Arrow，1974）。虽然现代社会设置了诸多规则来抑制社会中普遍存在的欺骗行为，但缺乏内在的诚信品质，即便再完善的规则也无法完全消除欺诈。诚信在企业经营过程中尤为重要。现有研究发现，企业的诚信文化能够减少其自身的不当行为，有效提升企业绩效；企业的欺瞒行为则会使其损失合作商，甚至破产（Mazar和Ariely，2006；Dikolli等，2012；Grieser等，2016）。

诚信缺失会阻碍经济交易的开展，在信息不对称较明显的银企借贷中，诚信的影响尤为重要。由于借款企业对项目信息和抵押品价值有更充分的认知，一旦借款企业缺乏诚信，银行所面临的违约风险和损失就会剧增，这大大降低了银行向借款企业发放贷款的可能性。那么，在诚信缺失日益严重的环境下，企业如何维持银行借款这一重要融资来源？相对于非上市企业，信息更透明、外部监督更多的上市公司，在失信环境下向银行借款是否更有优势？本文通过考察不同地区诚信水平对上市

* 原文刊载于《金融研究》2019年第8期。

作者简介：戴亦一，经济学博士，教授，厦门大学管理学院；张鹏东，博士研究生，厦门大学管理学院；潘越，管理学博士，教授，厦门大学经济学院。

公司获取银行借款的影响，来分析上述问题。

要检验这一问题，首先面临的挑战就是诚信水平的度量。现有文献度量企业诚信主要通过调查数据（Guiso等，2015）和文本分析（姜付秀等，2015）。然而，这两种方式均存在较大的度量偏误：受访者在调查中会表现出更高的诚信倾向（Basuchoudhary和Conlon，2000），而企业宣传的“诚信”很容易被模仿（Guiso等，2015）。基于此，本文依托最高人民法院发布的失信被执行人（俗称“老赖”）这一独特数据来测度地区诚信水平。相比而言，“老赖”是现实生活中真实的行为表现（拒绝执行法院判决或仲裁裁决结果），对诚信水平的度量偏差相对较小。而且，银行作为商业诉讼的主要参与方，对“老赖”现象有最直观的感知，过往的诉讼和执行经历不可避免地会影响其后续贷款审批和信贷配置行为。

本文认为，借贷关系的建立和维系本质上依赖于借贷双方对未来履约的预期。银企借贷不可避免地会受到企业诚信行为的影响。而企业的行为选择，与其所处的经营环境息息相关。在失信环境中经营的企业更有可能作出不诚信的行为选择，从而增加企业在银企借贷中的违约风险。在此情况下，上市公司信息透明度更高、受外部监督更多的特征能够帮助其在失信环境下获取更多的银行借款。因此，本文认为，在失信环境中经营的上市公司，银行借款比例相对更高。

本文以2003—2014年沪深A股上市公司样本实证检验地区诚信水平对当地上市公司银行借款比例的影响。研究发现，在失信环境中经营的上市公司能获得更多的银行借款。在进一步控制地区层面遗漏变量、使用“1978年各省人均水稻播种面积”和“上市公司周边200千米范围内的寺庙和道观数量”作为工具变量，并以上市公司迁址事件构建PSM-DID模型等方法解决可能存在的内生性问题之后，这一结论依然成立。其中，选取“1978年各省人均水稻播种面积”作为工具变量是基于如下两方面考虑: 第一, 由于水稻种植所需的灌溉系统建设需要所有农户的共同合作，失信于人将难以在当地获得合作关系。因此，这种生产上的合作会在当地培育出良好的诚信环境。第二, 1978 年的省级行政区划与样本期间相同，且改革开放之初各省份之间的经济发展水平差距较小，可以缓解经济环境的可能影响。

本文的研究结果表明，上市公司信息透明度更高、受外部监督更多，其与银行之间的信息不对称程度相对偏低，从而有助于其在失信环境下获取更多的信贷资源。进一步研究还发现，当银行作为原告起讼的“老赖”比例越高时，地区诚信水平对银行感知到的企业违约风险的影响更为直接；而当企业遭遇行业危机或企业所在城市信用体系相对完备时，地区诚信水平对企业违约风险的影响相对有限，此时失信环境对上市公司获得银行借款比例的影响被削弱了。本文还考察了地区诚信水平对其他银企借贷要素的影响，研究发现，当地区的诚信水平较低、企业的违约风险较高时，银行放贷时会倾向于缩短债务期限、增加抵押比例，以降低银行所面临的违约风险和损失。

与已有研究相比，本文主要有以下贡献。第一，本文拓展了诚信在经济中如何发挥作用的研究。已有文献更多关注诚信对企业行为和绩效的影响（Gosling 和 Huang，2009；Dikolli 等，2012；姜付秀等，2015；Grieser 等，2016），而本文则关注地区诚信水平如何改变银行对企业诚信行为的选择和违约风险的判断，进而影响企业获取银行借款的可能性。这提供了诚信通过外部利益方（银行）对企业经营产生影响的直接证据，有助于更全面了解诚信影响企业发展的作用机制。第二，丰富和补充了企业融资问题的研究。已有研究认为，通过缓解企业和银行之间的信息不对称程度能够改善企业的融资困境。本文研究也证实了这一观点，在诚信水平较低的地区，上市公司因其较高的信息透明度和更多的外部监督，能有效增加企业获得银行借款的可能性。

04 企业改革与创新发展

中国实业部门金融化的异质性*

张成思　郑　宁

近年来，随着金融市场的繁荣发展，学界和业界的关注重点逐渐从金融发展转移到了实业部门的金融投资。然而一些实体企业过多地投资于金融资产、参与金融市场活动，而忽视了主营业务的发展和创新，由此催生的“金融化”“经济脱实向虚”等现象引发了政策制定部门的密切关注。尽管学界的研究覆盖了实体经济金融化对企业经营、创新等各方面的负面影响，也有少量研究关注了更为本源的问题，即企业为何要进行金融资产投资，但这些研究中理论设定的合理性和实证模型科学性的不足亟待解决。更重要的问题是，不同类别企业在金融化驱动机制方面是否存在异质性？这些异质性表现为哪些特征？科学地回答这些问题无疑将为政策制定部门提供更具针对性的调控方针。

鉴于此，本文从已有的固定资产与金融资产两大类投资组合理论模型出发，拓展模型假设，构建了一个跨期的企业资产组合选择模型，根据推导得到理论解析表达式形式来设立实证模型，并利用中国2006—2016年A股上市非金融企业的面板数据进行GMM估计，分析不同类别企业金融化的驱动机制的异质性。在实证分析中，本文首先根据企业所有权性质和所处行业将样本分别划分为国有企业和非国有企业、制造业与非制造业企业两组样本进行估计，探究不同类型企业的金融投资是否具有异质

* 原文刊载于《金融研究》2019年第7期。

作者简介：张成思，经济学博士，教授，中国人民大学财政金融学院，中国财政金融政策研究中心；郑宁，博士研究生，中国人民大学财政金融学院。

性，进一步按照金融资产的类别将金融化指标区分为货币类和非货币类金融资产投资，最后将长期股权投资纳入金融资产的范畴进行稳健性考察，得出以下几个主要结论。

第一，规避固定资产投资风险是企业金融化的关键影响因素，不同类别企业的金融投资驱动机制差异明显。

相比国有企业，非国有企业对实业经营风险的敏感度更高。非国有企业由于面临更强的外部融资约束，外部融资成本相对较高，当经营风险上升时，业绩的下滑将导致从银行获取贷款的难度攀升，此时流动性较好的金融资产发挥了对冲经营风险的作用，因此非国有企业主要出于规避固定资产投资风险而投资金融资产。享有国家信用担保的国有企业，由于存在预算“软约束”，相比非国有企业更容易从银行取得贷款，从而在一定程度上对冲了经营风险，因此规避风险并不是影响其资金配置的主要原因，内部现金流水平和杠杆率才是制约因素。

制造业企业的金融化主要受到风险因素驱动，非制造业企业则主要出于追逐额外利润而进行金融资产投资。制造业企业的主营业务收入主要依赖机器厂房等固定资产，这一现实因素决定了其固定资产投资往往周期较长，相比非制造业企业更容易受到宏观经济环境波动的冲击，因此持有金融资产以对冲固定资产投资风险的需求要高于非制造业企业；非制造业企业的金融资产投资主要受资本逐利因素驱动，相比于风险较高的固定资产投资，金融资产投资带来了稳定性相对较好、流动性更高的额外收益。

第二，不同金融资产的驱动机制在不同企业间有显著差异。

国有企业持有货币类金融资产主要出于谋取额外收益。对于货币类金融资产投资（企业所持有的货币资金），国有企业主要受资本逐利因素驱动，当实业投资收益率下降时，国有企业将倾向于持有更多货币类金融资产。对非国有企业以及制造业和非制造业企业的研究结果均未表现出这一特征。

非国有企业持有非货币类金融资产的关键驱动因素是宏观经济政策的不确定性。对于非国有企业以及按照企业所处行业划分的制造业和非制造业企业，其非货币类金融资产投资均受到宏观经济政策不确定性的驱动，国有企业则不受影响。非货币类金融资产主要包括证券、基金等股权投资产品以及国债、公司债等固定收益产品，当宏观经济政策出现较大波动时，非国有企业的实业经营将受到较大影响，此时，非货币类金融资产提供了对冲实业投资风险的良好工具。

第三，将长期股权投资纳入金融资产范畴不影响基本结论。

由于长期股权投资在企业资产中具有特殊性，根据中国管理会计对企业资产的划分方法，长期股权投资实际应属于经营性资产，但长期股权投资所产生的股息收入也属于金融资产范畴，因此广义上长期股权投资可以归类为金融资产。本文将长期股权投资纳入金融范畴进行分析，相应研究结果与上述结论基本一致，即规避固定资产投资风险仍是非国有企业、制造业企业金融化的关键驱动因素，对国有企业、非制造业企业则没有显著作用。

以上研究结果表明，制定政策时需重点关注不同类型企业以及不同形式的金融资产投资，从而有针对性地引导实体企业正确进行投资活动，让金融服务实体而不是主导实体，实现资源跨部门、跨行业的最优配置。据此，本文提出以下几点政策建议。

首先，重点加强对企业固定资产投资风险的监管，降低企业实业投资的不确定性，改善实业经营环境，提振实体企业经营的信心，让实体企业回归本源；同时，应加强对实体企业金融投资的监管，避免企业“不务正业”，过多通过金融市场谋取收益而忽视主业的经营和创新。

其次，疏通企业融资渠道，大力发展和完善直接融资，逐步解决实体企业尤其是非国有企业外部融资约束过高等问题；同时，积极推动企业融资环境公平化，“硬化”国有企业的“预算软约束”，让市场资金真正实现最优配置。

最后，监管机构在制定相应的政策方针时应充分考虑不同所有权性质、不同行业间企业的主营业务、经营状况的差异，因情施策，对症下药，让政策精准落地，有针对性地引导实体企业“回归本源”。

银行业竞争、融资约束与企业创新*

——中国工业企业的经验证据

张　璇　李子健　李春涛

创新是经济增长的源泉，是引领中国制造转型升级的重要动力。然而，长期以来，中国企业的创新活动饱受融资约束之苦，一方面，创新项目回报的不确定性难以完全满足银行信贷定期还本付息的要求，导致创新项目难以获得银行贷款；另一方面，信贷市场上的卖方强势以及信贷歧视使中小企业创新项目的融资更加困难。中国银行业在金融体系中占据着重要地位，因此，有效促进银行信贷对中小企业提供融资服务，包括对创新项目提供资金支持，不仅能为银行业开辟新的优质市场，也能缓解广大中小企业面临的融资困境，是拉动经济增长的重要保障。

在中国经济转型过程中，与经济发展相适应的金融体系不断完善，呈现出多层次的发展态势。除大型和股份制商业银行外，政策性银行、城商行、农商行、农合行以及村镇银行都得到快速发展。一方面，中小银行能更好地收集中小企业的“软信息”，降低创新项目的信息不对称程度；另一方面，中小银行的发展削弱了大型银行的垄断势力，会倒逼大银行尝试转变经营模式，积极参与有潜质的中小微企业的发展。现有研究发现，银行业竞争对企业创新有促进作用，但尚缺乏对内在影响机

* 原文刊载于《金融研究》2019年第10期。

作者简介：张璇，中南财经政法大学统计与数学学院副教授；李子健，上海财经大学公共经济与管理学院博士生；李春涛，中南财经政法大学金融学院教授。

制和渠道的深入分析。同时，已有文献使用的研究数据跨度短、创新指标单一，难以全面刻画银行业竞争对企业创新行为的影响，也缺乏对外部环境异质性的考察。

融资渠道的改善是银行业竞争影响企业创新的重要内在机制，对于银行业竞争如何影响企业的融资约束，长期以来存在“信息假说”和“市场力量假说”。“信息假说”认为，银行业竞争加剧干扰了长期形成的银企关系，银行难以运用更多的契约工具对借款者进行甄别，从而减少企业贷款。但“市场力量假说”则认为，银行业竞争能够削弱信贷市场卖方势力、降低利率、减少信贷审批要求，以及提高审批效率，从而有助于缓解企业的融资约束。

本文从融资约束的视角，探讨银行竞争对企业创新的影响渠道。具体来看，我们将1998—2007年中国工业企业数据库与同年份国家知识产权局的企业专利数据库以及原银监会公布的商业银行分支机构数据合并，进行经验分析。实证结果有如下发现。

第一，银行业竞争加剧通过缓解企业面临的融资约束提升企业的创新能力。第二，以上研究结果在外部融资依赖程度较高的企业，如中小企业、民营企业中更加明显。第三，较高的市场化水平和较好的法治环境，能够规范和保护投资者的权益，使得银行业竞争的“压力”作用得以体现。第四，更适应中小企业发展的城市商业银行的竞争能更好地推动企业创新。在激烈的市场竞争下，银行为了争取更多客户，会降低贷款利率，这使企业有更多的资金投入创新。另外，银行业竞争的加剧，也使银行不得不扩大其业务范围和承担更高的风险，一些创新项目也直接成为银行融资的对象，这对中小企业、民营企业的创新项目融资具有重要意义。

银行业竞争对企业创新的影响难免会受到内生性问题的困扰。一方面，存在不可观测的因素，如环境、文化等会同时影响银行业的竞争程度和企业的创新行为，这种遗漏变量情况会导致估计结果有偏；另一方面，企业创新和经济发展会吸引更多的金融机构聚集，导致反向因果关系。本文通过双重差分和工具变量来弱化内生性问题。我们利用中国加入世界贸易组织（WTO）后，逐步取消对外资银行准入和经营人民币业务限制的政策冲击，采用双重差分法处理内生性问题。外资银行准入的放宽，在一定程度上对国内银行业务形成冲击，导致银行业竞争加剧。此外，允许外资银行准入不是“一刀切”的政策，而是分批次逐步放开，这避免了单一时点上其他政策的干扰，从而能够更好地识别银行业竞争对企业创新的因果效应。我们采用同一省份GDP（地区生产总值）最接近的三个地区的平均银行业竞争程度作为地区银行业竞争程度的工具变量，运用两阶段最小二乘法处理内生性问题。此外，本文还考虑了替换融资约束变量、替换银行业竞争变量、运用2008—2012的工业企业数据、更换研究模型等一系列稳健性检验，前文的研究结果仍然成立。

本文的贡献主要体现在以下几个方面：第一，区别于现有文献主要关注银行业竞争对企业创新的影响方向，本文从融资约束的视角，深入探讨其影响机制，希望有助于进一步厘清银行业竞争是促进企业创新的重要渠道，是对现有文献的重要补充。第二，银行业竞争对企业创新的促进作用受到所有制、企业规模、行业特征、外部环境以及银行业结构的影响，本文进一步考察了影响机制的异质性，从而深入刻画了银行业竞争通过缓解企业融资约束进而促进企业创新的作用机理。第三，本文将中国加入世界贸易组织后取消外资银行准入限制视为一个准自然实验，运用多时点双重差分法识别银行业竞争对企业创新的因果效应，为银行业竞争的经验研究在弱化内生性问题上提供参考。

本文的研究为中国目前金融发展如何促进企业创新提供了有益参考。第一，适度的银行业竞争能为更多优质中小企业、民营企业拓宽创新项目的融资渠道，催生更多创新企业，从而推进产业结构升级和转型，因此，建立健全现代金融市场体系是深化金融体制改革的重要内涵。第二，营造良好的外部融资环境是促进企业创新的制度保证，只有不断提高地区的市场化水平和法治环境，才能更好地保护投资者权益和创新者利益，减少银行与企业之间的信息不对称程度，从而建立有效的信息识别机制以缓解企业的融资约束。

儒家传统与企业创新：文化的力量*

徐细雄　李万利

创新是人类文明进步的灵魂，也是一个国家兴旺发达的不竭源泉。根据《国家中长期科学和技术发展规划纲要（2006—2020年）》，提高自主创新能力、建设创新型国家是我国的既定战略目标。党的十九大报告进一步作出“推动高质量发展”的重大战略部署，指出“我国经济已由高速增长阶段转向高质量发展阶段”。然而，建设创新型国家和实现高质量发展目标不仅需要顶层设计，更需要微观基础。企业是最基本也是最重要的市场供给主体，是推动创新创造的主力军。因此，只有激发企业创新活力、提高企业技术创新效率，才能激活高质量发展的微观基础。

已有文献从知识产权保护、融资约束、公司治理、政府补贴和高管个体特质等多个视角考察了影响企业创新的关键因素，形成了诸多有价值的成果。然而，这些研究大都基于契约经济学视角考察企业创新所面临的宏观制度约束或微观动力机制，却忽视了社会文化等隐性价值规范对创新主体决策偏好和策略选择可能产生的作用。亨廷顿和哈里森（2013）指出，文化是影响社会、政治和经济的一个重要因素。近年兴起的行为金融学也表明，除了制度和经济因素，文化这类非正式制度因素也会对企业决策行为产生重要影响。特别是对中国这样一个历史文化源远流长，但市

* 原文刊载于《金融研究》2019年第9期。

作者简介：徐细雄，管理学博士，教授，重庆大学经济与工商管理学院；李万利，博士研究生，重庆大学经济与工商管理学院。

场机制尚不健全、制度环境仍需完善的新兴市场国家，文化因素可能发挥着更为重要的作用。

对中国而言，儒家思想影响最为广泛和深远。它是中国哲学思想和价值观中最持久、最重要的力量，也是长期以来个体和组织普遍尊崇的道德规范与行动指南。但长久以来，针对儒家文化究竟是促进还是抑制创新一直存在严重的分歧和争议，且缺乏严谨的理论剖析和经验证据支持。那么，儒家传统对当代企业创新究竟有何影响？在实现创新型国家建设和高质量发展战略目标中，儒家文化又具有怎样的时代价值和功能？针对这些困惑，本文突破传统的制度理论框架，综合运用典籍解读、理论分析和实证检验方法，从非正式制度视角系统考察了儒家传统及其隐性价值规范对企业创新行为的影响效应和作用机理。

理论与实证结果表明：（1）儒家文化对企业创新具有明显的“促进效应”，即企业受到儒家文化的影响程度越强，其专利产出水平显著越高。（2）儒家文化主要通过缓解企业代理冲突、提高企业人力资本投资水平和降低企业专利侵权风险等三条渠道促进企业创新。（3）非正式制度的儒家文化和正式制度的法律环境在促进企业创新方面存在相互替代的治理功能。（4）全球化浪潮下的外来文化冲击在一定程度上削弱了儒家传统对中国企业创新的影响效果。（5）儒家文化的全员辐射和引领特性也有利于激发全体员工的创新热情，进而提升技术创新成果的实际转化效率，增强专利技术对企业经营绩效的边际贡献。

本文的研究贡献体现在以下几个方面。第一，本文突破了传统的制度理论框架，从非正式制度视角考察了儒家文化及其隐性价值规范对企业创新行为的影响效应和作用机理。这不仅深化了对创新行为赖以依存的文化土壤及其力量逻辑的理解，也丰富了企业创新主题的研究文献。第二，儒家传统对中国社会的影响是广泛且深远的，但目前关于儒家伦理价值的研究主要基于哲学和社会学层面展开，且大都采用规范分析范式。本文运用实证方法揭示了儒家文化在促进当代企业创新中的积极作用。这既拓展了儒家伦理价值的研究范式，也从微观企业层面深化了对儒家文化经济后果的理论认知。第三，近年有学者从非正式制度视角考察文化因素在微观层面的作用效果，但大都集中于西方情境并使用跨国数据比较不同国家文化特征对企业行为的影响，少数运用特定国家开展的研究也主要聚焦西方宗教文化。本文采用单一国家样本，不仅有利于控制不同国家制度差异对实证结论的干扰，也为新兴的“文化与金融”国际前沿文献贡献了东方文化情境的独特知识和经验证据。第四，本文首次揭示了儒家文化在促进企业创新方面的理论逻辑和经验证据。这不仅纠正了部分学者对儒家文化价值的消极认知偏见，也为弘扬和发挥中华优秀传统文化在实现创新驱动战略和高质量发展目标中的积极作用提供了必要的理论依据和政策借鉴。

本文具有重要的政策启示意义。首先，儒家思想是中国传统文化的主体和精髓，杜维明（2013）指出：当前儒学发展的重要瓶颈在于“面对科学主义的挑战，暴露出很多缺陷”。长久以来，人们关于儒家思想对技术创新的影响究竟是积极还是消极一直存在争议。本文从微观企业层面揭示了儒家思想促进技术创新的内在机理及经验证据，纠正了部分学者对儒家文化价值的消极认知偏见。因此，我们不应片面否定儒家传统文化的经济价值和合理性，而应更全面、理性和客观地评价儒家文化对现代经济活动所产生的影响，从而更好地实现新时代儒家文化的传承与创新。其次，儒家思想是中国传统文化的核心，在中国社会非正式制度体系中扮演着重要角色。本文实证发现儒家文化对企业创新具有积极的促进作用，这为充分发挥优秀传统文化在推动高质量发展中的时代价值和功能提供了理论依据和政策参考。因此，我们应坚持文化自信，高度重视中华优秀传统文化的传承与发展，积极从中国优秀传统文化中寻找解决现实难题的办法。

工薪所得税筹划与企业创新*

江轩宇　朱　琳　伊志宏　于上尧

鉴于创新活动对企业核心竞争力以及国家长期经济增长都具有重要的战略意义，如何促进企业积极开展创新活动、提高创新效率一直以来都是各国学者和政策制定者关注的焦点。创新的技术往往蕴含在人力资本之中，使得人才成为创新的第一源泉。因此，如何完善激励体系、激发员工的创新动力是促进企业创新的一大研究课题。现有研究围绕员工激励，分别从员工持股、员工劳动保护程度及工会权利等视角考察了其与企业创新的关系。

值得注意的是，虽然我国员工的收入结构随着经济发展呈现多样化特征，但工资收入仍占据主导地位。然而，由于存在个人所得税，员工的名义税前薪酬和实际税后薪酬可能存在较大差异，这使得工薪阶层具有强烈的降低税负的动机，由此也使近年来调高个税免征额成为热点话题，每年“两会”中关于个税免征额调整的提案从未间断。总的来看，工薪所得税造成的员工对薪酬的感知落差很可能会降低工资薪酬对企业创新的激励作用。在此情况下，企业积极地开展工薪所得税纳税筹划，是否能够缓解个人所得税负的不利影响，促进企业创新呢？

根据现有文献的研究结论，并不能先验性地给上述问题提供明确答

* 原文刊载于《金融研究》2019年第7期。

作者简介： 江轩宇，管理学博士，副教授，中央财经大学会计学院 / 中国管理会计研究与发展中心；朱琳，博士研究生，中国人民大学商学院 / 无锡太湖学院；伊志宏，经济学博士，教授，中国人民大学商学院；于上尧，管理学博士，讲师，北京工商大学商学院。

案。一方面，企业的创新活动对员工而言存在高昂的私人成本，如果员工获得的薪酬不足以抵消投入创新活动所增加的私人成本，其将缺乏动力实施创新项目，从而导致企业创新不足。但真正能用于员工消费且具有激励效应的薪酬应该是扣除工薪所得税后的税后薪酬净额，而不同档次的个人所得税率可能会导致税前的名义薪酬与税后的实际薪酬大相径庭，由此降低薪酬对创新的激励作用。工薪所得税筹划能够降低员工薪酬的实际税率，在名义薪酬不变的情况下，能够更好地对员工的才能和努力作出补偿，弥补其在企业创新活动中支付的私人成本。另一方面，个人所得税征收的一个重要目的就是调节收入分配的差距，即高收入人群多纳税，低收入人群少纳税或者不纳税。当企业对工资薪酬进行税收筹划后，在增加薪酬激励作用的同时，很可能加剧个人薪酬在时间序列上的波动。例如，当企业效益较好时，名义工资薪酬较高；当企业效益不佳时，名义工资薪酬较低。工资薪酬的超额累进税率在很大程度上会降低薪酬之间的差异，平滑工资收入。但通过税收筹划，很可能会降低不同薪酬水平下的相对累进税率，增大税后薪酬的实际差异。在特定时期，行为主体的风险承担意愿是一定的，随着税后薪酬收入波动的增加，为平衡风险敞口，其也可能会减少开展高风险的创新活动。

根据以上分析，本文以2007—2015年沪深两市A股上市公司为样本，实证检验工薪所得税筹划对企业创新的影响。主要发现如下：（1）工薪所得税筹划与企业创新显著正相关，表明工薪所得税筹划对企业创新具有积极的促进作用。（2）员工个税压力越大，工薪所得税筹划对创新的促进作用越明显，且2011年个人所得税税制改革会抑制二者的正向关系，由此表明纳税筹划主要通过降低工薪税负的不利影响来强化薪酬的激励效应，进而促进企业创新。（3）当公司为国有企业或处在税收征管强度较大的地区时，税收筹划对创新的促进作用更强。（4）当企业人均薪酬波动较大时，工薪所得税筹划对创新的促进作用将减弱。（5）当创新员工更有可能是避税行为的受益者时，工薪所得税筹划对企业创新的促进作用更显著。

本文的贡献主要体现在以下几个方面。第一，本文结合我国工资收入占员工收入比重较大、工薪所得税负较高的现实背景，首次探讨了工薪所得税筹划是否有助于激励企业开展创新活动，丰富了员工激励与企业创新方面的研究。第二，鉴于税收政策是各国政府用于刺激经济增长、调整经济结构、引导资源优化配置的重要手段，大量研究探讨了企业所得税、个人所得税对企业创新的影响。在考虑税收影响的同时，相关文献开始探讨企业税收规避行为对创新活动的作用。但此类文献只关注了企业所得税筹划与企业创新的关系，尚未探讨个人所得税筹划对企业创新的影响。因此，本文的研究丰富了税收与企业创新，特别是税收规避与企业创新方面的研究。第三，以往文献主要考察了工薪所得税筹划对企业绩效的影响，本文将其与企业创新相联系，还丰富了税收规避特别是个人所得税税收规避的经济后果方面的研究。

本文研究结论具有重要的政策含义。一方面，企业需要充分意识到员工是创新的重要主体，应设计合理的薪酬制度，在法律允许的范围内努力提高员工的税后实际薪酬，以更好地发挥薪酬激励作用，促进创新活动的开展。另一方面，相关监管部门应积极推动个人所得税税制改革，确定合理的个人所得税的税负水平，使其适应“人民日益增长的物质文化需求”，更好地实现激励员工、保持企业活力的目标，使个税制度改革更有效地服务于创新驱动发展战略，促进经济持续、健康发展。

中国上市企业投资的资本成本敏感性估计*

徐明东　陈学彬

企业投资对资本成本敏感是利率等价格型货币政策工具有效传导和实施的重要条件和微观基础。传统观点认为，由于国有企业承担了部分社会功能、非市场化功能以及存在软预算约束，我国企业投资的资本成本敏感性较低，利率传导机制不畅通。近年来，随着企业的公司治理结构不断完善，利率市场化及各项金融改革不断深化和推进，我国货币政策调控的微观基础和市场环境发生了很大变化，在此情况下，有必要对企业投资的资本成本敏感性进行定量估计，以检验利率调控等价格型货币政策工具的传导效果。

本文基于新古典投资模型框架，使用2004—2017年我国上市企业非平衡面板数据，定量估计了我国上市企业投资的资本成本敏感性，并侧重检验了融资约束对企业投资的资本成本敏感性的影响。本文主要有以下发现。

第一，上市企业投资的加权资本成本弹性显著为负，且已具有较强敏感性（长期敏感性系数范围为 –0.16~0.27），价格型货币政策工具的传导条件在上市企业投资环节逐渐具备。

* 原文刊载于《金融研究》2019年第8期。

作者简介： 徐明东，经济学博士，副教授，复旦大学经济学院；陈学彬，经济学博士，教授，复旦大学经济学院。

第二，对股权和债务资本成本的结构性估计显示，我国上市企业投资对债务资本成本的变动已较为敏感，而对股权资本成本的变动敏感程度较低且不稳定。

第三，与传统观点相反的是，非国有控股上市企业投资的资本成本敏感性显著低于国有控股上市企业。企业经营动机和公司治理以及融资约束和金融摩擦是影响企业投资行为的两大重要因素。对此，本文的可能解释是：一方面，近年来我国国有控股上市企业的治理结构已有较大改善，市场化动机逐渐增强，经营绩效不断提升。另一方面，近年来随着我国多层次资本市场的快速发展，整体上我国上市企业的融资渠道更加广泛，但因众多原因（如金融机构风险偏好改变等），非国有控股企业尤其是民营上市企业仍面临较强的融资约束，这导致国有控股上市企业投资的资本成本敏感性相对更高。

第四，当控制其他融资约束指标后，国有控股与非国有控股上市企业投资的资本成本敏感性差异消失或显著下降，表明较强的融资约束是导致非国有控股上市企业投资的资本成本敏感性相对较低的重要原因。

本文和传统观点“相悖”的结论与其他最新研究我国企业投资行为的相关文献结论一致。邓可斌和曾海舰（2014）以及喻坤等（2014）研究发现，近年来我国非国有企业的投资效率显著低于国有控股企业，并将该现象称为企业投资效率之谜。他们对此现象的解释是，近年来金融机构风险偏好下降，国有企业与非国有企业之间的融资约束差异被进一步强化，信贷融资约束使非国有企业投资效率持续下降。

本文的研究还表明，应重视二元经济结构模式下民营经济面临较强的融资约束对价格型货币政策工具传导机制的负面影响。长期来看，随着企业尤其是国有企业的公司治理结构的不断完善，各项金融改革不断深化和推进，企业尤其是民营企业的融资渠道将逐渐拓宽，融资约束将逐渐下降，这将有助于提高价格型货币政策工具的传导效果。但近年来金融机构等资金供给主体的风险偏好降低，实体经济主体尤其是民营企业面临的融资约束上升，这会导致 IS 曲线的斜率变陡峭，降低利率对实体经济投资的刺激作用。

本文的主要贡献如下：第一，本文系统梳理了影响企业投资的资本成本敏感性的两大重要因素，包括内部代理（企业经营目标及预算软约束）和融资约束，强调了融资约束对企业投资的资本成本敏感性的重要影响。第二，拓展了徐明东和陈学彬（2012）使用 1999—2007 年我国全部国有及规模以上工业企业数据对我国企业投资的资本成本敏感性的估计，本文利用 2004—2017 年我国上市企业数据估计了上市企业投资的资本成本敏感性，并得到了与早期研究不同的结论。第三，本文实证检验了融资约束对企业投资的资本成本敏感性的影响，提出了融资约束是导致我国非国有控股上市企业投资的资本成本敏感性较低的重要原因，丰富了企业动态投资行为的研究文献。

值得注意的是，本文的研究样本仅为上市企业，对于大量信息透明度较低、公司治理较弱的非上市企业（尤其是中小企业）来讲，可以预期的是，这类微观主体的投资对资本成本的敏感性可能更低，具体如何则需要进一步检验。

改进型创新抑或突破型创新 *

——基于客户集中度的视角

江　伟　底璐璐　胡玉明

在经济全球化和市场竞争逐渐加剧的当今，创新对于企业生存与发展，乃至一国国际竞争力的作用日益凸显。因此，如何推动企业的创新活动成为当前理论界和实务界讨论的一个重要话题。在先前的财务学和会计学研究中，学者们主要集中于从数量和效率层面考察企业创新活动的影响因素，而忽略了不同类型创新间的异质性，以及这些不同类型创新的影响因素是否有所不同，例如改进型创新与突破型创新。据《人民日报》（海外版）2016 年 4 月 11 日的报道，过去 10 年间，我国专利申请经历了超 10 倍的增长，国内专利申请数量连续 5 年蝉联全球第一。然而我国总体创新水平还比较低。因此，区分改进型创新与突破型创新，考察两种不同类型创新活动潜在的不同影响因素，并设计出与不同类型创新活动相适宜的激励体系，激励企业更多地进行突破型创新不仅具有重要的理论意义，而且对于我国全面推进实施制造强国战略、促进企业转型升级和经济可持续发展也具有重要的现实意义。

基于以上研究背景，本文从客户集中度的视角考察其对企业的改进型创新抑或突破型创新的促进作用。先前的研究结果表明，客户尤其是

* 原文刊载于《金融研究》2019 年第 7 期。

作者简介：江伟，管理学博士，教授，暨南大学管理学院；底璐璐，博士研究生，暨南大学管理学院；胡玉明，管理学博士，教授，暨南大学管理学院。

大的或者主要的客户可以在提供消费者需求信息和新产品共同开发等方面促进企业的创新活动。但是这些研究没有区分改进型创新与突破型创新。理论上分析，一方面，企业与主要客户之间的信息交流与合作可以降低企业进行突破型创新所面临的技术风险和财务风险，从而促进企业的突破型创新；另一方面，哈佛创新领域的知名学者克里斯坦森在其《创新者的窘境》一书中指出，专注听取主要客户的意见虽然有利于企业研发延续性技术，从而巩固与这些客户之间的关系并获得较高的短期投资回报，但是却会阻碍企业发展破坏性技术，而后者的缺乏为这些企业埋下了日后失败的种子。因此，客户集中度究竟是促进了企业的改进型创新抑或突破型创新尚需大样本的经验证据。

本文的研究样本为2009—2016年在沪深证券交易所上市的公司。样本期间之所以从2009年开始，是因为从2009年才开始有较多的公司自愿披露前5名客户的名称和销售额，为此，本文收集了截至2016年上市公司前5名客户销售额所占比重及名称信息。本文的研究结果表明，企业的客户集中度越高，其越倾向于进行突破型创新，但是这种关系只存在于国有企业以及与主要客户地理位置相似度比较高的企业；对发明专利和实用新型专利分别进行检验的结果表明，在国有企业以及与主要客户地理位置相似度比较高的企业中，客户集中度的提高有助于增加企业申请的发明专利数量，但是并不会对企业申请的实用新型专利数量产生影响。

考虑到制造业上市公司占到本文总样本的大部分，而且主要客户或者供应链对于制造业企业的创新可能更为重要，因此，本文选取制造业上市公司进行了稳定性检验，发现了与主要结论一致的结果。此外，考虑到上市公司前5名客户集中度的形成可能具有一定的内生性问题，本文分别采用了企业层面的固定效应模型和二阶段回归来缓解客户集中度的内生性问题。最后，在2012年发布的《公开发行证券的公司信息披露内容与格式准则第 2 号〈年度报告的内容与格式〉（2012 年修订）》中，中国证监会鼓励上市公司分别披露前 5 名客户名称和销售额等信息，所以在 2012 年之前，上市公司对前 5 名客户的信息披露更多是自愿的。为了缓解这个问题，本文分别采用剔除了 2012 年之前的研究样本进行稳定性检验，以及选择 2007—2016 年为样本期间，以前 5 名客户销售额合计占公司销售总额的比例来代替客户集中度进行检验，本文仍然得到基本相同的检验结果。

本文的研究贡献主要在于以下几个方面。

第一，在先前的财务学和会计学研究中，大多数学者主要集中于从数量和效率层面考察企业创新活动的影响因素，而没有进行改进型创新与突破型创新的区分。本文考察了客户集中度对于我国企业突破型创新倾向性的影响，从而弥补了以上国内外研究的不足。与此同时，基于我国企业专利申请数量多但科技含量相对较低，以及专利引用率信息缺乏的现状，本文以企业申请发明专利的数量占发明专利与实用新型专利总和的比重来度量我国企业突破型创新（而非改进型创新）的倾向性，在基于我国情景的突破型创新的度量方面进行了初步的尝试。

第二，已有关于客户集中度的研究，大多数学者主要考察客户集中度对于企业会计稳健性、股权成本、公司业绩、审计师选择与审计费用等方面的影响。本文则考察了客户集中度对于我国企业突破型创新倾向性的影响，从而拓展了客户集中度经济后果的相关研究。虽然先前有文献围绕反馈效应和需求效应两方面，从客户—供应商之间的地理位置这一角度考察其对企业创新的影响。但是与这些文献有所不同，本文围绕客户—供应商之间的信息交流与合作，以及由此导致的技术风险和财务风险的下降等方面的内容，重点考察客户集中度对于企业突破型创新倾向性的影响。

在实践启示方面，本文的研究有助于我们了解到供应链关系对不同所有权性质企业以及客户地理位置不同企业的创新行为会产生不同的影响。我国在全面推进实施制造强国战略、促进企业转型升级的政策制定中，需继续完善相关制度，激励民营企业更好地整合供应链关系，从而提高民营企业的创新质量。

交通基础设施改善促进了企业创新吗？*

——基于高铁开通的准自然实验

诸竹君　黄先海　王　煌

交通基础设施建设是经济发展的重要先导变量，十余年来我国在以高速铁路为代表的交通基础设施上取得了长足发展。现有研究大多关注高铁开通对宏观经济的影响，鲜有研究将高铁开通与异质性企业理论相结合，分析其影响微观企业创新激励的机制。当前我国面临建设创新型国家和协调区域发展两大难题，创新活动存在类似地理学中“胡焕庸线”的偏向性分布。本文以交通基础设施完善作为可能路径研究了经济地理重构对于工业企业创新激励水平的影响。一方面，高铁开通提升国内主要城市间的通达性，从而产生高铁对沿线城市的创新“溢出效应”。另一方面，高铁通过经济集聚增强中心城市创新基础，使得经济要素特别是高端要素由沿途城市向中心城市转移，从而产生高铁的“虹吸效应”。

本文以2008—2012年首次开通高铁的城市的微观企业作为研究对象进行准自然实验，研究高铁开通对沿线企业创新绩效的影响。高铁开通是国家全局性规划，对地方和微观企业属于外生冲击，特别是中心城市间的中小城市具有更好的外生属性，这为评估高铁基础设施建设对微观企业创新行为的影响提供了准自然实验机会。研究发现：第一，总体上，

---

* 原文刊载于《金融研究》2019年第11期。

作者简介：诸竹君，经济学博士，讲师，浙江工商大学经济学院、浙江大学区域经济开放与发展研究中心；黄先海，经济学博士，教授，浙江大学经济学院；王煌，博士研究生，浙江大学经济学院。

高铁开通城市的企业的专利申请量和申请专利年均引用量均显著高于高铁未开通城市的控制组企业。三项具体专利(发明、实用新型和外观设计)申请量均呈现出显著正向冲击效应，其中实用新型专利申请量增长相对更多。第二，高铁开通对企业的创新效应具有一定动态性，在滞后1—3年内均表现出正向创新效应，其中专利申请量滞后1年达到局部最大值，专利年均引用量滞后3年达到局部最大值。第三，对不同地理圈层效应的检验表明，与创新中心的距离对企业创新效应的影响具有局部U形曲线关系，其中与铁路线距离100千米以内和200千米至300千米的城市的正向效应更大，100千米至200千米并无明显的增量优势。第四，对影响机制的检验表明，企业层面和城市－行业层面相关变量变动可以解释企业创新行为变动，本文从竞争程度、进入退出、利润变动、人力资本变化等视角检验了企业层面的影响变量，从产业集中度、运输量、投资量和市场潜力等视角检验了城市—行业层面影响变量。对创新溢出效应的检验发现，高铁沿线城市企业对创新中心城市专利引用量和合作专利数均显著提升，这表明创新活动受到中心城市溢出效应的强度增加。第五，对行业层面特征变量的检验发现，距离技术前沿越近、更具有比较优势的行业可获得更大的正向创新效应。

本文可能的创新之处在于：第一，现有文献大都从宏观层面探究交通基础设施的效应，缺乏从微观视角出发探索企业行为受交通基础设施的影响，本文揭示了高铁开通影响沿线城市企业创新的微观机理。第二，实证方面，通过高铁开通的准自然实验较好地处理了内生性问题。第三，为交通基础设施对经济增长的影响提供了经验证据，即通过完善包括高铁在内的基础设施建设，实现创新“硬件”和“软件”的双重提升。

本文结论具有较强的政策含义：第一，加快交通基础设施供给侧结构性改革，提升实体经济发展水平。研究表明，完善交通基础设施建设可以提升沿线城市的创新激励程度，厚植经济增长长期动力，因此应坚持加强高质量基础设施供给，在科学论证的基础上强化各地区特别是相对落后地区的交通基础设施建设水平，推动经济转型升级和中国制造升级。第二，加快创新型国家建设，提升国家自主创新示范区的引领作用。研究发现，创新活动存在地理圈层效应，相对外围城市主要通过获得创新中心城市溢出效应来提升创新数量和质量。应该重视创新中心城市的带动效应，以点带面，增强我国创新的空间分布密度。第三，加快创新模式转变，提升创新质量和应用水平。检验结果显示，当前我国重点发展的战略新兴产业和专利密集型产业存在专利申请“重量轻质”的问题，应该从体制机制出发，避免直接规定专利申请数量和增速的考核指标，更加重视创新申请质量和后期应用水平的动态监测，提升产业政策推动创新发展的有效性。

中国城际高铁与商业信用供给*

——基于准自然实验的研究

陈胜蓝　刘晓玲

2016年6月，国务院常务会议原则通过《中长期铁路网规划》，将中国高铁原有的“四横四纵”网络格局升格为“八横八纵”，主要城市之间逐渐填补了“高铁空白”。截至2017年底，中国城际高铁运营里程突破2.5万公里，占世界高铁总量的66.3%。然而，学术界和实务界对于交通基础设施产生真实效应的理解才刚刚开始。随着高铁对经济和社会的影响越来越大，探究高铁开通的影响具有重要的理论价值和现实意义。虽然从直觉上分析，交通基础设施的快速发展会直接影响供应商—客户关系，但目前还没有研究关注这一领域。本文重点关注供应商—客户关系中的一个具有普遍性的经济现象——商业信用供给，使用高铁快速发展带来的外生冲击，考察交通基础设施对供应商—客户关系的因果效应。

交通基础设施的快速发展会影响公司的商业信用供给决策，主要基于以下两个原因：第一，基于产品质量保证理论的信号传递视角，公司提供商业信用是传递产品质量信息、建立声誉的有效方式。交通基础设施快速发展通过降低运输成本可以提高公司与客户之间的交易量，进而缓解关于公司产品质量的信息不对称程度。公司的商业信用供给动机会

* 原文刊载于《金融研究》2019年第10期。

作者简介：陈胜蓝，管理学博士，教授，内蒙古大学经济管理学院；刘晓玲，博士研究生，厦门大学管理学院。

随着公司产品质量信息不对称程度的缓解而下降。第二，基于克服道德风险视角，延迟付款有利于监督供应商提供高质量产品。交通基础设施的快速发展提高了公司与客户之间的交易量，有助于二者形成长期的合作关系。供应链中的长期关系会促使公司增加关系专用性投资，以提高生产效率和产品质量。公司的商业信用供给动机会随着产品质量的提高而下降。

本文通过手工收集的上市公司所在地级市高铁开通的具体时间，利用错层的高铁开通事件作为准自然实验，使用双重差分方法（DID）检验高铁开通与公司商业信用供给决策之间的因果效应。结果表明，高铁开通对公司商业信用供给具有显著的负向影响，高铁开通后公司提供的商业信用减少 3.51%。同时，研究发现，交易量增加是高铁开通减少公司商业信用供给的重要渠道。进一步分析发现，对于事前信息不对称程度更大、关系专用性投资水平更高和产品质量保证需求较低的公司，高铁开通对其商业信用供给的负向影响更大。本文还进行了一系列稳健性检验来进一步保证基本研究问题的因果效应。结果表明，本文的基本研究结论具有一定的稳健性和可靠性。

本文的主要贡献如下：第一，本文拓宽了公司商业信用供给动机的相关研究。已有研究表明，提供产品质量保证是公司商业信用供给的重要影响因素之一，但到目前为止，经验证据仍十分缺乏。本文利用高铁开通这一外生冲击，不仅可以将交通基础设施的外生变化纳入公司商业信用供给决策的考虑范围中，而且可以将商业信用质量保证理论的两种研究视角进行整合。并且，本文围绕这一理论考察了处理效应的异质性，为商业信用供给的产品质量保证理论提供了进一步支持证据。

第二，本文对于交通基础设施建设影响微观经济主体决策和行为的研究，为交通基础设施促进经济增长的微观途径提供了经验证据，在一定程度上可以打开交通基础设施影响宏观经济的“黑箱”。已有研究多是基于宏观层面视角探讨交通基础设施对经济增长的促进作用，忽略了对这一作用的微观途径和中间机制的研究。本文研究高铁开通对公司商业信用供给决策的影响，为基础设施建设对微观经济主体决策和行为以及供应商—客户关系的影响补充了经验证据。

第三，本文使用中国高铁开通作为准自然实验情境来缓解内生性问题。已有研究使用基础设施指数考察基础设施发展水平对交易成本和双方交易量的影响。然而这些研究难以完全控制同时影响基础设施发展水平和公司交易量的因素（如同期当地经济发展的异质性特征）。利用外生变化形成的准自然实验情境有助于缓解缺失重要变量对因果推断的不利影响。本文使用高铁开通作为准自然实验情境辨识交通基础设施对公司商业信用供给决策的因果效应。

本文研究对高铁开通产生的影响提供了一个及时的反馈，为交通基础设施建设促进经济增长的微观途径和中间作用机制研究提供了补充证据，对于理解基础设施建设的经济效应具有一定的启示意义。

对政府而言，交通基础设施建设是成本极高的政策举措，如果大规模的交通基础设施建设不能带来相应的经济回报，那么，后续的投资和建设往往会受到一定的阻力。作为促进经济发展的主要微观主体，企业的快速发展是整体经济增长的重要驱动力。本文发现高铁开通可以显著提高公司与客户之间的交易量，从微观层面上为交通基础设施建设的积极经济效应提供了支持。对于高铁的后续建设、线路设计以及投资规模等具有一定的参考意义和政策启示。

对公司而言，其主要目标是实现经济利润最大化，为了吸引客户，公司需要通过向客户提供商业信用的方式来促进销售。但公司提供商业信用具有一定的成本，如因流动性短缺而导致错过良好的投资机会，甚至陷入财务困境。本文发现当高铁开通提高了公司与客户之间的交易量后，可以提高客户对公司提供产品质量的信任程度，从而降低公司提供商业信用来保证产品质量的动机，这有助于公司降低成本，进而提高经营业绩。因此，公司应及时把握外部环境的改变，善于利用外部环境带来的便利条件降低成本，实现利润最大化。

05　金融市场

外汇期权信息含量与在岸离岸市场效率*

郑振龙　黄珊珊　郭博洋

在岸人民币期权是指在我国银行间市场进行交易的人民币对外汇期权，离岸人民币期权指在中国香港、新加坡等市场进行场外交易的人民币无本金交割期权。两者除交割方式和监管制度存在差异外，其他主要特征相似，都是以在岸人民币汇率作为标的资产的欧式期权。

相比之下，在岸外汇交易监管较为严格，只有符合实需原则的企业才能进行在岸人民币期权交易；而离岸人民币期权市场的参与者虽然可以自由买卖期权，但难以通过期权与现货价格之间的关系进行套利。因此，两个市场的期权报价往往存在持续差异，两个市场之间也存在一定的竞争合作关系。信息功能对两个市场的发展至关重要，进而可能会影响人民币期权定价权的归属。

人民币期权市场参与者在交易时必须根据各种信息对未来人民币走势、波动程度和极端事件作出判断，因此期权价格中包含着丰富的信息。根据汇率政策的不同，将作为研究对象的到期期限设定为1个月的期权，自2014年6月5日开始至2016年12月27日结束的样本区间划分为“8·11”汇改前、汇改初期和汇改后期三个区间。通过纵向地比较不同时期在岸和离岸外汇期权市场信息功能的变化，可以探究汇改是否提高了人民币期权市场的效率；通过比较不同时期在岸和离岸期权市场效率的相对高

* 原文刊载于《金融研究》2019年第10期。

作者简介：郑振龙，经济学博士，教授，厦门大学管理学院；黄珊珊，经济学博士，厦门大学经济学院；郭博洋，经济学硕士，招商证券股份有限公司衍生投资部。

低，可以进一步探究汇改是否提高人民币期权市场的信息含量。具体来说，通过检验期权隐含信息对汇率的走势、波动率和尾部风险的预测能力，可以比较两个人民币期权市场的信息含量。

首先，对汇率走势预测能力进行比较。

偏度反映了汇率涨跌分布的非对称性。越负偏，说明期权市场认为人民币汇率下跌的可能性越大。因此，在提取出无模型风险中性偏度后，可以通过检验该偏度对汇率收益率的预测能力，来进一步考察两个市场信息效率的高低。

实证结果表明，在汇改前，从在岸期权市场提取的偏度指标对人民币汇率走势的预测能力较弱；汇改初期，从离岸人民币期权市场提取出的偏度指标对人民币走势有较强的预测能力，体现出较为明显的信息优势；直到汇改后期，从在岸人民币期权市场提取出的偏度指标才体现出对人民币汇率走势的显著预测能力，且略高于离岸市场。因此，从预测未来汇率走势的角度来看，仅放开中间价的管理对提高在岸期权市场效率是不够的。只有在中央银行使用市场化手段引导预期的情况下，在岸市场效率才能进一步提高，从而展现出与离岸市场一样的信息效率。

其次，对汇率波动率预测能力进行比较。

汇率波动率是对汇率走势不确定性的衡量，反映着汇率风险的大小。通过检验历史波动率、Black-Scholes 隐含波动率和无模型隐含波动率对未来波动率的预测能力并进行比较，可考察究竟是在岸还是离岸人民币期权市场对未来人民币汇率波动率的预测能力更强。

实证结果表明，随着汇率中间价形成机制的市场化程度的提高，不论是在岸市场还是离岸市场，人民币期权隐含波动率对未来人民币汇率波动率的预测能力均有明显提高。通过横向比较在岸和离岸人民币期权市场对未来人民币汇率波动率的预测能力，可以发现，在“8·11”汇改前，离岸市场略有信息优势；在汇改初期，在岸市场有明显的信息优势；

而在汇改后期，离岸市场存在明显的信息优势，离岸隐含波动率甚至包含了在岸隐含波动率和历史波动率的所有信息。因此，从预测汇率波动的角度来看，如果中央银行不使用公开、明确的方式引导汇率预期，在岸市场可能会比离岸市场更好地理解央行意图，并由此受益；若中央银行采取市场化的方式引导预期，离岸市场可能会比在岸市场更多地受益于中央银行与市场的沟通。

最后，对汇率尾部风险预测能力进行比较。

从人民币期权价格中提取出来的偏度指标，可用来预测人民币汇率的走势，通过对风险中性偏度能否预测标的汇率的暴涨暴跌进行考察，可以比较两个市场尾部风险事件的信息含量。

实证结果表明，人民币期权市场在汇改之后关于尾部事件的预测能力明显提高。在汇改初期，离岸市场包含的左尾（预测暴跌）信息显著高于在岸市场，体现出更高的信息效率。在汇改后第二阶段，离岸市场的左尾信息仍略高于在岸市场，而在岸市场包含的右尾（预测暴涨）信息显著高于离岸市场。因此，整体来看，在岸市场的预测能力略优于离岸市场，与对人民币汇率走势进行预测时的结果一致。

总体而言，在汇改后的两个样本期内，若从隐含波动率和隐含偏度的角度比较在岸和离岸人民币期权市场预测能力的高低，得到的结论并不一致。但整体来看，在“8·11”汇改之后，随着人民币中间价形成机制变得更加市场化，期权价格中包含了越来越多关于未来人民币走势和分布的信息。

总之，人民币中间价形成机制的市场化能显著提升我国金融市场的效率，并为汇率政策的制定提供更加可靠的参考，汇率制定者可以通过市场上的无模型隐含波动率和风险中性偏度观察当前的汇率市场情况，并预测未来的汇率市场走势，从而制定相应的风险缓释政策。因此，在兼顾金融安全的角度上，稳步促进人民币中间价形成机制市场化将有利于提高我国金融市场的效率。

去伪存真：油价趋势与股票市场*

——来自“一带一路”35国的经验证据

朱小能　袁经发

作为重要的战略资源储备，石油不仅影响着人们生产生活的方方面面，也是造成全球经济波动的重要推手之一。历史经验表明，国际油价的暴涨暴跌往往会使全球经济陷入深渊，造成全球股市动荡，甚至引发系统性金融风险，对实体经济和全球金融市场造成严重冲击。可以说，油价风险在一定程度上已经成为影响宏观经济健康运行的“灰犀牛”。在我国积极创造经济平稳运行的市场环境，严守不发生系统性金融风险这一底线的大背景下，油价风险更应引起各界的足够重视。

进入21世纪，随着机构投资者大量拥入原油期货市场，指数化投资方兴未艾，引发国际原油价格剧烈波动，石油因此被赋予了其独特的金融属性。国际油价的剧烈波动不仅给全球经济增长增加了更多不确定性，也为研究者研究原油价格对经济的影响带来困扰。研究者大多以原油月末收盘价格数据为依据分析原油价格对经济的冲击，然而，原油市场金融化导致的原油价格剧烈波动使得国际原油价格中包含了大量与经济基本面无关的信息噪声，使得相邻交易日的原油收盘价格可能相去甚远。很难想象短短一天时间原油价格的变化会对经济基本面产生影响，也没

* 原文刊载于《金融研究》2019年第9期。

作者简介： 朱小能，经济学博士，教授，上海财经大学金融学院、上海国际金融与经济研究院；袁经发，金融学博士研究生，上海财经大学金融学院。

有证据表明这种短频波动会对股票市场造成冲击。因此，仅考虑月末收盘价格，必然会使分析结果产生较大误差，甚至得出错误的结论。伴随着原油市场金融化进程的持续推进，原油价格波动造成的影响也将越来越大。

信息噪声会造成原油价格扭曲，使其偏离正常的供求价格，因此，研究者在利用原油价格分析经济状况时，应设法消除信息噪声产生的影响。然而遗憾的是，该问题尚未引起学术界的足够关注，研究者在研究过程中仍然使用存在信息噪声的价格，即原油月末收盘价格进行分析。为此，我们提出一种简单可行的方法——移动平均法，并基于移动平均法构建油价趋势因子，以期望这种构建方法能在一定程度上减弱信息噪声产生的影响，从而增强对股票市场的预测效果。

为何基于移动平均法构建的油价趋势因子对股票市场的预测效果显著？主要有以下原因：第一，国际原油价格的短频波动存在与经济基本面无关的信息噪声，而移动平均法可以消除方向相反的噪声信息，从而在一定程度上减弱噪声信息的影响。第二，由于投资者对信息反应不足，油价信息充分反映到股票市场需要一定时间，未经降噪声化的简单油价因子仅包含当日的油价信息，而基于移动平均法构建的油价趋势因子包含过去时段的油价信息，因而对股票市场的预测作用更强。第三，油价趋势因子可以更好地把握油价变动趋势，并对投资者的预期产生影响。例如，长期的油价上涨可使投资者产生通胀预期，从而影响实体经济和股票市场，而短频的油价波动并不会对投资者的预期产生影响。

本文基于移动平均法，从国际原油价格中提取油价趋势因子，以此研究国际原油价格波动对“一带一路”沿线 35 国股票市场的影响，主要研究结论如下：

第一，国际油价中蕴含了能够预测未来股票市场收益的信息，而这一信息在经过降噪声化处理后对股票收益率的预测作用变得更为显著。

本文研究表明，相比于简单油价因子，使用降噪声化后的油价趋势因子显著提高了产油国股票市场的样本内预测效果，对样本外预测效果则是略有改善，而使用降噪声化后的油价趋势因子显著提高了非产油国股票市场的样本内和样本外预测效果。在控制了股票指数信息、汇率因素和多个宏观经济变量后，油价趋势因子对各国股票市场的预测作用仍然存在，表明国际油价对股票市场的预测信息并未包含在上述因素之中。

第二，国际油价对产油国和非产油国股票市场的影响具有非对称性，这种非对称性体现在以下两个方面。

一是原油价格上涨利好产油国股票市场，不利于非产油国股票市场。我们利用油价趋势因子对“一带一路”产油国和非产油国代表性股指的收益率进行预测，发现产油国的回归系数显著为正，非产油国的回归系数多显著为负，表明当期原油价格上升会导致下一期产油国股票收益率上涨以及非产油国股票收益率下跌。二是产油国股票市场对原油价格波动的敏感度强于非产油国股票市场。本文结果表明，油价信息充分反映到产油国股票市场大约需要50到100天，而反映到非产油国股票市场大约需要200到300天，油价信息可以更快地反映于产油国股票市场，表明产油国股票市场对原油价格的敏感度更高。本文认为这是由于产油国股票市场投资者对原油价格变动的关注度更高所致。

第三，国际油价对股票市场的预测能力具有时变性特征。本文研究表明，相比于经济的上行周期，当经济处于下行周期时，国际油价对股票市场的预测能力更强。

之前有学者研究认为，我国股市与国际石油市场存在脱节现象，本文研究表明，国际油价对我国股市仍具有很强的样本内可预测性，国际原油价格对我国股票市场的解释力度高达1.20%。因此，我国股市与国际石油市场之间并不存在脱节，国际原油价格波动对我国股票市场造成的冲击仍然不可小觑。有关部门应高度重视油价大幅波动的风险，减少油价大幅波动对我国股票市场可能造成的不利冲击。

本文主要研究贡献如下：第一，提供并证实了一种可以减弱油价信息噪声的简单可行的办法，即移动平均法。在石油金融属性的背景下，国际油价中的信息噪声会严重阻碍国际油价对股票市场的预测作用，本文提出的移动平均法可有效降低油价中的信息噪声，提升国际油价对股票市场的预测能力。第二，本文为石油价格冲击股票市场提供了新的有力证据。关于石油价格是否可以预测股票市场，学术界目前仍存在较大争议，部分学者的研究表明，石油价格对股票市场并不产生影响，也有学者认为石油价格会对股票市场产生负向冲击，本文基于降噪声后的油价趋势因子发现，国际油价对股票市场的影响仍然存在。

国内外黄金市场价格间的联动关系稳定吗？*

——基于外部冲击视角的分析

王　聪　焦瑾璞

在全球金融市场不断开放和融合的背景下，黄金市场不但与外部市场频繁互动，其系统内部的联动关系也变得极为多元和复杂，黄金市场间的价格联动反映了信息和风险的传递过程。黄金具有商品、货币及金融三大属性，黄金市场在不断变化和发展中成为高速发展的全球化金融市场的重要组成部分。布雷顿森林体系瓦解后，黄金市场开始为全球金融市场提供风险对冲（Hedge）、投资组合多样化（Portfolio Diversifier）以及“避风港”（Safe Haven）功能。黄金价格通常会受到外部因素干扰而产生波动，但市场间的联动关系是否会因此而改变是值得研究和讨论的重要问题。黄金市场功能的有效性及稳固的市场关系是投资者利用全球黄金市场进行对冲和避险的先决条件，也关系到整个金融市场的稳定。

全球黄金市场在快速发展中形成了“消费在东（方），定价在西（方）”的不合理格局。这种定价与消费分离的市场格局会通过不同市场间价格的变化和信息的传递从而直接影响黄金市场的风险水平。不仅如此，由于黄金属性的多样化，黄金市场与其他金融市场间也存在着多重相关性，

* 原文刊载于《金融研究》2019 年第 11 期。
作者简介： 王聪，博士研究生，中国农业大学经济管理学院；焦瑾璞，经济学博士，研究员，上海黄金交易所。

这也会使外部市场冲击通过影响黄金价格从而对黄金市场间的相关性造成影响。因此，黄金市场的内部联动以及外部因素对其内部联动结构的影响直接关系到黄金市场本身应对风险的能力以及其市场功能有效性的平稳发挥。

随着中国黄金市场国际化进程的加快，全球黄金定价过程中体现出的“中国因素”越来越多。因此，中国黄金市场与全球黄金市场间的价格联动不仅会影响到市场个体的运行，也关系到整个黄金市场的稳定。那么，中国黄金市场在与全球黄金市场互动过程中究竟处于何种地位？它们之间的价格联动有何特点？当外部环境变化并产生冲击时，这种价格关系是否稳定？回答上述问题，一方面有助于理解中国黄金市场与全球黄金市场间的价格关系与联动特征，明确中国黄金市场的国际地位以及面临的风险问题；另一方面，借助外部冲击的视角来回答为什么黄金市场长久以来可以作为全球金融市场的“避风港”并为投资者提供有效的对冲和避险工具等问题。在当前的市场条件下，深入研究中外黄金市场间的价格联动关系，有效识别外部冲击带来的风险效应既是对金融市场联动问题研究的有益补充，也能为黄金市场的参与者提供一定的参考，研究兼具理论与现实意义。

本文选取2011年至2018年中外主要黄金期现货主力合约价格数据，在现有模型基础上进一步改进和扩展，对中外黄金市场价格间的动态相关性、波动溢出效应以及引入外部因素后所带来的冲击效应进行实证分析。主要研究结论如下：

第一，中外黄金市场间价格的联动关系是动态变化的且长期具有正相关性。与欧美市场相比，中国市场与东亚其他市场间的动态相关性普遍较高，整体上现货市场间的联系也较期货市场更为紧密。第二，中外市场间显著的波动溢出效应表明黄金市场内部存在信息和风险传递途径，虽然中国与日本市场保持了较高的动态相关性，与印度市场的相关性较低，但动态相关性的高低并不能决定风险传递的方向。第三，通过外部冲击检验发现，在一般市场条件下，外部冲击均不能对中外黄金期货和现货市场间的动态联动关系产生显著影响，但当市场间处于极端的联动状态时，外部因素则会产生显著的非对称冲击。这个结果表明黄金市场内部极度稳定的价格关系是其避险和对冲功能得以发挥的重要基础。

本文的可能贡献如下：第一，进一步拓展了关于黄金市场内部联动问题的研究。以往文献大多关注黄金市场与其他金融市场间的联动关系，少有研究将重点放在黄金市场内部并对期现货市场进行分类研究。第二，以外部冲击的视角来检验中外黄金市场间价格的稳定关系从而解释黄金市场具备避险与对冲等市场功能的原因，这是不同于前人研究的新视角。当外部因素对黄金价格产生干扰时，这种冲击并不能显著影响到黄金市场间的关联性，所以投资者依然可以利用全球黄金市场进行有效的避险而不必过分担心黄金市场的内部风险。第三，本文选用2008年国际金融危机以来全球八个最主要的黄金市场的期现货主力合约作为样本，样本区间涵盖了多种市场状态并通过稳健性检验使研究结论更具全面性和可靠性。

本文的研究结论具有一定的政策意义。第一，通过对中外黄金市场间价格联动关系的研究进一步明确了中外市场间的基本关系，有助于为进一步加强地区和全球市场合作提供借鉴。第二，市场间收益率动态相关性强弱与市场间波动溢出方向没有绝对关系，虽然诸如美元指数或原油价格抑或是国际资本市场的波动都会对黄金价格产生影响，但这种外部的干扰很难显著影响到黄金市场间的联动关系，这个结论有利于机构或个人利用此市场特性进行有效的对冲和避险。第三，当黄金市场间的相关性处于极端状态时，外部因素会对其联动性产生非对称的影响。因此，无论是监管者还是市场参与者，都需要对黄金市场间的联动关系及外部风险有全面的认识，从而利用好黄金市场的相关功能，应对多种条件下的波动冲击。第四,将期货市场与现货市场分开研究的结果更清晰地表明,虽然从收益率角度来看市场间具有较高的关联性,但从波动率的角度来讲,期现货市场间信息和风险传递的方向和路径并不一致,这进一步解释了期货及现货市场间波动溢出的传导机制及联动关系的差异而并没有割裂黄金期货及现货之间固有的、内在的联系。根据不同的市场特征,市场参与者与政策制定者可以刻画更为精确的市场模型。

互联网金融资产的多目标投资组合研究*

周光友　罗素梅

近年来，中国互联网金融不断发展和创新，不仅对传统金融业和投资组合理论产生了较大的冲击，也带来了新的金融风险和监管挑战。在此背景下，研究公众的流动性偏好、投资行为与资产选择的变化是较新颖和重要的问题。但遗憾的是，现有的相关研究成果相对缺乏，并且与投资组合理论联系较少。因此，本文首先分析互联网金融创新下的流动性偏好、投资行为变化和资产选择，揭示互联网金融对公众投资行为的影响机制；其次，构建基于CRRA（常数相对风险厌恶）期末财富期望效用最大化和VaR最小化的多目标投资组合模型；最后，引入多目标优化的NSGA-Ⅱ遗传算法对模型进行求解，得出最优资产组合权重，并提出相应的对策建议。

本文主要研究结论如下：第一，互联网金融逐步改变人们的消费行为、流动性偏好和投资行为。在互联网金融创新的背景下，互联网金融使金融资产之间的界限变得更加模糊，资产之间的相互转化也相对容易，在不抑制或较少抑制流动性偏好的同时，也可获得较高收益，因此人们更愿意持有流动性相对较高的金融资产，从而改变公众的流动性偏好和投资行为。第二，互联网金融资产在一定程度上兼顾了流动性、收益性和安全性的相对统一。由于在互联网金融发展条件下，投资者持有同时兼

* 原文刊载于《金融研究》2019年第10期。
作者简介：周光友，经济学博士，副教授，复旦大学经济学院/金融研究院；罗素梅，博士，副教授，上海财经大学金融学院。

顾收益率、流动性和安全性的金融资产成为可能，持有收益率较高的金融资产可以不损失或较少损失流动性和安全性。因此，传统金融资产的安全性、流动性和收益性之间的界限并非那么严格，资产之间的“矛盾”也不是不可调和的，也就是说投资者在追求高收益的同时也能兼顾流动性。第三，我们可将互联网金融资产的投资对象按风险高低分为低风险类资产和高风险类资产，并选取代表性的互联网金融产品进行优化配置。通过多目标投资组合，尽可能实现期末财富效用最大化的综合目标。

通过构建基于CRRA期末财富期望效用最大化和VaR最小化的互联网金融资产多目标投资组合模型，并引入多目标优化的NSGA-Ⅱ遗传算法对模型进行求解。为克服模型参数设定的主观性，本文选取Wind数据库和网贷之家的相关数据，在对各类资产实际数据计算的基础上，结合互联网金融产品的特点，分别测算出各类资产的收益率。模拟结果显示，在公众互联网金融资产的投资组合中，低风险类金融资产的权重为59.62%，其中，互联网货币基金产品为27.71%，互联网保险产品为31.91%；高风险类互联网金融资产的权重为40.38%，其中，众筹理财产品为27.91%，P2P产品为12.47%。估算结果说明，低风险类互联网金融产品受到公众投资者青睐的同时，高风险类产品以较高的收益率和便利性满足了部分追求高收益投资者的投资需求。

本文的主要贡献如下：第一，提出互联网金融在一定程度上兼顾金融资产流动性、收益性和安全性相对统一的观点，并对其进行理论分析和数值模拟。第二，在比较传统金融与互联网金融产品的基础上，构建基于CRRA期末财富期望效用最大化和VaR最小化的多目标投资组合模型，以此分析互联网金融创新下的公众投资组合行为。第三，引入多目标优化的NSGA-Ⅱ遗传算法对多目标模型进行求解，并运用各类互联网金融产品的实际收益率数据进行数值模拟，得出最优资产组合，从而为公众投资者提供参考。

本文的结论具有重要的政策含义。第一，对公众投资者来说，应遵循“优选平台、分散投资、追求收益、保证安全”的原则。投资者在投资互联网金融产品时，一是选择好的平台，这是规避风险的第一步，好的平台一般具有存续期长、注册资本高、资金实力强、成交量大等特征；二是要严格遵循分散投资的原则，将资金分散到不同类型平台和同一类型平台下不同类型的产品或借款人，从而达到行业内和平台内风险分散的目的；三是在平台产品中，应选择信用评级高的产品和借款人，最大限度降低违约风险，在此基础上追求投资收益最大化，同时尽可能保证资金的安全。第二，互联网金融企业或金融机构在开发互联网金融产品时应充分体现“三性”相对统一的特点，尽量使所开发的产品具有高收益、高流动性和低风险的优势。在满足多样化投资需求的同时，更好地为广大社会公众提供个性化的金融服务。第三，监管部门应通过建立健全相关法律法规，规范互联网金融有序发展，营造良好的市场环境，规范互联网金融产品创新以满足多样化投资需求，维护投资者合法权益。同时，注意防范化解系统性金融风险，维护金融安全与稳定。

货币政策公告、政策不确定性及股票市场的预公告溢价效应*

——来自中国市场的证据

贾 盾 孙 溪 郭 瑞

在全球性经济低迷的大背景下，我国多次调整货币政策为经济稳健增长提供政策保障。中国人民银行周期性发布的货币政策相关公告为市场判断货币政策走向提供了重要信息。本文研究我国股市在中国人民银行发布货币政策相关公告这一较短窗口期内的市场表现，并深入探讨一系列重要问题：对于货币政策相关公告的发布，我国股市在发布窗口期内是否对政策消息作出反应，即是否存在公告效应？股票价格是否体现预期货币政策调整带来的不确定性？本文的研究从信息传递角度为人民银行更多使用价格型货币政策工具提供了证据支持，相应的政策建议有助于在维护金融市场稳定的同时，提高货币政策传导效果。

现有文献多为考察货币政策如何直接作用于实体经济和金融市场，而本文发现的“预公告溢价效应”是在相关政策指标发布前作用于股票市场的，说明预公告溢价是由于即将到来的公告事件为投资者带来关于货币政策走向的不确定性，进而产生溢价补偿。换言之，本文关注的重

* 原文刊载于《金融研究》2019年第7期。

作者简介：贾盾，经济学博士，助理教授，中国人民大学汉青经济与金融高级研究院；孙溪，博士研究生，中国人民大学汉青经济与金融高级研究院；郭瑞，金融学博士，助理教授，中国人民大学汉青经济与金融高级研究院。

点是我国货币政策相关公告事件如何通过提前影响风险溢价补偿进而对股市产生的间接影响，而非货币政策消息内容对资产价格的直接影响。

本文根据中国人民银行周期性发布的货币总供应量指标（M_2）公告和我国货币政策执行报告这两类货币政策相关公告，选取公司覆盖面相对广泛的万得全A指数，研究2011年1月至2017年6月我国股票市场对上述货币政策指标发布的反应。本文主要发现如下：

第一，我国货币政策相关公告对股票市场的影响巨大。自货币总供应量指标公告发布前三天起，我国股市日均预公告溢价较非公告期高出约40个基点，公告前一天溢价达到峰值，而在指标发布之后溢价并不显著。此外，使用基于5分钟高频收益率数据计算的公告事件前后三天的累积收益率也得到一致结论。我们称这一现象为货币政策相关公告的“预公告溢价效应”。对于按季度发布的货币政策执行报告，A股市场的预公告溢价效应依然存在但程度减弱。

第二，本文从实证角度解释预公告溢价产生的原因。具有不确定性、厌恶偏好的投资者会对货币政策不确定性要求溢价补偿。在消息发布前，市场对政策方向的各类解读和分析等降低了政策不确定性，抬高股价，从而使投资者提早实现了政策不确定性的溢价补偿。具体来看，一方面，本文发现货币总供应量指标公告发布的前三天A股市场的收益波动率呈逐步下降趋势，这说明预公告溢价的提前实现和政策不确定性的事前下降具有显著相关性；另一方面，为确保结论稳健，本文进一步排除“理性预期渠道”，即假设投资者提前获知或理性预期到即将发布的货币总供应量数据为利好消息，股票价格则提前上涨。结果显示，无论对应政策是紧缩还是宽松，实际发生或预期到的M_2增长率变动并不影响预公告溢价大小。这些结果表明，我国股票市场在货币政策相关公告发布前，会将投资者对货币政策不确定性的变动而非对货币政策走向的提前预期反映在股票价格上，因而预公告溢价得以产生。

第三，本文对比了中美两国货币公告发布传统的区别以及预公告溢价的特征差异。美联储每年初会提前公布当年八次的公开市场委员会会议日期，即FOMC决议报告发布日期，而我国的货币供应量指标发布日期并不提前确认并告知市场。本文发现，不同于美国股市对FOMC决议报告的预公告溢价集中在公告前的几个小时，我国股市的预公告溢价持续时间相对更长。这是由于我国资本市场事先并不清楚公告的具体发布日期，在接近指标发布窗口期的一段时间内，市场信息的涌现有助于降低投资者关于政策变动的不确定性，从而提早实现持续时间较长的正收益。此外，本文利用我国市场的特点，即货币政策公告具体发布日期或早或晚带来的不确定性，进一步验证了预公告溢价的相关理论。本文发现，当我国货币总供应量指标发布日期相对推迟时，推迟时间越久，相应的预公告溢价越大。这是因为，指标发布时间延迟越多，投资者积累的政策不确定性越大，进而要求更高的风险补偿，因此预公告溢价会受发布时间的影响。

本文的研究具有以下方面的贡献：第一，本文首次提供了我国股票市场对本国货币政策相关消息存在预公告溢价的证据。第二，在市场事先对公告发布日期不知情的情况下，本文揭示公告发布的早晚会对预公告溢价的大小产生额外影响。第三，基于我国货币政策相关公告在不同月份发布日期的早晚差异，我们提供了实证证据，将预公告溢价与政策不确定性联系起来，为相关理论提供实证支持，有助于进一步理解中美两国市场预公告溢价效应存在的差异。

本文研究结论对于理解我国金融市场运行及其与实体经济、宏观调控政策之间的联动具有重要意义。第一，建议继续推进货币政策工具从数量型到价格型的转变。本文发现我国股票市场由于货币总供应量数据的周期性发布而产生预公告溢价，并引起资本市场周期性波动。若基于价格型工具进行货币政策操作，市场可以实时观测到利率水平变化，能有效规避因等待货币总供应量指标的发布而产生的政策不确定性。第二，中央银行可以积极推进前瞻性指引制度建设，加强与市场的有效沟通，管理和稳定市场预期，减少政策执行过程中带来的不确定性风险。

“好”的不确定性、“坏”的不确定性与股票市场定价*

——基于中国股市高频数据分析

陈国进　丁　杰　赵向琴

股市不确定性与股市定价的关系近年来受到学术界的广泛关注。那么不确定性一定是“坏”的吗？事实上，“好”的不确定性也同样存在，例如某公司准备向市场投放新的产品，市场看好该新产品但并不确定其最终能带来多少利润。因此，不确定性可以分为“好”的不确定性和“坏”的不确定性。投资者偏好持有具有高的“好”不确定性风险敞口的股票，而厌恶具有高的“坏”不确定性风险敞口的股票。为了获得高的“好”不确定性敞口的股票，投资者必须为此付出更高的价格以及接受更低的期望收益率，而具有高的“坏”不确定性风险敞口的股票价格会比较低而预期收益高。

参照 Barndorff-Nielsen 等提出的已实现半方差测度，本文将“好”的不确定性和“坏”的不确定性分别用已实现正半方差和已实现负半方差来表示。一方面，“好”的不确定性会对股价造成正影响。另一方面，由于不确定性的存在，股票价格存在较大波动。由于正半方差衡量正收益相对应的价格波动性，因此它能够体现“好”的不确定性。同理，“坏”

* 原文刊载于《金融研究》2019 年第 7 期。
作者简介：陈国进，金融学博士，教授，厦门大学经济学院；丁杰，金融学博士研究生，厦门大学经济学院；赵向琴，金融学博士，教授，厦门大学经济学院。

的不确定性对应负半方差。本文用已实现正半方差减去已实现负半方差求得符号变差，并通过标准化得到相对符号变差（RSV）。

本文的研究基于2007—2017年的中国A股市场。其中股票市场高频数据来源于国泰安高频数据库；股票市场非高频数据来源于锐思数据库；中国经济景气指数则来源于CEIC中国经济数据库。

本文主要结论如下：第一，无论是基于单变量分组还是双变量分组，RSV与股票组合收益率之间呈负相关关系，这与本文的理论解释一致。基于RSV从低到高将股票分成5个组合，组合1到组合5的收益率单调递减。通过双变量分组控制已实现波动性、已实现偏度等变量后，这一单调性依然成立，说明RSV是独立于已实现波动率、已实现偏度等变量的重要的股票定价因子。与之相对应的是，RSV水平越高，对应已实现波动率的高减低组合收益率的绝对值越大，而在控制RSV的情形下已实现偏度失去其原本的股票定价能力。

第二，使用公司层面的横截面回归进一步验证RSV与股票收益之间的负相关关系。在控制已实现波动率、已实现偏度、市场贝塔、公司规模、账面市值比、动量因子和非流动性因子等常见定价因子的所有回归模型中，RSV与股票收益率之间均呈现显著的负相关关系。

第三，"好"的不确定性、"坏"的不确定性对风险溢价的影响是状态依存的。基于中国经济景气指数可将样本分为高经济景气时期和低经济景气时期。在经济景气程度高的时期，RSV导致更低的股票风险溢价；在经济景气程度低的时期，RSV导致更高的股票风险溢价。这表明在经济景气程度低的状态下，股票风险溢价对"好"的和"坏"的不确定性风险敞口更为敏感。

第四，利用"好"的不确定性和"坏"的不确定性的构建低减高组合。无论是从收益率的角度看，还是从夏普比率的角度看，该组合的表现都明显优于市场超额收益率组合、规模因子（SMB）组合和账面市值比因子（HML）组合。

本文的学术贡献主要体现在以下三个方面。（1）从微观层面将不确定性分为“好”的不确定性和“坏”的不确定性，发现RSV是中国股市一个重要的定价因子。根据不完全的文献搜索，这是首次讨论“好”的和“坏”的不确定性对中国股市定价的影响。（2）已有大量文献发现偏度是影响股票价格的一个重要因素。虽然从经济逻辑上看，已实现偏度与RSV有一定相似之处，但本文研究发现RSV比已实现偏度对股票收益率具有更强的解释能力。（3）本文发现“好”的和“坏”的不确定性对股票价格的影响是状态依存的。相对于经济景气程度高的状态，在经济景气程度低的状态下，RSV会导致更高的股票风险溢价。

股票市场开放与企业投资效率 *

——基于“沪港通”的准自然实验

陈运森　黄健峤

自加入世界贸易组织以来，我国政府一直致力于推动资本市场的对外开放，A 股市场向海外投资者开放的各类改革也在快速推进，如 2014 年启动沪港通，2016 年开通深港通，2017 年推出债券通，2018 年 A 股纳入 MSCI 新兴市场指数等。在这一系列资本市场开放政策中，沪港通的开通最具有典型性和代表性。作为中国资本市场双向开放的重大制度创新，其引发了投资者和媒体的极大关注，不少媒体均表示“这是 10 年来中国在开放资本账户方面最重大的举措之一”。

然而，与政府的重视、媒体的关注以及投资者的热情所不同的是，现阶段学术界对于中国内地股票市场开放政策的经济后果研究还较匮乏。究其原因，主要是缺乏外生的政策冲击，从而导致较难解决外资持股与公司行为之间的潜在的内生性问题。

幸运的是，2014 年 11 月 17 日开通的沪港通取消了上海证券交易所 568 只股票对中国香港投资者的交易限制，中国香港的投资者可通过当地经纪商，经由香港联合交易所设立的证券交易服务公司向上海证券交易所进行申报，买卖规定范围内的沪市股票。其所吸引的目标投资者不仅

* 原文刊载于《金融研究》2019 年第 8 期。
作者简介：陈运森，管理学博士，教授，中央财经大学会计学院、中国管理会计研究与发展中心；黄健峤，管理学博士，浙江财经大学会计学院。

包括机构投资者和香港本地投资者，还涵盖了个人投资者和借助香港这一平台通过沪港通进入中国A股市场的其他国家投资者，极大提升了A股市场的开放程度。在此背景下，受政策冲击影响的标的公司和不受政策影响的非标的公司为我们提供了很好的实验组和对照组样本，进而为股票市场开放的研究提供了良好的实验环境。

基于此，本文以沪港通的实施为准自然实验，从投资这一典型的资源配置效率视角对股票市场开放的经济后果展开探讨。实际上，投资效率的决定因素也是公司财务领域的一个基本问题，对这一问题的研究有助于解答目前资本市场实践所关注的重要现实问题，即金融市场改革对实体经济资源配置效率的作用。

从理论上来看，股票市场开放可能从正反两个方面对企业的投资效率产生影响。一方面，基于现有文献的研究成果，在中国香港等相对成熟、发达的资本市场中，机构投资者占据主要地位。而这些来自于成熟资本市场中的境外投资者由于长时间接受发达资本市场中投资文化与投资理念的熏陶，大多具有丰富的投资经验、专业化的投资团队，在信息收集、分析与处理等方面更有可能具备资金、经验、技术与人力资源等优势，从而能够通过降低信息不对称程度和强化监督职能来提升投资效率。另一方面，资本的本质具有逐利性，境外投资者进入A股市场实际上也是为了投机获利。然而，由于地理位置、文化差异等原因，境外投资者对我国基本国情和文化习俗可能缺乏足够了解，人脉关系也相对较弱，难以在第一时间对公司的运营状况作出评判，从而在投资策略上也更可能是被动的接受者和跟随者，注重短期股价表现，进而影响公司的投资决策，如导致公司管理层的短视行为，降低投资效率等。那么，在我国资本市场对外开放水平不断提升的背景下，来自成熟市场中的境外投资者是否会提升上市公司的投资效率呢？这是一个值得深入研究且具有现实意义的实证问题。

具体地，本文利用沪港通的开启为准自然实验，以沪港通标的公司为实验组，并根据倾向得分匹配法构造了相应的控制组样本，通过控制公司/年度固定效应后的双重差分模型实证检验了股票市场开放对企业投资效率的影响。结果发现，股票市场开放显著提高了标的公司的投资效率，这一影响主要体现在信息环境不透明、公司治理水平低的公司；进一步分析发现，沪港通开启后，公司信息质量的改善和分析师预测准确度的增加是股票市场开放影响投资效率的重要渠道，并最终提升了标的公司在沪港通开通后的经营业绩。

本文可能的理论贡献和现实意义体现在以下三个方面：首先，实施沪港通的重要目的之一便是提高内地资本市场的资源配置效率。自2014年11月沪港通运行至今已有多年，但其实施效果究竟如何尚不得而知。本文基于投资效率视角的分析，有助于为沪港通政策的有效实施乃至后续资本市场的进一步开放提供证据支持，从而丰富了股票市场开放领域的研究。其次，相对于以往文献，本文利用沪港通实施这一准自然实验，缓解了以往研究难以解决的内生性问题，从而提供了外资持股和公司行为之间的直观因果证据，这对于公司投资效率的研究也是极为重要的补充。最后，本文的研究结论还具有较强的现实意义。在中国资本市场不断发展的过程中，外资扮演的角色一直以来都受到政策制定者的关注。本文的结论表明，积极引进外资、有序提升股票市场开放水平能够有效借助境外成熟资本市场上投资者的投资经验来规范境内资本市场的市场纪律，提高公司的信息环境和治理水平，促进资源的优化配置。因此，政府部门应保持资本市场开放政策的连贯性，确保外资政策透明、稳定、可预期，不断提升监管水平，切实发挥外资在完善A股市场体系中的作用，这对党的十九大提出的深化资本市场对外开放和金融服务实体经济等系列改革具有重要的启示作用。

中国A股市场存在品质溢价吗?*

尹力博　廖辉毅

近年来，中国资本市场的对外开放程度日益增强，境外机构投资者的引入在一定程度上倒逼中国A股市场从散户主导向机构主导转变，这将有助于价值投资在中国市场上的崛起。然而，价值投资在中国A股市场能否适用一直以来都饱受争议。中国A股市场聚集了大量散户投资者，追涨杀跌、博彩式投资等非理性投资行为受其追捧；炒作“壳、小、新、题材”等行为层出不穷；自2018年以来，白马股、蓝筹股的价格增长萎靡使市场对这类业绩好的股票信心不足。这一系列因素使得中国A股市场缺乏能够让价值投资扎根成长的土壤。

但这是否意味着价值投资策略在中国A股市场上就一定不能奏效?与投机相反，关注公司基本面且投资业绩优并能够稳定成长的公司能否在未来取得显著超额收益?价值投资理念在中国市场又该如何具体量化?这些问题都鲜有文献提及。而回答这些问题，对培育投资者的良好投资理念、防止过度投机、促进资本市场健康发展具有重要意义。

传统价值投资策略的关注点聚焦于股票的估值，期望通过一系列估值指标筛选出“便宜”的股票以获取长期价格增长带来的收益。然而，此类方法容易陷入估值陷阱：估值指标数值低并不一定意味股票价格便宜，但有可能意味着此类股票为真正的无增值前景的垃圾股。因而此类

* 原文刊载于《金融研究》2019年第10期。

作者简介：尹力博，管理学博士，副教授，博士生导师，中央财经大学金融学院；廖辉毅，硕士研究生，中央财经大学金融学院。

策略并非真正遵循价值投资理念。

巴菲特将价值投资理念在估值维度上进行了拓展，认为相比便宜的价格，长期持有“很棒”的公司才是重中之重。而 Frazzini 等（2018）利用量化投资方法分析了巴菲特的业绩，“很棒”才被具体量化为一个可行的新定价因子——品质。鉴于此，我们依照巴菲特价值投资风格从品质维度构建价值投资策略，通过实证考察高品质股票在中国 A 股市场能否产生超额收益（是否存在品质溢价）来检验价值投资策略的可行性。

具体地，本文从盈利性、成长性、安全性以及分红能力四个维度构建复合品质指标以评价公司表现。高盈利、高成长、低波动以及高分红的公司将表现出更高的品质。本文使用了 2003—2018 年的月度股票收益数据，检验了品质溢价在中国市场是否存在，并深入分析了现象背后的成因，实证结果如下：第一，在中国 A 股市场上，高品质股票相对于低品质股票具有更高的回报率，且该品质溢价现象在控制了市值、账面市值比等经典影响因素后依然稳健存在，表明了价值投资策略在中国能够实行。第二，复合品质指标所衡量的高品质股票具有大市值和高成长的特征，并且在大规模、高盈利的股票中，品质溢价更加显著。第三，品质因子对收益率的预测能力是稳定的，依据品质溢价所构建的做多高品质股票且做空低品质股票的零成本套利策略在不同时期均能够实现稳健收益。第四，追涨杀跌偏好、博彩偏好以及套利限制引发的错误定价有助于解释品质溢价的存在性。

本文的贡献在于：第一，区别于传统利用估值指标构建的价值投资策略，本文从品质维度上量化了价值投资理念。不同于美国、欧洲等成熟市场的价值投资超额收益的研究，本文以中国 A 股市场这类新兴市场的定价功能为视角，为提升中国 A 股市场定价效率以及为价值投资理念的国际化实践提供了一定的经验依据。第二，区别于美国市场品质因子表现具有显著时变性，本文在中国市场上发现的品质溢价现象在各个时期都能稳定存在，这可能与中国A股市场定价机制不够有效相关。第三，本文构建的复合品质指标充分利用了基本面信息与市场信息，并考虑了各维度之间的相互作用，而目前文献局限于从其中某一方面来评价，即使有少量文献能从多方面进行复合指标的构建，也主要是集中于盈利性和安全性两方面，缺乏对成长性和分红能力的考量。第四，对品质溢价成因进行了探讨，并紧密结合中国A股市场的特点，从追涨杀跌偏好以及博彩偏好等角度切入分析，为相关投资策略制定、政策制定以及促进资本市场的有效与完善提供理论参考。

本文研究具有较强的现实意义与政策含义。第一，对投资者而言，投资者可以基于价值投资理念通过投资市场上的优质股票获取收益。这为投资者提供了一种除炒作题材股、绩差股外更能够获取稳定收益的投资方式，有助于培养投资者关注股票内在投资价值及未来增长潜力的成熟投资素养。第二，对于监管者而言，品质溢价的稳健存在为在中国A股市场上践行理性投资、价值投资、长期投资等理念提供了出路。而监管部门也可通过加强以品质溢价为基础的价值投资理念的宣传，来引导投资者的投资重心向追求公司的投资价值和发展潜力转移，进而加强资本市场合理配置资源的功能，并进一步发挥资本市场服务实体经济的作用。

信息互动、投资决策与股票价格 *

——基于机构投资者信息网络的分析

郭白滢　周任远

投资者（包括个人投资者和机构投资者）在决策时通常都会积极地通过社会网络关系获取各种信息。在业绩考核与市场排名的激励下，出于谋求更高回报率或是仅仅与同行“保持一致”的目的，机构投资者通常会较个人投资者更为主动和频繁地通过社会网络关系获取信息。我们将机构投资者之间以信息交流为目的的社会关系网络定义为信息网络，它是机构投资者信息互动的主要范围与重要媒介。信息网络本身难以观察与确定，这里我们用基金重仓持股网络对其进行替代。

本文基于 2005—2018 年我国 A 股市场与公募证券投资基金市场数据，构建了基金信息网络模型和股票信息网络模型，将其分别应用于信息互动对基金持仓决策以及股票市场价格影响的实证分析，得到以下主要结论。

第一，我们把基金的决策情形分为调仓（前一期和当期都是重仓股，仅是仓位变化）、建仓（前一期不是重仓股而当期为重仓股）以及平仓（前一期是重仓股而当期不是重仓股）这三种情形。结果表明，在不同决策情形下，机构投资者持仓决策表现出的网络效应（私有信息的影响）和市场效应（公共信息的影响）存在显著差异。具体表现：对于建仓概

---

* 原文刊载于《金融研究》2019 年第 10 期。

作者简介：郭白滢，经济学博士，讲师，华东师范大学经济学院；周任远，博士研究生，上海财经大学商学院。

率来说，网络效应大于市场效应，而对于平仓概率则相反。这可以解释为基金作出的建仓决策（建仓与否）主要依赖私有信息，而作出平仓决策更多受到市场的影响。

第二，在不同市场环境下，网络效应和市场效应存在显著差异。具体表现：相比熊市，市场处于牛市时网络效应的影响更大，而市场效应的影响更小。这可能是由于在市场处于牛市时，基金经理普遍比较乐观，为了寻求更高的超额收益率，他们倾向于从私有信息中寻求投资机会；在市场处于熊市时，基金经理倾向于采取持仓观望或者谨慎买入的策略，这时他们本着“不求有功但求无过”的心理，对于市场中其他人的行为更加敏感。为了寻求市场平均收益，他们倾向于跟随市场操作。

第三，基金经理之间的信息互动一般会受到地理位置条件的限制，我们将信息网络中同一城市基金之间信息互动的影响称为“同城效应”，而将不同城市基金之间的影响称为“异地效应”。“同城效应”和“异地效应”对于所有样本以及不同城市基金调仓决策的影响均是显著为正的。我们将上海作为基准，就“同城效应”来说，北京、广州和深圳都显著小于上海；就“异地效应”来说，上述三个城市都显著大于上海。进一步对比同一城市两种效应可以发现，对于北京、广州和深圳来说，“异地效应”的影响显著大于“同城效应”，而上海这两种效应的影响没有显著的差异。

第四，信息互动是私有信息在机构投资者之间传播的过程，那么影响传播过程的主观和客观因素都会对互动效果产生影响，之前我们关注了决策情形和市场行情等客观因素。研究结果表明，女性基金经理受到公共信息的影响要显著大于男性同行，而私有信息的影响并不存在明显的性别差异；随着从业年限的延长，网络效应对于基金经理的影响逐渐下降，而市场效应的影响逐渐增加，也就是说投资经验的积累使得基金经理的投资风格更加趋于稳健；随着网络规模的增加，网络效应对于基金持仓的影响在加大，而市场效应的影响在减小。这可以解释为，基金信息网络规模的扩大增加了基金之间信息互动的可能性与频率，从而使得基金受到的影响更大。

第五，信息共享能够带来市场中的“伪羊群效应”，机构投资者“羊群效应”提高了股价的长期特质波动，而由信息共享带来的“伪羊群效应”则降低了股价的波动。同时，市场效率对于信息共享与市场波动之间具有显著的中介效应。

本文具有以下贡献：第一，目前国内应用社会关系网络理论对于投资者行为的研究主要侧重个体投资者，且主要从整体网络的视角分析投资者网络结构特征与市场宏观表现之间的关系，而本文从个体网络视角研究机构投资者社会关系网络对个体决策的影响。第二，机构投资者行为相关研究的一个难题是如何分离私有信息与公开信息的影响。在控制了公开信息的作用后，机构投资者与其信息网络成员之间决策的关联性很大程度上取决于私有信息。本文采用社会网络分析法研究了私有信息传播及其对于机构投资者决策的影响。第三，很多文献将机构投资者行为的一致性等同于“羊群效应”，而忽略了“伪羊群效应”。本文分析由信息共享引起的“伪羊群效应”对于股价波动的影响，并证实了市场定价效率在其中的中介作用。

本文的研究扩展了社会网络理论在金融学中的应用，结论对于理解机构投资者决策行为、监管“羊群行为”引发的市场风险具有现实意义：本文所采用社会网络分析方法在沟通投资个体决策行为与市场绩效表现之间的联系方面作了新的尝试；本文对机构投资者信息互动的量化研究有助于监管者辨别市场中具有“头羊”地位的基金，避免基金之间非理性的过度行为协同；本文对基金信息互动影响因素的分析有助于监管者判断公共信息和私人信息在机构投资者之间的传播路径，防范内幕交易和股价操作行为，建立公平竞争的市场秩序。

信息共享还是利益冲突*

——基于买方单独调研与买卖双方联合调研的实证检验

肖欣荣　马梦璇

“信息”是经济学和金融学有关市场“效率”研究的关键，从资产管理行业的发展历史看，基于企业内在价值（Intrinsic Value）的投资方法在主动型机构投资者中逐渐成为主流，上市公司调研活动也随之受到广泛关注。从监管部门来看，“信息”管理在证券市场制度设计和日常监管中同样重要。特别是始于 2006 年的《深圳证券交易所中小企业板上市公司公平信息披露指引》，强制性要求上市公司报告投资者关系管理活动；2012 年后更是加强了对调研活动的监管和披露，进一步提高了 A 股市场的信息效率。

中国证券市场信息披露制度的完善和商业机构的推进为研究信息获取与资产价格的关系提供了新的经验和研究数据。本文基于国泰安（CSMAR）上市公司投资者关系数据库 2012—2016 年的数据，从信息传递和利益关系角度考察买方（基金）调研行为对卖方（券商）分析师平均预测水平的影响。

与之前研究的角度不同，本文更关注调研活动中买卖双方的共同影响，而非单一市场主体的影响。具体而言，我们通过区分不同的调研类

* 原文刊载于《金融研究》2019 年第 8 期。
作者简介：肖欣荣，经济学博士，教授，对外经济贸易大学金融学院；马梦璇，博士研究生，北京大学光华管理学院。

型——基金单独调研、基金与券商联合调研，可以进一步细化买方机构调研的影响机制，基于此我们提出了“信息共享”效应和“利益冲突”效应两种假说。一方面，机构投资者调研活动和文本记录的披露为券商分析和预测提供了信息渠道；另一方面，由于卖方（券商）通过为买方（基金）提供上市公司调研安排、研究报告、投资建议和其他服务来获取交易佣金，此种利益关系的存在对卖方预测的准确性产生了影响。实证结果表明，基金单独调研可以降低偏差，提高券商行业的平均预测水平，而联合调研却让券商平均预测偏差进一步增大，证实了两种效应的存在。

此外，我们发现少有文献关注和研究调研活动中买卖双方的信息作用机制，因此本文进一步研究了“信息共享”效应和“利益冲突”效应的内在传递途径。从“信息共享”效应的角度看，基金调研后跟踪该企业的券商数量显著增加，说明调研行为和文本记录的披露能够吸引更多券商关注上市公司，为券商分析和预测提供了信息渠道；从“利益冲突”的角度看，佣金关系的存在是基金——券商调研活动中“利益冲突”效应产生的主要途径。具体而言，交易获取的佣金占比越高，联合调研发生的概率越大，这一源于经纪业务的利益关系会导致券商平均预测偏差增大。

在拓展研究部分，我们考虑了牛熊市、投资者情绪以及调研文本情感色彩三大外部因素的影响。特别是在对调研文本的分析中，我们引入TF-IDF方法，从词频分析的角度批量统计了文本中排名前二十位的代表性形容词词汇，研究了文本情感色彩对调研效应的影响。实证结果发现：（1）在市场相对活跃、投资者情绪高涨的牛市期间，信息传递效率更高；而在熊市中，投资者情绪低迷，机构投资者对券商的依赖性更强，因此“利益冲突”效应更加突出。（2）当上市公司在调研纪要有明显的情感信号时，基金调研更能降低券商预测的平均误差，此时调研报告中呈现更强的信息价值。进一步，在文本显示出较明显的消极信号时，基金调研形成的“信息共享”更为明显，且此时“利益冲突”更难以对证券分析的预测结果产生影响。

综上，本文研究的边际贡献有以下几方面：（1）细分出买方（基金）调研的影响，从两个维度考察了其对卖方分析师预测的具体影响；（2）具体研究了“信息共享”和“利益冲突”两种效应的内在作用机制，并选择二级市场中更有代表性的佣金特征作为“利益关系”的代理变量，进一步验证和量化了两种影响的实际作用过程；（3）结合 TF-IDF 方法，扩展了对调研文本纪要中信息的分析；（4）进一步考察市场状态和投资者情绪等外部因素对调研效应的影响。

总的来说，本文提出了一个分析机构投资者在市场信息传递中扮演的角色的独特视角，从而为资本市场信息效率的研究提供了新的证据。同时，本文也具有清晰的政策含义：第一，为监管机构规范买方、卖方调研和上市公司信息披露行为提供了参考依据；第二，从新的角度分析我国资本市场的“利益冲突”问题，特别是在不同的市场状况下，对政策的灵活性和适应性提出了更高的要求；第三，在政策落实的过程中，细节问题仍待进一步规范和完善，比如信息披露过程中的文本规范和内容要求等。

投资者关注与市场反应*

——来自中国证券交易所交易公开信息的自然实验

刘　杰　陈　佳　刘　力

长期以来，投资者关注对资产价格的影响受到学术界、市场监管层以及资产管理从业者的高度关注。传统模型中通常假设投资者有无限的认知能力，能够充分地收集和利用信息，最优化自己的投资决策。然而大量的心理学和行为金融学文献指出投资者的注意力和信息处理能力是有限的，只能将有限的注意力投入到资产组合的管理当中。通常，吸引关注的市场事件会吸引投资者更多的注意力，从而对股票价格产生影响。本文研究了交易所定期发布的交易公开信息这一吸引投资者关注的事件对投资者交易行为和相应股价表现的影响。

现有文献指出了投资者关注影响资产价格的两种途径：一种是认为投资者关注提升了投资者对信息的反应速度，加强了市场价格发现能力，减少了信息不对称，使得信息能够更快地反映到股价当中。另一种则认为引发投资者关注的事件将吸引噪声交易者的参与，提高成交量的同时增大了股价的非理性波动。这两种影响的相对强弱关系取决于引发投资者关注事件本身的性质，以及受影响资产自身的特征。

在实证上，准确地度量投资者关注所造成的影响具有一定的挑战性，

* 原文刊载于《金融研究》2019年第11期。

作者简介：刘杰，金融学博士，副教授，福建农林大学经济学院；陈佳，金融学博士，助理教授，北京大学习近平新时代中国特色社会主义思想研究院，北京大学光华管理学院；刘力，工商管理硕士，教授，北京大学光华管理学院。

因为引发市场关注的事件常常伴随着有价值信息的发布或与上市公司基本面有关的事件，这些重要信息或事件除了引起投资者的关注以外，其本身所包含的股票价值相关信息同样能对股价产生显著的影响。两种效应的叠加使得研究者很难区分股价的变动是由投资者关注引起的还是由其他因素引起的。为了解决这一问题，本文借助于交易所披露的交易公开信息和涨停板制度所提供的自然实验设定，剔除了引起投资者关注事件背后的基本面影响，纯粹考察投资者关注所带来的影响。

本文选取2007—2015年上海证券交易所及深圳证券交易所交易公开信息中披露的所有涨停A股上市公司作为研究对象，同时选择没有被交易公开信息披露的其他涨停个股作为对照组。本文研究设计的优势在于能够排除其他因素的干扰，这是因为实验组和对照组都于同一个交易日涨停，而是否能够被交易公开信息披露是因为计算收益率时小数位上的极其微小差异导致的排名不同。这样的差异是股价数值的纯粹偶然因素所致，因此不包含任何关于股票价值的信息。这使得本文划分的实验组和对照组唯一的不同在于实验组由于信息披露而获得了更多的投资者关注。

本文有以下几点发现：（1）被披露的股票在事件期拥有显著更高的百度搜索指数，同时超额换手率也更高，这反映了其受到比对照组更多的市场关注。（2）相较于对照组，实验组在事件期内小额资金净流入比例较高，而大额资金净流入比例较低；同时实验组股票在短期内超额收益率、异质波动率显著更低，股价长期反转概率也显著更低；进一步的研究还表明，交易公开信息披露引发的投资者关注是通过降低市场信息不对称抑制了股价反转。（3）知名营业部参与的实验组股票获得了额外更多的市场关注，上述市场反应也相应更大。这些实证结果表明由监管性信息披露引发的市场关注降低了市场信息不对称，起到了抑制股价过度波动的作用。

总的来说，投资者关注作为一种在市场上广泛存在的投资者交易行为影响因素，会对资产价格产生显著的影响。本文的研究结果表明，通过规范适度的信息披露制度能降低市场信息不对称，减少过度的市场波动，提高市场定价效率。

本文有以下几方面的研究贡献：第一，独特的自然实验设计方法允许本文更纯粹地考察投资者关注对于股价的影响。相较于已有文献，本文使用交易公开信息披露的涨停股票与同为涨停股票的对照组进行对比，由于是否被披露取决于股价数值的偶然因素，与股票基本面无关，而披露又能带来投资者的广泛关注，因此本文得以更准确地考察投资者关注对股价的影响。

第二，以往的较多研究倾向于投资者关注与噪声交易者的非理性参与有正相关性，可能导致市场更加无效。有研究指出噪声交易者的交易行为是相互关联的，会对市场造成系统性的影响。然而鲜有文献指出监管性信息披露引发的投资者关注能够降低信息不对称，从而起到提高市场效率的作用。本文发现交易公开信息提升了投资者的理性程度，使得价格波动更为有效。

第三，交易公开信息制度是我国证券市场信息公开制度的重要组成部分，其披露的信息因其时效性、权威性及其独特的交易价值，吸引了大量的机构及个人投资者的关注。然而国内学术界尚未对其作为信息公开制度的功能及效果展开充分检验。本文的研究表明交易公开信息成功实现了降低信息不对称，抑制了股价过度波动的作用。这为证券市场监管层和资产管理从业者提供了一定的启示，需要重视信息披露制度的价值，通过规范适度的信息披露制度和健全的投资者教育制度降低市场信息不对称，减少非理性的市场波动，提高市场定价效率。

卖空者与内幕交易*

——来自中国证券市场的证据

苏冬蔚　彭松林

为进一步完善证券交易制度并促进我国资本市场健康发展，2010 年 3 月，随着融资融券交易正式推行，沪深 A 股市场正式实施卖空机制。卖空交易制度有助于市场将负面信息及时融入到公司股价中，因此能有效抑制股价泡沫并提高市场的价格发现效率。但是，卖空者可能会放大负面消息并制造市场恐慌，同时，使用内幕消息操纵股价，从而导致市场波动加剧且股价出现非理性下跌。

鉴于内幕交易违反证券市场公平、公正和公开原则，损害普通交易者的利益和市场信心，因此绝大多数国家通过立法予以严厉禁止，如我国《证券法》第七十三条规定：禁止证券交易内幕信息的知情人和非法获取内幕信息的人利用内幕信息从事证券交易活动。Diether 等人（2009）发现，市场信息披露制度和法治环境对卖空者是否参与内幕交易具有重要影响。若市场信息披露不透明及相关监管不严，那么卖空者在巨大利益诱惑下将有动力进行内幕交易。近年来，我国证券市场的整体制度环境得到较大改善，特别是对中小投资者的保护力度有所加强，但与发达国家市场相比，对中小投资者对保护力度仍然偏弱、信息披露的完整性

* 原文刊载于《金融研究》2019 年第 9 期。

作者简介：苏冬蔚，经济学博士，教授，暨南大学经济学院；彭松林，经济学博士，广州农村商业银行。

及透明度尚不够完善，内幕交易时有发生。在此背景下，有关A股市场投资者是否利用卖空机制进行内幕交易已成为学术界、实业界和监管层均关注的重要问题。

目前，关于卖空机制的研究，已有文献主要集中在以下两个方面：一是卖空机制对股票市场稳定性、流动性、定价效率和价格发现的影响；二是卖空机制对企业投融资、盈余管理和创新行为的影响。已有文献发现，卖空交易有助于抑制股价泡沫、促进市场稳定并提升股票定价效率，同时，卖空交易作为一种外部治理机制，有助于提高企业投融资效率、抑制盈余管理并促进创新投入和产出。但是，有关卖空者的信息来源以及卖空机制的引入能否引发内幕交易则存在较大争议。

本文以2010—2015年中国A股可卖空标的为样本，考察公司发布诉讼、减持、停复牌、业绩预告、年报公告、分析师评级下调以及高送转七类重大公告前后卖空交易行为的变化，在此基础上深入探讨卖空者是否参与内幕交易以及何种因素影响卖空者参与内幕交易。本文发现：第一，A股可卖空标的超额卖空率与未来收益率呈显著的负相关关系，表明卖空者并非流动性交易者，而是知情交易者；第二，卖空者表现出精确的择时交易能力，在利空消息公告前显著加大卖空量，而在利好消息公告前则显著减少卖空量，表明卖空者作为知情交易者的信息优势源自内幕信息；第三，阳光私募基金持股比例越高，卖空者参与该公司内幕交易的程度就越高，表明参与卖空交易的主要是私募基金和较大的个人投资者；第四，信息不对称和地区法治环境影响卖空者参与内幕交易，降低信息不对称程度、提高地区法治水平有助于抑制卖空者的内幕交易行为。

本文的实证结果具有以下三点政策含义：第一，对上市公司而言，入选融资融券标的可增强股票交易活跃度、流动性及价格发现效率，但管理层应严格按相关法律法规对公司股价有重大影响的事件做好保密工作，加强信息披露管理、投资者关系管理、内幕信息知情人登记备案管理以及公司内幕信息监管，避免利益相关者提前获取信息并开展内幕交易。第二，外部投资者，特别是中小投资者，信息不对称处于劣势，在投资过程中要高度重视交易量的异常变化，避免盲目跟风和追涨杀跌。第三，对证券监管机构而言，鉴于卖空者在公司重大消息前后可能参与内幕交易，证券监管机构应密切关注公司重大消息公布前后卖空量的异常变动，以此排查可能出现的内幕交易；同时，完善信息披露规则、健全证券分析师制度并强化法律法规的执行力度，有效防范卖空者参与内幕交易，促进我国资本市场平稳健康发展。

本文主要通过考察卖空率对股票收益率的预测作用以及卖空者能否在利空消息公告前显著增加卖空量且在利好消息公告前显著减少卖空量，而上述研究设计无法排除卖空者通过制造虚假信息和操纵股价进行赢利的可能性。如何更深入地揭示出卖空者参与内幕交易的经验证据还有待进一步研究与探讨。

短期“羊群行为”的影响因素与价格效应：基于高频数据的实证检验*

朱菲菲　李惠璇　徐建国　李宏泰

党的十九大报告明确提出要进一步提高直接融资比重，促进多层次资本市场健康发展。股票市场作为资本市场的重要组成部分，在信息传递和金融资产配置等方面发挥着重要作用。然而，大量文献发现，“羊群行为”会降低资本市场的信息透明度和定价效率，严重时还可能导致金融市场动荡。此外，大量的短期投机和“羊群行为”，还会造成资金的快进快出，阻碍长期资本的形成，不利于实体经济的健康发展。因此，准确并深刻地理解A股市场中的“羊群行为”，对进一步提高我国资本市场定价效率，提高直接融资比例，支持实体经济健康发展具有重要意义。

理论研究表明，由于证券市场上不断发生着信息更新与价格调整，“羊群行为”导致的价格变化会逐渐被市场吸收，因此“羊群行为”是一种较为脆弱的短期现象。但目前我国关于“羊群行为”的研究大都基于机构投资者季度持仓数据。鉴于“羊群行为”的脆弱性和短暂性，基于季

* 原文刊载于《金融研究》2019年第7期。

作者简介：朱菲菲，博士研究生，北京大学光华管理学院；李惠璇，经济学博士，讲师，北京工商大学经济学院；徐建国，经济学博士，副教授，北京大学国家发展研究院，北京大学数字金融研究中心；李宏泰，经济学博士，漳州市人民政府办公室。

度数据的研究很可能会忽略投资者在高频交易中的短期“羊群行为”及其引起的价格震荡，并且很可能将基本面变动所导致的一致性交易行为误视做“羊群行为”。因此，现有研究结果在衡量短期“羊群行为”程度方面可能存在偏差。

基于此，本文借鉴 Lakonishok 等（1992），Christoffersen 和 Tang（2010）的研究，对传统的“羊群行为”度量方法（LSV 方法）进行改进，首创性地使用日内高频交易数据对中国 A 股市场中的“羊群行为”进行更准确的度量，并在此基础上对短期“羊群行为”的影响因素和价格效应进行深入研究。

本文主要发现如下：第一，随着度量频率的提高，市场上的“羊群行为”不断递增，日度、周度、月度的“羊群行为”均值分别是 3.92%、2.48%、1.64%。该结论从实证上证明了“羊群行为”的短期脆弱性特征。

第二，通过研究短期“羊群行为”的影响因素，本文发现，换手率更低、机构投资者持股比例更高的股票，其短期“羊群行为”程度更大。而股票市值与短期“羊群行为”程度之间呈 U 形关系，即相比于中等规模的公司，大公司和小公司都显示出较更强的短期“羊群行为”。这是因为，规模较小的公司往往信息透明度较差，因此更可能出现较严重的“羊群行为”；而规模较大的公司信息披露虽然较为完善，但更容易受到机构投资者的关注，因此也更容易因信息瀑布而引发跟风行为。

第三，通过研究短期“羊群行为”的价格效应，本文发现，在短期“羊群行为”中，投资者会忽略自己的私人信息，更多地依靠其他人的行为进行投资决策，而在模仿跟风的过程中，被模仿者所掌握的信息会进一步在价格中得以强化，从而使价格产生过度反应。实证结果显示：短期“羊群行为”会伴随着明显的价格反转，短期买入（卖出）“羊群行为”发生后的七个交易日内，股票的超额收益显著为负（正），并且短期“羊群行为”越显著，价格反转的程度越大。

第四，“羊群行为”的价格反转效应存在不对称性：规模越大、交易越活跃的股票，短期买入“羊群行为”的价格反转越明显，而短期卖出“羊群行为”的价格反转越不明显。进一步研究发现，对于买入行为，其更大程度上是由投资者的关注所决定，由于大股票和交易活跃度高的股票仅需要少量新信息就可以被投资者关注到，从而在短期买入“羊群行为”发生后，会出现明显的价格反转。对于卖出行为，信息环境质量起到更大的作用，由于小股票、交易频率低的股票所处的信息环境更差，在同等的、新的负面信息出现后，它们会受到更大的卖出压力，从而出现更大的价格反转。

本文的贡献主要体现在以下方面：第一，本文开创性地使用日内高频交易数据对我国A股市场中的短期“羊群行为”进行更准确的度量，从而克服了基于低频数据的度量缺陷。第二，基于该度量，本文对短期“羊群行为”的影响因素和价格效应进行了更准确、深入的研究。研究结论是对现有文献的重要补充和推进。第三，不同于低频数据下的研究结果，本文发现短期“羊群行为”后存在明显的价格反转趋势，这不利于股票市场的价格发现功能。该结论对于理解我国A股市场中的投资者行为、促进金融市场的价格发现功能至关重要。

本文结论具有重要的政策含义。第一，应进一步加强股票市场机制建设，提高上市公司信息披露要求，降低信息不对称程度，从而减少短期“羊群行为”，增强股票市场价格发现功能。第二，不同于国外较为成熟和理性的机构投资者，我国股票市场中本应深耕于长期价值投资的证券公司、基金、私募等机构，却也呈现散户化的“追涨杀跌”，加剧了短期“羊群行为”。因此，应进一步加强对机构投资者的监督和培训，改善机构投资者的结构与质量。第三，应培育更多的优质上市企业，以便投资者进行真正意义上的长期投资，这对减少我国股票市场中的“羊群行为”具有事半功倍的效果。

06 国际经济与贸易

事实汇率制度选择、企业生产率与对外直接投资*

张　夏　汪亚楠　施炳展

随着对外开放政策的贯彻落实，我国越来越多的企业通过对外直接投资（OFDI）的形式参与国际竞争，并获得了一定的国际话语权与国际影响力。根据《2018年度中国对外直接投资统计公报》，2018年我国对外直接投资流量为1430.4亿美元，占全球比重为14.1%，略低于日本的1431.6亿美元，成为全球第二大对外投资国。对外直接投资存量达1.98万亿美元，是2002年末存量的66.3倍，在全球分国家（地区）的对外直接投资存量排名由第25位上升至第3位，仅次于美国和荷兰。截至2018年末，超过2.7万家境内投资者在全球188个国家（地区）设立对外直接投资企业4.3万家。从2002年伊始，不到20年的时间，我国企业对外直接投资取得了长足发展。

伴随着我国对外直接投资的快速发展，我国汇率制度改革稳步推进，名义上和事实上的汇率制度安排都呈现更加灵活的趋势。从图1可以看出，2000年以来越来越多的国家与我国保持了事实上的浮动汇率制度。2007年之后，这种趋势得到了进一步强化。实践层面上，随着人民币国际化进程的稳步推进，人民币汇率制度安排变得更富有弹性，人民币汇

* 原文刊载于《金融研究》2019年第10期。

作者简介：张夏，经济学博士，讲师，西南大学经济管理学院，普惠金融与农业农村发展研究中心；汪亚楠，经济学博士，助理研究员，华南理工大学经济与贸易学院；施炳展，经济学博士，教授，南开大学国际经济研究所。

率水平变化与汇率波动也进一步变大。

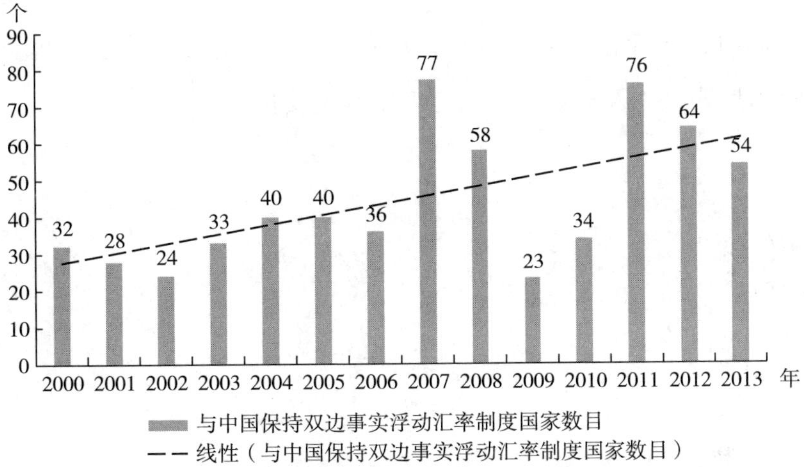

图 1　与我国保持双边事实浮动汇率制度的国家数目

（数据来源：Shambaugh 个人网站公布的数据）

总的来看，随着汇率制度灵活化，我国对外直接投资增势明显。通过图 2 可以发现，随着越来越多的国家与我国保持浮动汇率制度，我国对外直接投资流量与存量均显著增加。汇率制度的变迁不可避免地会对企业 OFDI 决策产生影响。因此，精准刻画汇率制度对我国企业 OFDI 的影响、厘清汇率制度影响企业 OFDI 决策的传导机制具有现实意义与理论价值。但是，由宏观数据推演的结论在企业微观决策层面不一定适用。因为微观数据加总到宏观数据，不仅存在加总偏误，还忽视了微观企业间的差异性。因此，要理解汇率制度变迁对企业对外直接投资决策的影响，还需从微观层面进行探索。

企业“走出去”和汇率制度安排灵活化是我国参与全球经济的两大典型特征，本文从企业异质性视角讨论双边事实汇率制度选择对我国企业对外直接投资的影响效应。理论层面上，本文将 Gali 和 Monacelli（2005）的一般均衡框架拓展为两国模型，遵循 Helpman 等人（2004）的研究思路：只要企业进行 OFDI 活动所支付的固定成本足够高，那么企业生产率的分离均衡必定存在。模型推导发现双边固定汇率制度降低了企业进入东道国开展OFDI活动的生产率阈值，提高了企业对外直接投资倾向。同时，尽管企业生产率的提升能促进企业对外直接投资活动，但其促进力度明显不及双边事实固定汇率制度安排。

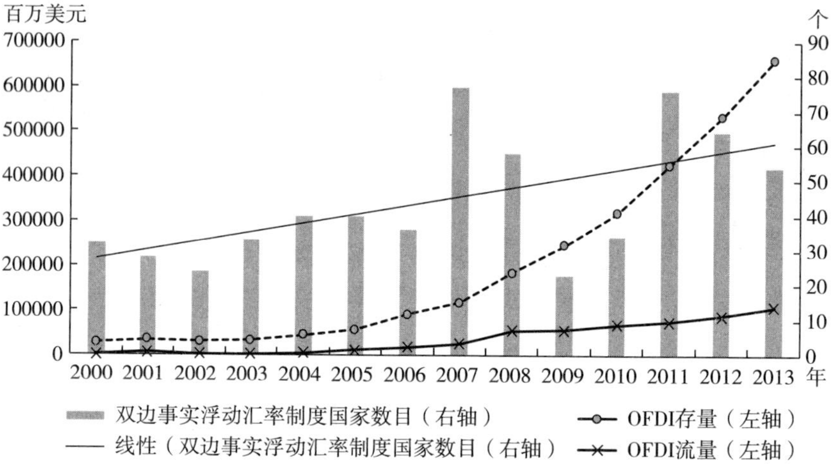

图2　OFDI与事实汇率制度国家的关联情况

实证层面上，本文根据我国商务部公布的2000—2013年《境外投资企业（机构）名录》、中国工业企业数据库36万家企业数据，测算发现：第一，企业生产率每提高一个单位，能使我国企业进行对外直接投资的概率平均提高0.04%~2.9%。第二，相对于双边事实浮动汇率制度，双边事实固定汇率制度使我国企业进行对外直接投资的概率平均提高0.8%~55.4%，对企业对外直接投资的促进力度更为明显。第三，虽然企业生产率的提升能够促进企业对外直接投资活动，但促进力度明显不及双边事实固定汇率制度安排。第四，考虑所有制、企业所在地、金融危机事件等异质性因素后，双边事实固定汇率制度安排和企业生产率对企业OFDI的影响效应存在一定差异性，但上述影响机制依然成立。第五，对内生性问题，无论是考虑样本选择偏误还是双向因果关系，双边事实固定汇率制度和企业生产率对企业OFDI的影响机制同样成立。总的来看，本文的研究结论得到了来自理论层面和经验层面的支持，具有较好的稳健性。

本文的创新主要体现在以下方面：第一，本文突破汇率水平与汇率波动视角，从更根本的汇率制度安排视角出发，研究其对企业对外直接投资的影响。第二，本文通过构建两国一般均衡模型，在开放宏观视角下，引入企业异质性，探讨双边事实汇率制度安排影响企业对外投资的传导机制。第三，本文基于高度细分的企业数据，基于中国与东道国双边事实汇率制度安排，实证检验了本文所提出的假说。

本文的结论具有重要的政策含义。第一，应重视双边事实固定汇率制度安排对企业对外直接投资的促进作用。发展中国家的企业生产率普遍低下、缺乏国际竞争力，我们应积极肯定双边事实固定汇率制度安排对企业对外直接投资活动的推动作用。为促使更多企业通过对外直接投资参与全球竞争，我国汇率制度的恰当安排当属事实固定汇率制度。在此情况下，部分生产率较低的企业也能通过对外直接投资的方式走出国门。第二，随着我国汇率制度愈加灵活，提高企业生产率水平成为关键所在。随着我国金融对外开放持续扩大，汇率制度安排也将从“固定”逐步走向“浮动”，此时，企业若想通过对外直接投资参与全球竞争，将不得不提高自身生产率。事实上，在浮动汇率制度下，高生产率企业依旧能够获得高额利润。因此，随着我国汇率制度逐步转变，会存在以下现象：只有生产率较高的企业才能继续开展对外直接投资，部分生产率较低的企业不得不通过出口贸易参与全球竞争，部分生产率特别低的企业只能进行内销生产。为促使更多企业走出国门，通过对外直接投资的方式参与全球竞争，提高企业生产率水平成为关键所在。

贸易自由化对制造业企业现金储蓄的影响：预防性动机还是投资挤压？*

张国峰　王永进　李坤望

加入世界贸易组织（WTO）后，中国关税水平大幅下降（见图1），企业出口及投资机会增多，但与此同时，企业面临的进口竞争压力也与日俱增。那么，贸易自由化的进口竞争效应到底如何影响企业的投资行为，是给企业带来更多的投资机会，甚至促使其从国内市场进军国际市场，还是会挤压国内企业的投资机会，从而加剧其面临的生存风险？这些问题不仅对企业发展至关重要，同时也是中国贸易开放进程中需要考虑的关键问题。遗憾的是，针对上述问题的相关研究较少，从而还无法在统一的框架内分析贸易开放对企业投资机会的影响。

因此，从企业现金储蓄的视角，探讨贸易开放引致的进口竞争效应如何影响企业的投资行为，是一个非常重要且较为新颖的研究选题。这不仅有助于了解中国加入世界贸易组织后，在进口竞争加剧的情况下企业如何调整其现金储蓄行为，同时对开放环境下如何盘活货币存量、促进实体经济发展也具有重要的指导意义。

* 原文刊载于《金融研究》2019年第9期。

作者简介： 张国峰，经济学博士，讲师，对外经济贸易大学国际经济贸易学院；王永进，经济学博士，教授，南开大学经济学院，中国特色社会主义经济建设协同创新中心；李坤望，经济学博士，教授，南开大学经济学院，中国特色社会主义经济建设协同创新中心。

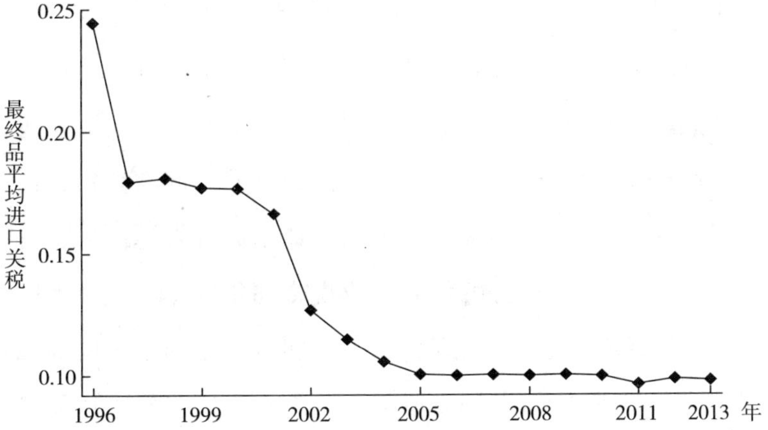

图1　最终品平均进口关税

（数据来源：TRAINS和WTO网站）

理论上，贸易自由化的竞争效应会通过两个渠道影响企业的现金储蓄水平。一方面，进口竞争加剧会迫使企业进行预防性储蓄，从而持有更高的现金储蓄来防御竞争带来的市场风险。另一方面，进口竞争会加剧企业对投资项目的争夺，尤其当企业与竞争对手的增长机会较为相近时，更容易产生投资掠夺行为。当企业丧失投资机会后，其持有现金的动机减弱，现金储蓄水平下降。尽管贸易自由化竞争效应会影响企业的现金储蓄，但对不同规模企业的作用机理却不尽相同。大企业由于要实施掠夺性定价或阻碍进入战略，从而会持有较多现金。但竞争加剧会通过市场优胜劣汰机制加大低效率企业的退出风险，规模较小的低效率企业必须持有大量现金来控制经营风险。

研究设计中，本文以中国加入世界贸易组织为实验事件，运用计量方法系统考察贸易自由化对制造业企业现金储蓄的影响，并对其作用机制和异质性进行详细分析。企业层面数据主要来源于中国国家统计局公布的1998—2007年中国工业企业数据和2000—2007年中国海关企业数据。衡量贸易自由化的指标数据来源于联合国贸易和发展会议的贸易分析与信息系统（TRAINS）以及世界贸易组织网站公布的中国行业进口关税数据。选取平均关税来衡量行业的关税水平。

与已有研究相比，本文的贡献主要体现在以下方面：第一，本文首次系统考察了中国贸易自由化对企业现金储蓄的影响。研究发现，开放环境下中国企业的现金储蓄决策与发达国家迥然不同。贸易自由化与企业现金储蓄关系的研究主要集中在美国、加拿大等发达国家，鲜有文献系统考察发展中国家贸易自由化对企业现金储蓄的影响。发展中国家贸易自由化的影响作用与发达国家有较大不同，发达国家企业面临进口竞争时，市场竞争力降低的同时会迫使企业扩大产出规模，从而获得规模经济收益；发展中国家进口关税下降在提升进口企业竞争力的同时，也会加大本土制造业企业失去市场份额的风险。因此，分析进口自由化对中国本土制造业企业现金储蓄的影响，不仅有助于完善市场竞争与企业现金储蓄关系的相关研究，还为贸易开放环境下如何减轻本国企业的现金困境，维持或提升本国企业竞争力提供理论支持。

第二，本文将研究视角从上市公司转向制造业企业。上市公司和非上市公司在治理结构、外部融资渠道、投资需求等方面均存在较大差别，一般来讲，非上市企业对内部资金的依赖更强。同时，上市公司的样本量往往较小，其现金储蓄决策可能无法代表非上市企业，只考察上市公司可能会严重低估制造业企业的现金储蓄水平。

第三，本文深入分析了关税减让影响企业现金储蓄的中间机制，即开放环境下企业现金储蓄变动的主要来源是来自预防性储蓄动机的变化，还是企业投资机会的变化。此外，本文还从企业规模视角探讨了贸易自由化对企业现金储蓄的异质性影响。中间机制和异质性分析有助于进一步了解贸易自由化如何影响企业的现金储蓄以及主要影响哪些企业。

本文主要有以下结论：第一，与发达国家的相关研究结果大相径庭，中国贸易自由化不仅没有提高国内制造业企业的现金储蓄率，反而通过投资挤压显著降低了企业的现金储蓄率。第二，贸易自由化对企业现金储蓄的影响作用依赖市场竞争程度，即关税减让会显著降低竞争性行业以及高集聚区域内企业的现金储蓄率。第三，高关税行业的关税降低后，进口竞争会侵蚀纯内销企业的投资机会，尤其是小规模企业，进而降低其现金储蓄。

本文结论意味着，对发展中国家来说，短期内贸易自由化的竞争效应对企业投资决策有较大的负面冲击，如何扭转投资机会被挤压的被动局面是本土制造业企业尤其是国内小企业面临的重大挑战。另外，金融改革开放的不断深化有利于丰富市场主体和激发市场活力，增强中国金融机构的服务创新能力，满足实体经济发展的需求。金融改革开放可以帮助中国本土制造业企业更好地应对开放带来的进口竞争压力，同时还可以为本土企业走向国际市场提供坚实的财务支撑。

金融服务、外资政策调整与企业出口*

——基于中国微观数据的验证

侯欣裕　陈璐瑶　孙浦阳

从世界范围来看，金融服务业作为服务业的重要组成部分，为制造业企业提供了丰富的资金渠道、保险体系、证券化途径以及进出口金融服务等，在制造业发展壮大过程中发挥了重要作用。我国服务业的发展很大程度上得益于改革开放，随着2001年加入世界贸易组织（WTO），我国对银行、保险、证券及其他金融服务业的外资管制政策逐步放开。尤其是近年来，我国金融业对外开放力度不断加大，金融服务业外资政策调整如何影响我国制造业的发展日益成为重要的研究课题。

因此，本文主要研究我国金融服务业外资政策动态调整过程及其对制造业企业出口行为的影响，并从企业对政策的敏感度视角进行异质性分析。此外，本文还进一步剖析了金融服务业外资政策动态变化影响企业出口行为的机制渠道。本文的研究不仅是对现有文献的有益补充，还对我国推进金融服务业外资政策调整具有参考意义。

从理论机制来看，金融服务业外资政策调整会影响下游制造业企业的出口倾向和出口收益。首先，金融服务业外资管制放开会使新的金融

* 原文刊载于《金融研究》2019年第11期。

作者简介：侯欣裕，经济学博士，助理研究员，南开大学经济学院，中国特色社会主义经济建设协同创新中心；陈璐瑶，博士研究生，南开大学经济学院，中国特色社会主义经济建设协同创新中心；孙浦阳，经济学博士，教授，南开大学跨国公司研究中心，南开大学经济学院，中国特色社会主义经济建设协同创新中心。

服务供应商进入市场，丰富了金融服务的种类和渠道。下游企业得以使用更多元化的金融服务提高出口以及在国际市场上的经营效率，最终增加企业出口收益，与此同时，还减少了下游企业在出口时因缺少相应的金融服务而造成的损失。其次，金融服务业对外开放带来的市场竞争效应有助于提高金融业的服务效率和质量，进一步帮助企业降低出口风险，减少出口成本，提高产出效率，最终增加企业出口规模和出口收益。最后，开放政策通过引入竞争能降低金融服务价格水平，进而有助于降低企业的出口成本，促进企业扩大出口规模。需要指出的是，金融服务业外资政策调整对下游制造业企业的出口促进作用，可能因企业对政策的敏感度不同而产生差异。本文选择企业管理效率和产品要素投入特征作为企业对政策敏感度的度量指标。管理效率高、出口非技术密集型产品以及资本密集型产品的企业，其政策敏感度更高，对金融服务业外资政策调整的反应更强。

基于以上分析，本文利用 1997 年、2002 年、2004 年、2007 年国家发展改革委公布的《外商投资产业指导目录》中关于金融服务业外商投资的政策信息，构建了 1998—2007 年我国金融服务业外资政策调整指标，首次度量了我国金融服务业外资准入政策的动态变化。本文结合投入产出表和该指标进一步测算出上游金融服务业外资政策调整对下游制造业企业的影响指标，将其匹配中国制造业企业数据，以此来验证上游金融服务业外资政策调整对下游制造业企业出口的影响。从调整指标来看，1997—2007 年，我国金融服务业外资政策逐步放开，尤其是 2001 年我国加入世界贸易组织后，2002 年外资开放政策发生重大变化，开放力度加大。

本文有以下几方面的实证结果：第一，金融服务业外资政策管制放松有助于提高下游制造业企业的出口倾向和出口收益。第二，管理效率高、出口非技术密集型及资本密集型产品的企业，其对金融服务业外资政策开放的反应更敏感。第三，本文验证了中间影响机制，发现金融服务业外资政策调整通过企业融资渠道影响企业的出口行为。此外，囿于数据样本限制，本文进行了一系列稳健性检验，包括构建我国金融服务业外资政策调整的工具变量以弱化内生性问题，考虑样本选择性问题，采用其他指标衡量我国金融服务业开放情况，所得结论均保持稳健。

本文的结论对我国进一步做好金融服务业对外开放以及金融服务业和制造业联动发展具有指导和参考意义。第一，在不断加大我国金融服务业对外开放力度的同时，应着力推进和制造业生产及出口相关的金融服务业对外开放，助力于我国出口贸易的持续发展。第二，应关注到下游制造业企业对金融服务业外资政策调整的敏感度存在差异，重视企业学习和管理能力建设，关注非技术密集型和资本密集型产品出口企业获得的金融服务，从而使制造业企业在更大程度上吸收由金融服务业对外开放带来的对企业出口的促进作用。

07 财税政策与地方政府行为

土地价格、土地财政与宏观经济波动*

闫先东　张鹏辉

土地财政是中国经济体制转型和城市化进程中特有的历史现象，狭义的土地财政是指中国地方政府依靠土地出让获取收入，广义的土地财政不仅包括土地出让收入，还包括“土地金融”，即地方政府成立地方融资平台，以土地抵质押进行的土地融资活动。

现阶段，土地财政已内生于中国经济增长，成为影响中国经济波动的重要因素。2017年，地方政府土地出让收入5.21万亿元，相当于当年地方财政收入的57%，如果考虑与土地相关的税费，如房产税、契税以及土地增值税等，该比例将高达73%。土地财政深刻影响并改变了中国的经济社会，国民经济形成了土地财政与地方财政收入、投资、产业结构紧密关联的格局。一方面，土地财政使城市在短期内完成资本积累，对解决地方财政困难、招商引资、加快基建投资和促进地方经济增长具有重要的推动作用；另一方面，随着近年来地方政府对土地财政依赖的不断加深，其弊端和隐患也开始不断显现，尤其是，土地财政实施过程中潜藏的经济金融风险威胁着宏观经济和金融体系的稳定。

从近年来的实践来看，土地融资是城市扩张的重要基础，土地融资使政府、银行、房企以及个人成为一个整体，从而使土地财政的影响更加复杂。一方面，地方政府通过成立地方融资平台，以土地质押举债，

* 原文刊载于《金融研究》2019年第9期。

作者简介： 闫先东，经济学博士，中国人民银行调查统计司；张鹏辉，经济学博士，中国人民银行福州中心支行。

绕开了监管部门不允许地方政府直接向银行借贷的规定，虽然有效筹借了资金，但平台的土地抵押贷款实质上仍是地方政府信用的隐性担保，地方财政对金融体系的过度依赖加剧了地方政府债务风险。另一方面，通过银行的杠杆作用有可能对宏观经济金融产生放大效应，牵一发而动全身。因此，如果土地财政出现大的波动，有可能引发宏观经济金融的动荡。

土地财政在短期具有高波动的特性，在长期具有不可持续的特性。从短期来看，土地财政波动易受宏观经济政策及市场环境的影响。一方面，土地财政极易受到中央宏观经济政策，诸如房地产调控政策、土地供给政策以及信贷政策的影响，使土地财政在短期内面临诸多不确定性；另一方面，地方政府虽然是土地市场唯一的供给者，但却是在宏观经济约束下实现土地财政收入的最大收益，因此，土地财政本身也受宏观经济景气度的影响，土地供需的变化都可能引起土地财政频繁剧烈的波动。而在长期中，土地资源的稀缺、征地成本和难度的提高使土地财政不具有可持续性。

土地财政高波动、不可持续的特性预示着继续依赖土地财政将给宏观经济金融的稳定带来隐患，前瞻性地思考土地财政对宏观经济波动的传导机制及影响，对于稳定经济金融体系、提前制定防范策略具有重要意义。在土地财政体制下，土地市场是联系地方政府债务和地方经济增长的桥梁，土地价格的波动对宏观经济波动具有重要的影响。

本文通过构建一个带有金融加速器的动态随机一般均衡（DSGE）模型，刻画地方政府“卖地生财，质押举债”的土地财政特征和政府信用隐性担保融资机制，考察在土地财政体制下土地价格的波动特征、驱动因素和对宏观经济的影响，并利用中国宏观经济数据对模型进行估计模拟，得到以下主要结论。

首先，中国土地价格波动受土地需求冲击、土地供给冲击以及货币政策冲击影响较大。

具体来看，2007—2016年，土地价格有多次偏离趋势较大的波动。2007年上半年，土地需求的高涨带动了土地价格的上涨，但从2007年第四季度开始，由于受到国际金融危机的影响，全球经济增长低迷，国内经济受到负面冲击，经济主体对土地需求的偏好减弱。同时，2007年第四季度至2008年第二季度，土地供给较为充裕，待开发土地面积大幅增长，截至2007年末，待开发土地面积同比增长约30%，土地需求偏好减弱与土地供给增多抑制了土地价格涨幅。2008年第四季度之后，尽管经济主体对土地需求的偏好仍然较弱，但待开发土地面积同比下降了30%，同时为刺激国内经济增长，中国政府开始实行宽松的货币政策，由此带动了2009年土地价格上涨。从2013年开始，土地供给开始锐减，2014年末，待开发土地面积同比下降高达38%，2015年以来，土地价格震荡走高，可见，土地供给冲击是推动土地价格上涨的核心因素。

其次，分期限来看，土地价格短期受货币政策和土地供给政策影响，长期受土地需求冲击影响。

短期中，土地供给政策约解释了49.87%的土地价格波动，其次分别为货币政策冲击（24.52%）和土地需求冲击（23.43%）。而在长期中，土地需求冲击成为影响土地价格的决定性因素，约解释了42.11%的土地价格波动。狭义上土地需求冲击为土地需求偏好的改变，而广义上包含人口因素改变导致的需求变动。

最后，地方政府对土地财政的依赖将放大宏观经济波动。

这主要是通过信贷市场的“金融加速器”效应实现。土地作为实体经济重要的抵押品，其价格波动通过抵押约束机制引起宏观经济波动，地方政府对土地财政的依赖将放大该效应，并进一步对土地价格形成正向反馈，进而引起实体经济更大的波动。

本文给出以下几方面的政策建议：一是要加快建立现代财政制度，构建事权与支出责任相匹配的财税体制，减弱地方政府对土地财政的依赖。二是调控土地价格需要相关的政策协调配合，短期内货币政策和土地供给政策是调控土地价格的有效手段。三是调控土地价格需要注重预期引导，坚持“房子是用来住的，不是用来炒的”定位，引导公众对住房需求的预期，缓解土地价格的上涨压力。四是重视土地财政的放大效应，稳妥去杠杆。特别是在当前地方政府债务存量大，还本付息资金来源收紧，土地融资能力下降，经济增速放缓等多重因素叠加的背景下，需要高度警惕区域性风险的扩散，避免系统性风险的发生，防止财政风险与金融风险交织加剧经济下行压力。

经济增长目标驱动投资吗?*

——基于2001—2016年地级市样本的理论分析与实证检验

刘淑琳　王贤彬　黄亮雄

中国改革开放40年来创造了经济增长的奇迹，这在一定程度上与各级政府积极推动经济发展有关。为指引当年辖区的经济建设，地方政府每年年初在地方政府工作报告中制定较明确的经济增长目标，并出台各种配套政策和指导规划。已有文献发现，政府制定的经济目标能够产生经济增长绩效，但鲜有文献专门解释中国的增长目标管理如何实现，本文考察政府目标实现经济增长绩效的渠道和机制。由于投资一直以来都是拉动中国经济增长的主要动力，本文将聚焦在投资上，考察经济增长目标是否对投资有拉动作用。如果是，这种拉动作用是否存在阶段等方面的转变规律，其背后的逻辑机制是什么？回答上述问题有助于理解中国经济增长的内在动力机制，并为经济高质量发展转型提供政策启示。

基于上述问题，本文提出了一个理解经济增长目标管理影响固定资产投资的理论逻辑框架。改革开放以来，中国通过干部人事制度改革，建立了一个有效的地方官员考核和晋升的激励机制，形成了基于地方经济发展绩效的可度量的“政绩观”，成为中国经济发展的内在驱动因素之一。在晋升激励机制之下，经济增长目标除了作为当年辖区经济建设

* 原文刊载于《金融研究》2019年第8期。

作者简介：刘淑琳，经济学博士，讲师，广州大学经济与统计学院；王贤彬，经济学博士，副教授，暨南大学经济学院；黄亮雄，经济学博士，副教授，华南理工大学经济与贸易学院。

的重要指引，更是上级政府考核地方政府政绩的关键指标。在定期考核机制的压力下，地方政府具有实施短期行为、追求经济增长的强烈动机，以良好的业绩向上级传递正面的能力信号和积极的工作态度。而地方政府实际掌握的经济管理权力、财政权力、金融管理权力和土地、地方国企等各种资源，赋予了地方政府扩大地方投资的巨大能力与空间。因此，投资成为地方政府实现辖区经济增长目标最直接、最有效和最常用的手段。结合中国改革开放40年的实践，本文提出一个基本的理论判断（假说1）以及相应的扩展性理论判断（假说2和假说3）。

假说1：经济增长目标对投资增长有显著的推动作用。经济增长目标通过两种渠道带动投资增长。第一，地方政府为实现目标增加自主投资，特别在经济发展的初始阶段，地方政府以公共投资推动非公共投资和经济增长具有良好的效果，可以加快辖区基础设施的完善，有效支撑地方经济增长。第二，市场上的企业顺应政府的经济目标信号进行投资。相比企业，政府在掌握整体经济运行的信息方面更有优势，因此地方政府所提出的经济增长目标对企业而言意味着经济政策乃至实际经济运行趋势的风向标，有利于企业形成对区域未来经济走势的预期。与产业投资的“潮涌现象”类似，如果众多企业同时看好某一区域的发展前景，企业的投资会像浪潮般涌向该区域。

假说2：随着经济发展阶段的转变，经济增长目标对投资增长的推动作用逐渐弱化。投资在很长一段时间内是拉动中国经济高速增长的重要因素，但是经过多年快速的资本积累，资本的边际效率递减规律制约了资本的有效形成和产出效率提升，这将导致产出增长的难度加大。进入工业化后期，投资对经济增长的贡献难以维持在较高水平。

假说3：经济增长目标对投资的影响在具有财力优势和市场环境优势的地区更为明显。地方政府要促进当地经济发展，需要先通过自主投资完善基础设施及加强对辖区内企业的政策和服务扶持，从而吸引外来投资。中国东、中、西部地区间的政府财力和行政能力差距悬殊，这决定了东部省区的地方政府有更多的资源投入经济建设。此外，东部省区的市场发展程度更加成熟，生产要素流动性更强、金融发展更完善等特征决定了市场上的企业更能顺应政府的经济目标信号进行投资。因此，东部沿海省区地方政府制定的经济增长目标对投资的影响高于内陆省区。

利用从政府工作报告搜集的2001—2016年地级市经济增长目标数据，本文验证了所提出的理论判断，主要发现如下：第一，2001—2016年，经济增长目标每提高1%，地区投资显著上升约0.44%。第二，2011年以后，经济增长目标对地级市投资增长的推动作用转向弱化。但是，国际金融危机的冲击使得投资作为地级市经济增长手段的重要性在短期中进一步被强化。第三，相对于中、西部的内陆省区，经济实力更强的东部省区能够更多、更好地利用投资来实现经济增长目标。类似地，在发展水平较高的副省级城市、省会城市和计划单列市等重点城市中，投资作为实现经济增长目标的手段也发挥了更明显的作用。第四，地方政府经济增长目标的投资驱动作用一方面通过财政收支等手段直接扩大本地投资实现，另一方面通过利用政策和规则等向市场发送信号，从而影响企业等经济主体的投资决策与行为实现。

本文的创新和特色主要体现在以下几个方面：第一，已有考察经济增长和投资关系的文献主要关注投资对经济增长的影响，本文则专门考察经济增长目标对投资的影响效应。第二，尽管大量文献探讨政府制度和政策对经济的影响，但基于政府目标角度入手的文献不多，本文的研究专门从经济增长目标切入，旨在考察政府所主动制定的经济目标如何影响实体经济运行，丰富了公共经济学和政治经济学的有关研究。第三，尽管最近有文献开始关注政府目标对经济增长的影响，但并未解释政府制定经济目标影响经济绩效的机制，本文基于经济增长理论，从实证上对此作出深入分析，加深了学术界对这一话题的理解。

分税与地方财政支出结构 *

马光荣　张凯强　吕冰洋

财政支出是政府调节资源配置、收入分配和宏观经济的重要举措。凯恩斯倡导的主要宏观经济调控手段之一即为财政支出政策，通过影响消费者的需求进而影响产出。更进一步，Arrow 和 Kruz（1970）将财政支出分为生产性和消费性支出，探讨财政支出结构对经济增长和居民福利的影响，进而引导了大量文献从理论和实证角度对于财政支出结构的分析。

在我国财政支出当中，地方财政支出所占比例远高于中央财政支出，且地方财政支出占比近年来还在不断上升，由 1994 年的 69.71% 上升至 2015 年的 85.13%。值得注意的是，我国地方财政支出结构长期以来的一个突出特点，即地方政府偏好生产性财政支出（如各类基础设施建设、对企业的生产性补贴等），而轻视非生产性财政支出（如教育、医疗、社会保障、环保等）。已有文献在研究地方财政支出结构时忽视了税收分成率这一重要因素。地方政府的财政支出，从资金上来源于地方政府自有税收收入和上级给予的转移支付，地方政府自有税收收入很大程度上取决于上下级政府间的税收分成率。税收收入在上下级政府之间如何划分，将在很大程度上影响地方政府的支出决策。由于地方财政支出结

---

* 原文刊载于《金融研究》2019 年第 8 期。

作者简介： 马光荣，经济学博士，教授，中国人民大学财政金融学院、中国人民大学中国财政金融政策研究中心；张凯强，经济学博士，助理研究员，中国社会科学院财经战略研究院；吕冰洋，经济学博士，教授，中国人民大学财政金融学院。

构与地方经济发展、税源培植密切相关，因此税收分成率的改变无疑会改变地方政府的支出行为。

从分税制设计看，税收收入划分是政府间财政体制的核心，而不合理的税收分享方式会对地方政府行为产生重要影响。新中国成立以来的不同历史时期，我国财政管理体制大都是以税收收入划分形式来命名的，例如“统收统支”“分灶吃饭”“大包干”“分税制”等。1994 年的分税制改革将增值税作为中央与地方共享税，2002 年后又将企业所得税和个人所得税作为共享税。即使是作为地方政府主体税种的营业税，其在省以下政府间也广泛采取分享的办法。长期以来，增值税、企业所得税和营业税在国家财政收入和地方政府财政收入中占据举足轻重的地位，收入规模均排在前三位。这种税收分享方式所导致的后果，不利于有效遏制地方追求数量型经济增长的冲动（楼继伟，2013）。根据包含政府支出的内生增长理论（Barro，1990），政府支出结构会影响私人资本的投资规模和方向，因而直观推论是，地方政府会因为税收分成改变而调整财政支出结构。

本文通过理论与实证研究税收分成对地方财政支出结构的影响。理论方面，在地方政府竞争模型框架内引入税收分成因素，税收分成率的提高将直接使地方政府增加生产性公共支出，发挥生产性支出的产出外部性，提高产出水平和自身税收收入水平，实现福利最大化。实证方面，利用 1996—2006 年的地级市数据，实证分析税收分成对地方财政支出结构的影响。我国地区间税收分成具有很强差异性，这为研究税收分成与地方财政支出结构提供了绝佳样本。尽管分税制所确定中央和地方之间税收分享比例是统一的，但对于各个省而言，省本级政府与市、县政府之间，税收分成比例因地而异。实证研究发现，地方面临的税收分成率提高，地方财政支出将更加偏向生产性财政支出。根据这一结论，1994 年分税制改革后，地方税收分成比例的下降，会减少地方政府的生产性支出结构偏向；但在一个省内，如果市政府的税收分成率提高，仍会提高市政府的生产性支出比例。

本文的主要贡献在于从税收分成的角度，分析我国地方政府偏向生产性支出的特点。从中国财政分权实践来看，实际上自20世纪80年代的“财政包干”到1994年后的“分税制”，财政分权几乎主要围绕政府间税收划分而展开，因此税收分成可以作为代表中国财政分权的一个关键变量。与以往文献相比，本文使用税收分成这一指标进行分权度量。鉴于我国地区间税收分成具有很强差异性，各省份内税收分成比例的差异将对地方财政支出结构产生影响，这种差异为我们从实证上识别税收分成对地方财政支出结构的影响提供了便利。本文构建的理论模型有助于发现税收分成对地方政府行为的作用机理，实证分析解释了中国地方财政支出结构变动的原因，可为中国“营改增”改革之后，下一步中央和地方之间税收分配改革提供有效的政策建议。

本文有以下几方面的政策启示：第一，中国自2016年实行全面实行“营改增”改革后，作为地方政府主体税种的营业税已不存在，中央政府为弥补地方财力紧缺和调动地方政府积极性，将地方政府增值税分享比例由25%提升到50%。根据本文推论，这将进一步激励地方政府将财政支出结构向生产性支出方向倾斜，由此可能引发民生支出规模减少、不利于经济增长方式向集约型转变等问题。第二，于2016年开始试点的增值税分享方案实施过渡期暂定为2—3年，从时间节点看，过渡期基本结束，即将进行的财税体制改革有待中央政府合理考虑政府间重要税种的分配方法，至少不宜进一步扩大地方政府在增值税和企业所得税上的分配比例，而需将税基流动弱、地方政府能够有效掌握信息的税种归为地方税。

08　普惠金融与社会发展

偿付能力、生命周期与养老金动态调整策略*

张　勇

在人口老龄化加剧和经济增速放缓等因素的影响下，我国养老保险基金面临越来越大的支付压力。近年来，养老保险基金结余增长率从2005年的35.8%逐年下降到2017年的13.8%，与此同时，养老金支出增速在大幅上涨，2005—2017年人均养老金增长率为11.4%，大大超过了同时期的通货膨胀率和GDP增长率。人口老龄化是无法改变的客观趋势，在企业"减税降负"的背景下，也难以通过提高缴费率来提高养老保险基金的偿付能力。在此情况下，有必要优化现有的养老金调整策略，使养老保障水平和基金偿付能力达到内在统一，确保养老保险基金可持续运行。一方面，如果出现偿付能力不足，养老保险基金就失去了财务来源，难以为继；另一方面，如果单纯为提高偿付能力而降低养老金，退休人员就得不到该有的基本养老保障水平。

为此，本文把偿付能力作为内生变量直接引入到养老金调整模型中，使养老金能够随着偿付能力的变化而动态调整，当偿付能力不足时，会根据偿付能力自动适度下调养老金增长率。根据这一思路，我们构建了四种养老金调整模式：模式一是当前政策，模式二仅调整退休期间的养老金增长率，模式三仅调整工作期间的缴费指数，模式四同时调整养老

* 原文刊载于《金融研究》2019年第9期。
作者简介：张勇，经济学博士，副教授，中山大学岭南学院。

金增长率和缴费指数。后三种模式都会根据偿付能力的变化动态调整养老金，并且能够自我反馈信息和修正预测偏差。

偿付能力是本文的核心指标，用养老保险基金在未来一段时期内的资产与负债之比衡量，偿付能力是动态变化的，需每年进行评估。当资产小于负债时，意味着养老保险基金偿付能力出现不足；反之，偿付能力为充足。当然，偿付能力也不是越高越好，过高的偿付能力说明结余过多，资金使用效率较低。总的来看，合理的养老金调整策略应力求使养老保险基金的资产与负债大致相等，这样既可以保证财务可持续，又可为退休者提供最大程度的养老保障。

养老保险基金的资产与负债根据其未来的收入和支出计算得到，为此需要设定 GDP 增长率、人口出生率、通货膨胀率、期望寿命等参数的未来值。我们并不清楚这些指标未来的实际数值，情景分析法成为检验模型稳健性的主要方法，该方法在实践中也得到了广泛应用。本文根据经济、人口和政策三类指标，设定 18 种情景，包括 GDP 增长率为中、低增速，人口增长率为中、低增速，退休年龄为 60、63 和 65 岁以及这些指标交叉组合时的情景。情景分析中的基础数据来源于中国国家统计局、联合国人口署、Pardee 国际未来中心等机构。通过比较四种调整模式在每种情景下的效果并进行排序和稳健性检验，可以得到最具比较优势的养老金调整模式。

通过情景分析，本文主要结论如下：（1）在人口出生率和经济增速持续放缓的趋势下，如果不优化当前的养老金调整模式，偿付能力不足的程度将持续加剧；（2）与现行政策和现有模型相比，基于偿付能力构建的调整模型，能有效缓解偿付能力不足的问题，并降低养老金大幅波动的风险；（3）结合生命周期理论来调整养老金，不仅偿付能力的提升效果优于其他模式，而且还延长了参保人员应对风险的时间，更加符合风险承受能力变化的生命周期特征，提高风险抵抗能力；（4）在制定延迟退休年龄等政策时，要综合考虑调整模式、养老金增长率和人口出生率等多方面因素，如此，养老保险基金才可能持久保持充足的偿付能力。

本文的贡献主要体现在以下方面：第一，我们把偿付能力作为内生变量引入到“现收现付制”的养老金调整模型，与此相比，当前的调整模型只适用于“基金积累制”的养老金调整模型，比如瑞典实施的自动平衡机制（Automatic Balance Mechanism）。第二，本文构建的调整模型能自我反馈信息和自动修正偏差，预测和修正同时进行，提高了模型的稳健性和可操作性。没有预测，就无法计算偿付能力，但如果不进行修正，预测产生的偏差就会越来越大。第三，相对于自动平衡机制等策略，本文构建的调整模型可降低养老金波动幅度过大的风险，从而为退休人员提供更加稳定的养老金来源，当然这需要一定程度的财政支持。

本文的结论具有重要的政策启示。第一，养老金调整机制设计是关系国计民生的重大课题，必须确保养老金制度的长期可持续性，但现实中各影响因素并不确定，即使是小幅变化，经过长时间的积累以及多变量叠加影响，最终都会导致养老保险基金偿付能力的大幅波动，因此，科学合理的养老金调整机制要能自我反馈信息和自动修正偏差，降低不确定因素对偿付能力的不利影响，增强养老金调整机制的稳健性和可操作性，进而提高养老保险基金的可持续性。第二，养老金调整机制是社会养老保险制度的重要内容，应该有明确、可操作的养老金调整细则。我国目前的基本养老保险制度只有调整原则，并没有具体的实施细则，因而给相关部门留下了较大的自由裁量权，一定程度上加大了养老保险基金的财务风险。

金融创新如何缓解信任品市场失灵？*

——中国食品安全责任强制保险的自然实验

段白鸽　王永钦　夏梦嘉

信任品市场（如食品、医药等）存在的问题一直困扰着中国和世界很多国家。食品、药品、医疗服务等商品作为一种信任品，其真实质量存在严重的信息不对称，容易使存在信息优势的企业在利润驱使下降低产品和服务质量（道德风险问题），或者使存在信息劣势的消费者在市场信任缺失情况下降低支付意愿（逆向选择问题）。这些情况都极大降低了市场效率，导致信任品市场失灵，影响了人类福祉。

理论上来看，缓解信任品市场失灵的常见解决方案是政府监管。政府通过直接监管、采取税收或补贴等经济方式规范企业行为，有助于维持信任品市场的运转。然而，经济学家认为更加基于市场的解决方案，尤其是金融创新（Financial Innovations）可能更为有效，但一直亟待实证检验。

也许在过去几十年中，保险理论最重要的发展就是保险可以成为有效的私人风险监督机制。例如，责任保险在发达国家已经被广泛运用于解决信任品市场问题。中国政策讨论和学术研究对第一种解决方案（政府监管）关注较多，相比之下，对基于金融创新的解决方案关注较少，

* 原文刊载于《金融研究》2019 年第 9 期。
作者简介：段白鸽，经济学博士，讲师，复旦大学经济学院；王永钦，经济学博士，教授，复旦大学经济学院；夏梦嘉，复旦大学经济学院。

学术研究尚属空白。作为金融创新的重要组成部分，保险合约和市场的引入有助于减少和化解信任品市场上的风险；但经济学理论同时告诉我们，在一个“次优”（约束下的最优，Second-best）的世界里，引入一种新的（保险）市场，未必会提高效率。责任保险能否有效缓解信任品市场失灵？这是一个有着重要学术和政策意义的问题，需要通过实证检验来回答。

幸运的是，中国食品安全责任强制保险的改革实验走在了世界前列。在美国等国家，食品、药品等通常是作为产品责任保险的承保范围，很少专门设立食品安全责任保险。中国食品安全责任强制保险是世界上一个非常难得、理想的自然实验。第一，中国食品安全责任强制保险在不同省份的试点时间不同，这种外生的推行时间差异使我们可以采用双重差分（DID）方法，以更好地识别出因果效应。第二，这种责任保险具有强制性，因此关闭了逆向选择渠道，使得本文可以只关注道德风险这一渠道（只需要检验其是否增加了道德风险）。西方国家的责任保险并非都是强制性的，这种非强制性的责任保险同时会通过道德风险渠道和逆向选择渠道发挥作用，使得在实证上很难清晰地识别出究竟是哪种渠道在起作用，也难以识别出其作用大小。

具体来看，本文巧妙地利用了中国在不同地区、不同时间推行的这一自然实验，结合2011—2017年全国31个省（自治区、直辖市）试点数据，通过双重差分方法识别出责任保险对于信任品市场的因果效应。我们从道德风险渠道检验基于保险的金融创新对解决食品安全问题的影响，以检验金融创新如何有效缓解信任品市场失灵问题。

本文有以下几方面发现：

第一，强制责任保险能显著降低食品安全事故发生概率（在5%的显著性水平上显著为负）。第二，实施食品安全责任强制保险后，平均每万人中食源性疾病暴发患者数减少了约6人。第三，平行趋势检验、保险公司监督机制的直接检验进一步支撑模型结果的稳健性。研究结果说明，强制保险这一政府推行的金融创新手段通过保险公司所特有的监督优势，有效发挥了风险管理功能，没有引起食品企业的道德风险问题，对缓解食品这一强信任品属性的市场失灵问题起到了积极作用。

本文创新和贡献主要体现在以下几个方面。第一，本文首次采用自然实验方法研究了金融创新如何缓解信任品市场失灵的问题。第二，中国强制责任保险这一独特的政策背景有助于非常清晰地识别出保险市场的道德风险。这是因为，在一个自由选择的保险市场中，逆向选择和道德风险混在一起，在实证上很难“干净”地将两者分离出来。第三，本文关于食品市场的研究方法和结论，也同样适用于药品、医疗等信任品市场。

本文的结论具有重要的政策含义。本文研究表明，金融创新是解决社会经济问题的利器，包括责任保险在内的金融创新是解决信任品市场失灵的有效的替代性解决方案。一方面，保险公司通过评估不同投保企业的风险类型确定保费，可以解决逆向选择问题。另一方面，保险公司有动力激励投保企业降低风险，从而降低保费以维持市场竞争力，也可以解决道德风险问题。相比政府监管，保险公司基于市场机制能更好地发挥“信息甄别、合约设计、精算技术”等监督优势。保险公司可以利用其市场优势收集数据进行精算分析，根据预期损失估计保费，从解决负外部性来看，这如同量身定制的“庇古税”，使行为人在行为前支付与行为外部性大致相等的成本，从而实现企业负外部性的内部化。有趣的是，从机制设计来看，这类似于寻找最优的“林达尔均衡”，使行为人为其产生的外部性支付相应的成本。这种量身定制的“庇古税”就是“林达尔税”。也就是说，强制责任保险是“林达尔均衡”在解决信任品市场失灵问题上的有效实施。

同样有趣的是，强制责任保险也暗合了经济学中的次优理论思想。

次优理论是指如果经济中存在很多扭曲，那么消除其中的一个扭曲或者几个扭曲（只要还没消除所有的扭曲），情况可能会变得更差而不是更好；同样，再加上一个扭曲，有可能会改进资源配置，并实现帕累托改进。在强制责任保险情况下，政府强制本身是一个扭曲，在已经存在信息不对称的情形下，政府强推加上基于市场的解决方案，反而能够实现帕累托改进。这进一步从理论上回应了前文提出的问题。

最后，本文还存在一些有待进一步研究的问题。例如，不同信任品及其市场结构、组织结构仍存在一些差异，可能需要不同的监管措施和金融创新，这方面的异质性也非常值得进一步深入研究。

经济政策不确定性、地区文化与保险需求*

刘　威　黄晓琪

风险对保险的影响是国内外研究关注的重点问题之一。早期由于不确定性难以测度，更多研究集中在风险对保险需求的影响上。2013年，Baker等开发了经济政策不确定性指数，使不确定性对经济影响的经验研究成为可能。但已有研究集中在探讨经济政策不确定性对宏观经济和微观企业的影响，忽略了与不确定性密切相关的保险需求问题。尤其是经济政策不确定性是典型的不可保宏观风险，检验其对一国保险需求的影响具有极大的理论和现实价值。

但是，目前对经济政策不确定性影响保险需求的研究偏少，也较少将保险需求分类，探讨政策不确定性对不同类型保险需求的影响差异。同时，关于经济政策不确定性的研究忽略了受政策波动影响的个体对不确定性的反应程度，是否会调节政策不确定性对保险需求的实际效应。在影响人们行为的诸多因素中，地区文化发挥着重要的作用，地区文化会通过影响该地区人们要求的预防性溢价水平调节保险需求。因此，经济政策不确定性对不同类型商业保险需求产生何种影响，地区文化对经济政策不确定性影响保险需求的调节效应如何，值得深入研究。

* 原文刊载于《金融研究》2019年第9期。

作者简介： 刘威，经济学博士，副教授，武汉大学经济与管理学院；黄晓琪，金融学博士研究生，武汉大学经济与管理学院。

为了探讨上述问题，本文从以下几方面展开研究：首先，本文在背景风险理论的基础上拓展现有理论模型，考察了宏观不确定性等背景风险导致保险需求变动的影响机制，并通过引入地区文化的影响，从风险规避动机视角拓展和揭示了地区文化对经济政策不确定性影响保险需求的调节作用，进而提出主要研究假设。其次，利用2007—2017年中国30个地区的月度面板数据，检验了经济政策不确定性对保险总需求、人身险需求和财产险需求的实际影响，并重点对经济政策不确定性影响三类人身险的需求进行检验和比较。其中，经济政策不确定性用Baker等构建的经济政策不确定性指数衡量，该指数确定了一套术语分别衡量E（Economy）、P（Policy）和U（Uncertainty），并根据《南华早报》所刊内容对三类术语的同时覆盖情况，构建了中国的EPU指数。主要数据来自国家统计局、中经网宏观月度数据库。再次，利用赵向阳等根据Globe文化指标测度的30个地区文化维度数据，分别检验了不确定性规避、绩效导向、社会导向集体主义、恃强性和权力距离对经济政策不确定性影响保险需求的调节效应。最后，利用多种方法对经济政策不确定性影响保险需求以及地区文化对其影响的调节效应，进行了稳健性检验。

本文主要的边际贡献包括以下两方面。第一，发现经济政策不确定性会对中国的保险市场需求产生稳健性影响。本文不仅从理论上厘清了经济政策不确定性对保险需求的作用机理，还就经济政策不确定性对不同类型保险需求的差异影响进行了实证检验，发现经济政策不确定性增加，会对带有社会保障性质和储蓄功能的人寿险和健康险的影响更大；第二，传统的背景风险理论仅强调了包括不确定性在内的背景风险对保险需求的直接影响，忽略了地区文化差异对背景风险影响保险需求的调节效应。本文拓展了背景风险影响保险需求的理论模型，将地区文化纳入政策不确定性对保险需求影响的研究框架，从风险规避视角解析了地区文化对背景风险影响保险需求的理论调节机制。进一步检验发现，中国各地区的文化对经济政策不确定性影响保险需求的调节效应是存在的。

本文最终检验结果显示：第一，从特定地区的纵向比较来看，经济政策不确定性增加对地区保险需求产生显著正影响。一方面，经济政策不确定性对各地区保险需求的正影响，表明中国居民自身安全感仍然偏低，在面临外生的政策波动时，会倾向购买保险；另一方面，经济政策不确定性增加会导致消费者面临更严重的信息不对称，购买保险的动机增强。第二，从特定时期的横向比较看，经济政策不确定性对保险需求的影响受到不同地区文化差异的制约。第三，当经济政策不确定性上升时，人们更倾向通过购买人身险规避风险，对财产险需求的影响较小。此外，在中国的人身险需求中，受经济政策波动影响最大的是人寿险和健康险，人身意外伤害险受经济政策不确定性的影响较小。

本文的研究与发现具有重要的理论和现实意义。第一，政府应加大对社会保障体系的投入，提升人们承受不确定性的能力；同时中国各级政府部门应积极提升信息披露水平，建立更透明的信息传递渠道，减少经济政策不确定性对人们经济行为的负面影响。第二，量化文化、分析中国不同地区的文化特色，并考察其对人们社会经济活动的实质性影响十分重要。中国经济政策的调整应在充分了解各地区具体文化特色的基础上进行，同时政府应引导培育各地区的避险文化和间接提升人们承担风险能力的其他文化。第三，政府应制定相关激励政策调整保险市场险种结构，引导扩大财产险和人身意外伤害险的市场规模。同时，保险公司的保险产品供给应多元化，加强对财产险和人身意外伤害险的投保宣传和产品设计，促进保险市场的均衡发展。

中国城镇家庭的资产配置与消费行为：理论与证据*

蒋 涛 董兵兵 张 远

刺激家庭消费是宏观政策调控经济的重要渠道，但政策效果依赖家庭消费对收入变化的反应。如果家庭倾向于按照较大比例将增加的收入用于消费，那么对家庭的补贴和减税就可以按照较大比例转化为消费。因此，理解家庭消费行为有助于制定更加有效的消费刺激政策。

家庭消费行为与家庭资产状况密切联系。在家庭消费决策过程中，家庭资产具有应对收入不稳定吸收收入冲击、平滑消费的作用。对于较大的正向收入冲击，家庭会积累资产以避免消费过度；对于较大的负向收入冲击，家庭会减少资产以减少消费下滑。因此，家庭资产调整会弱化收入变化对家庭消费的影响，进而可能抵消宏观政策的刺激作用。传统观点认为，贫穷家庭——即家庭净资产为0或者为负的家庭，由于处在收入难以满足消费的状态，倾向于按照更大比例将增加的收入用于消费。因此，对这类家庭的财政转移支付，可以取得较好的消费刺激效果。但上述观点忽视了家庭资产平滑消费的差异性。根据资产和现金之间转换的难易程度，可以将家庭资产分为流动性资产和非流动性资产。流动性资产提供较低的收益率，但可以便利地与现金相互转换，具备较好的

* 原文刊载于《金融研究》2019年第11期。

作者简介：蒋涛，经济学博士，讲师，西南财经大学中国家庭金融调查与研究中心；董兵兵，经济学博士，助理教授，中央财经大学金融学院；张远，中央财经大学与荷兰蒂尔堡大学金融学博士学位合作教育项目博士生，中国邮政储蓄银行专职专员。

消费平滑作用，这会在较大程度上弱化收入变化对家庭消费的影响。非流动性资产可以提供较高的收益率，但在与现金相互转换方面面临较大的调整成本，难以发挥消费平滑作用，也不会像流动性资产那样弱化收入变化对家庭消费的影响。此外，如房产类的非流动性资产要求最低支付金额，这种限制也会使家庭持有流动性资产的动机可能不是为了平滑消费，而是为购置非流动性资产进行必要的储备，这会进一步弱化收入变化对家庭消费的影响。因此，家庭对流动性资产和非流动性资产的配置不同，表现出来的消费行为也不同。

根据西南财经大学中国家庭金融调查（CHFS）2011年、2013年、2015年和2017年四轮调查数据，本文按照资产配置划分城镇家庭类型。首先，流动性资产定义为现金、银行存款、银行理财产品、股票、基金、债券等金融资产的净值，并减去信用卡负债；非流动性资产定义为房产净值、养老金账户余额、年金账户余额、公积金账户余额、生产经营性资产净值、机动车净值和耐用品净值等资产的总和。数据表明：资产为正的家庭占比超过97%；按中位数计算，家庭资产中流动性资产的占比不超过4%，而家庭非流动性资产中房产净值的占比超过80%；房产净值为正的家庭占比超过87%。其次，通过比较家庭年收入和流动性资产区分月光族家庭与非月光族家庭。这里的家庭收入主要是家庭成员的劳动性收入，不包括通过金融资产、房产等投资渠道获取的财产性收入。月光族家庭是未持有流动性资产的家庭。由于家庭总是在某个时点获取收入并在未来一段时期内逐渐用于消费，不能简单用流动性资产是否为零来判断。因此，我们将流动性资产不超过家庭年收入四分之一的家庭归类为月光族家庭，剩余的为非月光族家庭。根据这个标准划分的各类家庭占比最接近根据消费是否超过收入划分的各类家庭占比。最后，将房产净值大于零的家庭归类为富裕家庭，剩余的为贫穷家庭。这里用房产代表非流动性资产，原因是房产是城镇家庭最主要的非流动性资产。

总的来看，上述两条分类标准将城镇家庭分为四类：既未持有流动性资产又未持有非流动性资产的贫穷月光族家庭，未持有流动性资产但持有非流动性资产的富裕月光族家庭，持有流动性资产但未持有非流动性资产的贫穷非月光族家庭，既持有流动性资产又持有非流动性资产的富裕非月光族家庭。这四类家庭在城镇家庭中普遍存在，平均占比分别为6.8%、36.7%、6.6%和49.9%。2011年至2017年这四类家庭的占比略有变化。贫穷月光族家庭的占比从8.5%下降到6.5%，富裕月光族家庭的占比从37.7%下降到35.7%，贫穷非月光族家庭的占比从7.3%下降到6%。富裕非月光族家庭的占比从46.6%增加到51.5%。从四类家庭保持自身状态不变的情况来看，富裕家庭比贫穷家庭更容易保持自身状态不变。贫穷月光族家庭有24.6%至39.9%的可能保持自身状态不变，贫穷非月光族家庭有34.3%至54.3%的可能保持自身状态不变，富裕月光族家庭有45.9%至52.2%的可能保持自身状态不变，富裕非月光族家庭有60.1%至73.9%的可能保持自身状态不变。

四类家庭的消费行为明显不同。从消费收入弹性来看，富裕非月光族家庭为8.5%，与之相比，贫穷月光族家庭显著高4.4个百分点，富裕月光族家庭显著高5.9个百分点，而贫穷非月光族家庭显著低2.7个百分点。从暂时性收入冲击的边际消费倾向来看，富裕非月光族家庭为0.045，与之相比，贫穷月光族家庭为0.069，富裕月光族家庭为0.09，而贫穷非月光族家庭仅为0.01。

本文的结论政策含义如下。第一，消费刺激政策需要更加具有针对性。本文发现，家庭资产配置差异会影响家庭消费行为。在区分的四类家庭中，富裕月光族家庭不仅占比高而且消费意愿最为强烈。对于相同规模的转移支付或者减税，这类家庭将会产生更大规模的消费。第二，刺激消费需要各项政策相互配合产生合力。长期以来，由房价增长带来的房产回报率较高导致家庭更倾向于将增加的收入投资住房资产而不是消费。

因此，在房价稳定情况下，转移支付或者减税政策可能会取得更好的消费刺激效果。当然，房价增长通过家庭资产配置影响家庭消费的作用机制，仍有待进一步研究。

移动支付对家庭货币需求的影响*

——来自中国家庭金融调查的微观证据

尹志超　公雪　潘北啸

目前，“去现金化”成为现金管理领域的热点问题。电子支付方式的使用，有效减少了假币监管、运输以及印钞等现金管理活动所消耗的人力、物力成本，改变了传统现金交易安全性差、时空约束强、资源浪费多等问题。电子支付作为可追溯性支付工具，可防止使用现金进行的逃税、腐败等违法犯罪行为，减轻金融机构和相关监管机构的反洗钱压力。因此，非现金支付有助于降低社会交易成本、维护社会秩序稳定，从而提高社会运行效率。

我国的电子支付虽然起步较晚，但发展迅速。1985年我国出现第一张信用卡，1998年有了网上银行，2002年成立了银行卡清算组织，2003年支付宝诞生，2014年出现微信支付，至此，我国的电子支付体系形成了一个由银行卡支付、互联网支付、移动支付所构成的完整体系。目前，移动支付已成为家庭日常消费中最重要的支付工具之一。根据易观发布的《中国第三方支付移动支付市场季度监测报告》，2019年第三季度我国移动支付的季度活跃用户规模达到了7.4亿人次，相较上一季度增长2.4%。支付宝和微信支付等移动支付工具兼具流动性与收益性，一方面

* 原文刊载于《金融研究》2019年第10期。
作者简介：尹志超，经济学博士，教授，首都经济贸易大学金融学院；公雪，金融学博士，首都经济贸易大学金融学院；潘北啸，金融学博士，首都经济贸易大学金融学院。

对传统的支付方式造成冲击；另一方面，其理财工具为家庭提供了更多的持币方式选择，在一定程度上替代了储蓄存款。

在此基础上，本文运用来自西南财经大学 2017 年在全国范围内开展的第四轮中国家庭金融调查（CHFS）数据，基于鲍莫尔－托宾模型研究了移动支付对家庭货币需求的影响。为克服移动支付的内生性，本文选取工具变量，用两阶段最小二乘法（2SLS）进行实证估计。

本文的主要研究结论有以下几方面：第一，移动支付导致家庭现金在金融资产的占比下降 25.0%，对其他层次的货币需求也有显著的负向影响，M_1 占比下降 36.1%、M_2 占比下降 21.7%，表明移动支付的使用减少了家庭不同层次的货币需求。本文还发现，交易成本代理变量和移动支付的交叉项系数显著为负，这表明，交易成本变化是导致移动支付影响现金需求的重要渠道。进一步，本文用分位数回归发现，移动支付对预防性货币需求的影响大于交易性货币需求。

第二，移动支付对货币需求的影响在不同的年龄水平、教育水平、城乡地区、东中西部地区和不同城市之间存在显著差异。移动支付对老年家庭 M_0 及 M_1 占比的负向影响更大。对户主学历水平较低的家庭，移动支付对其 M_0、M_1 占比的负向影响也相对较大，但对其 M_2 占比的负向影响相对较小。此外，本文还发现城市发展程度对移动支付作用的发挥至关重要。

第三，我们分别分析了拥有借记卡、贷记卡，使用银行卡支付、电脑支付对现金占比的影响，估计系数全部显著为负。这说明，支付方式的变革已经给家庭的持币行为带来了深刻的影响。

本文的创新之处主要体现在以下几个方面：首先，从微观角度入手，研究了移动支付对家庭货币需求的影响。其次，根据人民银行的货币层次统计标准，定义了家庭的 M_0、M_1、M_2，并以此来度量家庭的货币需求。最后，分析了交易成本对现金需求的影响，证实了鲍莫尔－托宾模型的结论。需要指出的是，本文主要从交易成本与持币动机角度解释了移动支付影响货币需求的原因，更多深层次的原因需要进一步的探索。

总的来看，移动支付的使用极大节约了纸质货币的监管、磨损、运输等费用，降低了现金交易中可能产生的假币欺诈、抢劫等犯罪风险。移动支付的出现显著改变了人们的支付习惯，仅需携带手机就可以完成大部分的支付，简化了支付行为。但同时也需注意到，因为移动支付的网络化、无形化以及可能存在的技术安全隐患，使得移动支付存在风险并且传播十分迅速。风险一旦发生，将会迅速通过网络扩散，甚至引发全局性、系统性的金融风险。为规范移动支付使用行为，更好地发挥移动支付的作用，提出如下建议。

一是充分发挥移动支付优势，降低移动支付交易成本。支付平台、监管部门及用户形成合力，共同着力打造良好有序的支付环境。支付平台可进一步加强平台安全性建设，提高风险识别能力和交易效率。监管部门可着力优化交易环境，降低金融交易成本。用户应加强自身金融素养，提高警惕，防止发生网络欺诈。

二是优化落后地区支付环境，充分发挥移动支付普惠功能。支持移动支付在农村地区、三线城市等相对落后地区的发展，加大宣传普及力度，在技术、政策等方面给予支持，例如通过移动支付账户发放助农补贴、政策款项等。提高这些地区家庭对移动支付的接受程度，进一步发挥移动支付借贷、理财等作用。

三是完善监管框架，适应移动支付环境新变化。移动支付行业的主要风险在于非法商户、账户盗用、欺诈交易等。建议对原有支付监管规则进行适当调整，可重点围绕上述风险制定与执行新的政策，要求机构加强个人信息保护、大数据风控等能力建设，力求为交易提供可追溯记录，从而提高经济效率、规范现金管理秩序，减轻金融机构和相关监管部门的反洗钱压力，抑制腐败行为，推动“去现金化”社会建设，推进普惠金融发展，提高全民福祉，促进共同繁荣。

社会互动对家庭商业保险参与的影响*

——来自中国家庭金融调查（CHFS）数据的实证分析

李 丁 丁俊菘 马 双

保险作为现代金融业三大支柱之一，在经济补偿、资金融通和社会管理等方面发挥着重要作用，被称为现代社会经济发展的“守护神”。随着我国社会主义市场经济体制的日益完善以及社会主体对风险管理要求的不断提高，作为保险业重要组成部分的商业保险，在我国现代社会经济中的地位也日益重要。2014年，《国务院关于加快发展现代保险服务业的若干意见》提出“把商业保险建成社会保障体系的重要支柱”，充分肯定了商业保险在完善多层次社会保障体系中的重要地位和作用。

自20世纪80年代初期重新恢复保险业务以来，我国商业保险市场经历了近40年的快速发展，商业保险保费收入从1980年的4.6亿元增加到2017年的36571亿元，成为世界第二大保险市场。虽然从总量上来看我国已经是保险大国，但从衡量保险业发展质量的保险深度和保险密度来看，我国保险业发展水平仍处于初级阶段。2017年我国保险深度和保险密度分别为4.42%和389.7美元，仍大幅低于2016年6.28%和638.3美元的世界平均水平。

究竟是什么原因导致我国商业保险发展仍旧处于初级阶段？现有文

* 原文刊载于《金融研究》2019年第7期。
作者简介： 李丁，管理学博士，副教授，西南财经大学发展研究院；丁俊菘，博士研究生，复旦大学社会发展与公共政策学院；马双，经济学博士，教授，广州大学经济与统计学院。

献认为，居民的有限参与是导致我国商业保险业大而不强的重要原因之一，因此探讨影响居民商业保险参与的因素就成为破解有限参与难题的关键。目前，关于影响家庭商业保险决策因素的研究主要集中于家庭经济状况、人口特征因素、金融知识、风险偏好等方面，对于社会互动对家庭商业保险参与行为影响的研究相对较少，且至今还未取得一致结论。近年来，学术界越来越关注社会性因素对个体金融决策行为的影响。与其他金融决策行为类似，居民在进行商业保险购买决策时同样会受到其与社会群体成员之间社会互动程度的影响。由于人不是孤立存在的个体，人的社会性决定了其需要通过有选择的社会互动来满足生活需求，因此，探讨社会互动对家庭商业保险购买决策的影响，特别是在我国这种重视“关系”的传统社会中，显得尤为必要。

鉴于此，本文运用中国家庭金融调查（CHFS）数据，深入研究了社会互动对家庭商业保险参与的影响及其作用渠道。首先，通过选取和社会互动相关的 8 个变量，采用迭代主因子法进行因子分析，构建了一个综合的社会互动指标。其次，利用 Probit 模型和 Tobit 模型就社会互动对家庭商业保险参与可能性与参与程度的影响进行了实证分析，并通过金融知识和商业保险信任度等变量验证了社会互动影响家庭商业保险参与行为的两种作用渠道，即内生互动渠道和情景互动渠道。再次，通过选取除本家庭之外的社区平均社会互动作为工具变量，克服了社会互动可能存在的内生性问题，并进行了异质性分析和稳健性检验。最后，利用 2013—2015 年中国家庭金融调查追踪数据，解决了可能存在的因社会互动与家庭商业保险购买时间不一致而产生的逻辑问题。本文研究结果表明，社会互动显著提高了家庭商业保险参与的可能性与参与程度，且在缓解内生性问题之后，这种促进作用依然显著；作用机制方面，内生互动和情景互动都显著促进了家庭商业保险的参与行为。此外，异质性分析表明，社会互动对于东部和中部地区、中等学历、高收入水平、低参与率社区中家庭的促进作用更大。

本文的主要创新之处体现在以下四个方面：第一，利用中国家庭金融调查（CHFS）数据揭示了社会互动对家庭商业保险参与行为的影响，该调查数据涉及到全国29个省（自治区、直辖市），28000多户家庭，具有较强的代表性，避免了之前的研究缺乏对我国居民保险参与情况总体把握的弊端；第二，采用迭代主因子法进行因子分析，构建了一个综合的社会互动指标，解决了单一变量不能准确刻画社会互动的难题；第三，验证了社会互动对家庭商业保险参与行为的两种作用渠道，即内生互动渠道和情景互动渠道，从实证分析角度更加透彻地理解了社会互动对家庭商业保险参与行为的作用机制；第四，通过构造工具变量以及利用2013—2015年中国家庭金融调查追踪数据，基本解决了由内生性问题和时间不一致问题对回归结果造成的偏误。

本文的研究为我国商业保险市场的发展提供了一个全新的社会特征视角，完善和推动商业保险市场的发展不应只局限于经济因素，居民的社会特征也是其中重要的影响因素。因此，有关部门应重视社会互动在促进保险业发展中扮演的角色，充分发挥内生互动机制在降低参与者参与成本、提高主观效应进而促进家庭商业保险参与方面的积极作用，同时进一步规范我国保险市场，加强保险业诚信建设，改善保险业的信用环境，提升民众对商业保险的信任度，缓解和消除情景互动机制可能存在的负面效应，从而提高我国居民参与商业保险的深度和广度，推动我国商业保险市场的健康快速发展。

家庭社会网络与就业质量*

——基于2009—2015年“全国高校毕业生就业状况调查”数据的分析

封世蓝　谭　娅　蒋　承

“就业优先”作为国家“十三五”时期经济发展的政策保障，是关乎民生的头等大事。党的十九大报告明确指出“就业是最大的民生”，必须“坚持就业优先战略和积极就业政策，实现更高质量和更充分就业”。已有研究发现，家庭社会网络在职业搜寻过程中发挥着重要作用，不仅影响着工作搜索过程中的信息获取，而且与求职者的就业质量密切相关，但其如何从宏观机制上影响个体和社会的就业质量，在理论上并没有得到详细的讨论。一方面，家庭的社会网络作为个体人力资本的补充，有利于促进劳动者就业，改善个人福利。另一方面，家庭的社会网络可能影响劳动者专业与岗位的匹配程度，从而可能对宏观要素配置效率产生不利影响。

本文的贡献主要体现在以下几方面：第一，将家庭社会网络引入内生贴现因子的理论框架中，综合分析了家庭社会网络对就业质量的作用机制，从理论角度刻画了家庭积累社会网络的就业动机，补充了社会网络积累领域的理论研究。第二，综合探讨就业质量的两个重要维度，即

* 原文载于《金融研究》2019年第10期。

作者简介：封世蓝，经济学博士，助理教授，研究员，北京大学马克思主义学院/北京大学习近平新时代中国特色社会主义思想研究院；谭娅，经济学博士，北京大学光华管理学院；蒋承，经济学博士，副教授，北京大学教育学院。

衡量个人效用的就业满意度和与宏观要素配置效率密切相关的就业匹配度，将微观福利和宏观效率之间的权衡纳入同一分析框架中，更全面地分析了家庭社会网络对就业质量的影响。第三，深入挖掘家庭社会网络对就业质量的影响渠道和产生机制，探讨了家庭社会网络对毕业生求职的直接影响，并进一步分析了家庭社会网络通过作用于子女高等教育期间的学业经历而对就业质量的间接影响。

理论研究部分，在 Becker 和 Mulligan（1997）内生贴现因子 OLG 模型基础上引入家庭社会网络积累决策，家庭社会网络积累一方面通过影响贴现因子直接影响个体效用，另一方面通过影响进入不同收入水平行业的概率分布作用于个体效用，基于模型求解和数值模拟发现，就业劣势专业对最优家庭社会网络积累量要求更高。这是由于社会网络相对广泛家庭的子女进入高收入行业就业的概率更高，即使广泛社会网络家庭的子女选择非就业优势专业，其仍旧可以进入高收入行业就业。进一步的理论研究发现，更广泛的社会网络能够很大程度上弥补子女专业的就业劣势，考虑到就业优势专业的报考难度更高，这些家庭的策略是更为分散地选择录取概率更高的专业，而在就业时帮助子女以更高的概率进入高收入行业，这会显著提高子女的就业满意度，但是显著降低其就业匹配度。

本文在实证研究的过程中，采用时间跨度长、调研覆盖广的2009—2015年“全国高校毕业生就业状况调查”数据，基于有序 Probit 模型对理论模型假说进行了检验。研究发现，家庭社会网络积累量与就业匹配度显著负相关，与就业满意度显著正相关。同时，从家庭社会网络能够促使毕业生进入高收入行业、获得高质量实习机会和获得转专业机会三个渠道检验该结果的主要产生机制，社会网络更广泛的家庭会选择相对更容易被录取的非热门专业，其专业选择更为分化。而在职业选择时，家庭社会网络的作用使其集中于高收入行业，虽然“专业分散、行业集中”的就学与就业特征降低了其就业匹配程度，但集中在高收入行业就业显著提高了其就业满意度。此外，家庭社会网络积累量对就业匹配度的负向影响可以部分由实习经历所解释。家庭社会网络积累量对就业满意度的正向作用可以部分由大学期间的转专业决策所解释。

进一步地，从社会网络的时间趋势、作用范围、使用强度和地理限制四方面分别进行稳健性检验，主要发现以下四个特点：第一，家庭社会网络对就业质量的边际影响随着时间的推移，有逐渐减弱的趋势；第二，家庭社会网络更广泛的家庭，社会网络对就业质量的作用更强，而当家庭社会网络缺乏时，社会网络对就业满意度的影响并不显著；第三，家庭在使用社会网络时，对儿子和女儿使用社会网络的强度没有显著差异，但多子女家庭对单个子女使用社会网络的强度会被子女数量稀释，低于独生子女家庭；第四，家庭社会网络受到地理范围的限制，并且会影响大学所在地和就业地决策，家庭社会网络越广泛，子女就读大学地点平均距离家庭所在地越近，子女就业地点平均距离家庭所在地也越近。但其对就业质量的影响并没有随着地理距离的增加而减弱，随着就业地与家庭所在地的距离增大，家庭社会网络积累量对就业匹配度的负向影响进一步增强，对就业满意度的正向影响也有所增强。

综上所述，从微观角度来看，在短期内，家庭社会网络的确提高了毕业生的就业满意度，改善了个体的福利。但从宏观角度来看，家庭社会网络导致的就业匹配程度下降可能会影响人力资源配置效率，进而影响劳动生产率。本文结合中国劳动力市场现状，揭示了家庭社会网络对就业质量的综合影响及其作用机制，特别是其短期内对就业匹配度产生的负面影响，为完善就业促进政策提供了新的理论支持，有助于推动我国向“人才强国”进一步迈进。

干得好不如嫁得好 *

——房价变动与居民婚姻观念研究

赵文哲　刘思嘉　史宇鹏

近些年来，房价的快速增长成为中国经济的一个普遍现象。从 2002 年到 2016 年，我国平均房价从 2291 元 / 平方米升至 7476 元 / 平方米，其中，35 个大中城市的房价增速更快，特别是北上广深等一线城市。此时，房价的任何波动都会对人们的日常生活和行为产生显著影响。对中国人来说，房产是家庭最重要的财产之一，房价的快速攀升意味着家庭财富的大幅增长，而这无疑会对个人决策和社会态度产生重要影响。一方面，房价变化会通过财富效应影响人们的劳动参与。已有研究发现，房价升高会降低已婚女性的劳动参与率，但对男性和未婚女性并没有显著的负向影响。另一方面，房价波动会影响人们的婚姻选择。一些研究发现，房价升高会降低初婚率，并提高离婚率。中国传统文化历来有重男轻女的观念，例如“男主外、女主内”“男怕入错行、女怕嫁错郎”等观念都在一定程度上反映了人们潜意识中认为女性应更重视婚姻，因而“干得好不如嫁得好”这种观念会在人们的婚姻决策中发挥着重要作用。中国婚姻家庭研究会发布的“2010 年中国城市婚恋观念与方式调查报告”显示，在全国 3 万多个家庭中，高达 70% 的受访者明确认为“干得好不如嫁得好”。而一些学者发现，

* 原文刊载于《金融研究》2019 年第 9 期。

作者简介： 赵文哲，经济学博士，副教授，中央财经大学经济学院；刘思嘉，经济学硕士，云南省能源投资集团有限公司；史宇鹏，经济学博士，教授，中央财经大学经济学院、中央财经大学全球经济与可持续发展研究中心。

在2010年，对“干得好不如嫁得好”的认同度相对于2000年有显著升高，并且这是一个适用于所有人群的普遍现象。许多文献从女性心理学和社会环境角度来分析为什么人们会认同“干得好不如嫁得好”这种传统观点，但是上述大多数文献并没有从人们对工作与婚姻之间的权衡角度看待“干得好不如嫁得好”这一观念，更没有涉及权衡背后的经济理性因素。本文尝试从房价的角度来分析人们对“干得好不如嫁得好”的观念认同度，并分析这种观念变化如何影响人们对于劳动与婚姻的权衡决策。

作为一个理性人，婚姻与工作之间的权衡决策必须考虑到经济因素，例如房价的波动。从经济因素来讲，房价水平体现了一个地区居住的生活成本以及收入水平，因而房价波动反映了人们对未来预期的不确定性：房价波动越大，人们对未来预期不确性越大。房价升高一方面意味着家庭名义财富的增加，另一方面也意味着未来预期购房支出的增加。因此，房价升高能够通过两条渠道影响人们在婚姻和工作之间的权衡：一是财富效应，随着房价快速升高，拥有住房的个人名义财富会快速升高，由于个人规避未来不确定性的动机会下降，房价升高会使得人们更倾向于工作；反之，没有房产或者房产较少的人通过婚姻规避风险的动机反而会有所增强。二是预算约束效应，由于房价升高意味着未来会有大笔购房支出，这将会对收入较低或者负债较高的人产生较大压力，因而房价升高会使得人们更倾向于选择婚姻来规避未来不确定性造成风险。

本文基于中国综合社会调查系统（CGSS）2010年和2015年的调查数据进行分析，考察房价升高是否会影响人们对婚姻与工作之间的权衡。我们用问卷中对 “干得好不如嫁得好”这一观念的认同感来刻画人们在婚姻与工作之间的权衡，房价波动用最近三年房价实际平均增长率来刻画，同时还用房价收入刻画房价水平。基准回归显示，房价增长越快，人们越倾向于认同“干得好不如嫁得好”，并且这一结果是稳健的。进一步分析显示，女性、未婚女性、已婚女性、女性流动人口、城镇户籍女性以及拥有更多女儿的人在房价升高时对“干得好不如嫁得好”有更高的认同感，这可以解释为这类人在工作与婚姻的权衡中更倾向于通过婚姻来应对未来不确定性产生的风险。最后，我们检验了财富效应和预算约束效应两个机制。根据住房的产权归属以及房产数量对样本进行分类，检验财富效应是否成立。我们发现，房价的快速升高会使住房产权较弱的女性更加认同“干得好不如嫁得好”这一观念；同时还发现，女性拥有的房产数量越少，对“干得好不如嫁得好”就越认同。这验证了“财富效应”的机制：财富越少，房价预期增长产生的不确定性也越强，女性更容易选择婚姻作为抵御不确定性的手段。接下来，按照家庭经济地位分样本进行回归来检验预算约束效应，结果显示，房价升高导致家庭经济地位较低的女性更加认同“干得好不如嫁得好”， 这是由于在房价快速升高的时候其面临更强的预算约束，因而这类群体更倾向于通过婚姻来抵御房价升高造成的未来不确定性。

即使“干得好不如嫁得好”这一观念具有传统文化的根源，房价等经济因素也会显著影响人们对这一传统观念认同度。本文的主要贡献是首次分析了房价与婚姻观念的影响，并讨论背后可能的两种影响机制：财富效应和预算约束效应。近年来，我国城市化快速推进，在这个过程中城市房价不断升高。随着城市房价水平的升高，人们面临的未来不确定性增强，越来越多的年轻女性期望通过婚姻来规避房价升高造成的不确定性风险，这对劳动力市场将产生较大压力，可能会使女性劳动参与率下降。另外，房价对于“干得好不如嫁得好”观念的影响主要体现在女性上，男性则体现出相反的态度，在房价快速增长时，男性反而更不认同“干得好不如嫁得好”。这意味着房价的升高可能会造成男性为了工作而推迟婚姻，从而导致我国未来生育率进一步下降。

09　公司治理与公司金融

投资银行—机构投资者关系、“捧场”与IPO中的利益问题*

邵新建　王兴春　贾中正　廖静池

2017年党的十九大报告明确提出“深化金融体制改革，增强金融服务实体经济能力，提高直接融资比重”。直接融资中最重要的金融中介机构是投资银行，其核心功能之一就是帮助有融资需求的企业寻找到可以与之匹配的投资者，协助前者通过发行证券等方式完成面向后者的融资。在此过程中，投资银行所构建的投资者关系网络有重要价值。那么，投行—机构投资者之间的关系能否显著影响证券的发行、定价？如果答案是肯定的，这一关系对证券发行、定价、分配等环节的具体影响机制如何？已有文献对这些问题还缺乏系统的实证研究，一个重要的原因在于衡量投行—机构投资者之间关系的数据可得性相对较差。因为关系看不见、摸不着，要一般性的测度投行与投资者之间的关系强度需要完整准确地记录二者之间的交易过程。

中国独特的新股发行体制为研究投行—机构投资者关系如何影响股票发行、定价的内在机制提供了良好的制度背景。2009年至2014年2月，证监会放开了对IPO新股定价的行政管制，由负责承销的投资银行（承

* 原文刊载于《金融研究》2019年第11期。

作者简介： 邵新建，经济学博士，教授，对外经济贸易大学国际经济贸易学院；王兴春，金融数学博士，副教授，对外经济贸易大学国际经济贸易学院；贾中正，经济学博士，助理研究员，中国社科院世界经济与政治研究所；廖静池，管理学博士，研究员，深圳证券交易所综合研究所。

销商）根据机构投资者的报价情况制定发行价格。基于完整的询价数据，我们可以准确地观测到投行与询价机构之间的交易互动过程。

本文首先提出了一种新的测算动态关系强度的方法，该方法综合考虑了机构对特定投行所承销IPO的询价参与以及报价水平两个维度因素。其次，本文通过理论假说和实证检验细致刻画了投行—机构投资者的关系对于新股发行、定价、分配的内在影响机制，结果发现，投资银行能够通过其与机构投资者之间的长期关系有效解决IPO理论文献所提出的“投资者参与的不确定性问题”，机构与投行的关系越强，其“捧场”参与后者承销的IPO询价过程的可能性越高；投行能够驱动关系机构投资者针对其所承销的IPO给出符合其估值暗示的高位报价；关系机构投资者的报价显著提高了新股发行价格，增加了投行的承销收入；但当新股交易价在长期内逐渐向其内在价值水平收敛时，得到关系机构投资者“捧场”支持越多的IPO，股价长期收益率越低。最后，投行—机构投资者的关系在本质上是互惠的，投行获得新股分配权力后，它明显倾向于将新股抑价发行带来的巨大利益分配给在前期捧场的关系机构投资者，具体而言，二者的关系越强，机构投资者的报价被认定为“有效报价”的概率越高，而一旦被认定为有效报价，关系机构投资者的新股需求将会被优先满足。

本文的可能边际贡献有以下几点：第一，从IPO文献来看，本文揭示了一种新的IPO利益分配机制。传统文献假设承销投行与发行人之间存在委托代理问题，投行相对IPO内在价值会压低发行价格，然后利用自己的股票配售权力将抑价新股分配给关系投资者，以此来交换关系投资者对投行的利益反馈（如基金支付的佣金），这实际损害了发行人的利益。但本文基于投行获得的承销收入与发行价格正向挂钩的事实，认为在新股定价问题上，投行与发行人之间并不存在严重的委托代理问题，二者的利益是紧密捆绑的；与有关研究委托代理的文献恰恰相反，本文证实投行有内在动机驱动关系机构投资者给出高位报价，帮助发行人获得更高的发行价格和融资收入。投行对“捧场”机构投资者的回馈可以是跨期完成的，即一旦投行获得新股分配权力，它们倾向于将新股抑价利益分配给在前期给予其“捧场”支持的关系机构投资者。第二，本文基于询价参与和报价水平两个维度提出了测算投行—机构投资者关系的新方法，与此相比，主流文献基于佣金支付数据测算的关系仅能覆盖投行与诸多机构中的一类——基金之间关系。本文的方法能够测算参加过IPO询价的全部类别的机构投资者与承销投行之间的关系强度，其覆盖的机构类别更加广泛；进一步，相对于仅仅考虑参与频率的方法，本文还同时考虑机构投资者报价水平是否符合承销投行的暗示和期望，这将有助于提升关系测度的准确性。

本文的研究具有重要的政策意义。自2005年以来，中国IPO新股发行主要采用询价定价制，承销商在该体制下未获得新股配售权，新股分配遵循的是“价高者得之”的规则，因此这种体制在严格意义上应该被归为IPO拍卖定价制。这种制度的显著优点是公平性。然而主流文献认为在IPO拍卖定价制下，由于承销投行不具备新股分配权力，无法使用该权力有效激励机构投资者参与生产新股价值信息的活动，这将使IPO拍卖定价制下出现内生的“投资者参与发行的不确定性问题”，进而显著降低IPO拍卖定价制的定价效率。但本文基于中国式IPO拍卖定价制的研究证实，承销投行实际可以运用其与机构投资者的长期关系有效解决拍卖制下的“参与不确定性问题”。这意味着，投行所构建的与诸多机构投资者之间的关系网络在某种程度上可以替代承销商新股配售权力。反过来，本文的研究也说明，一旦赋予承销商新股分配权力（美国式询价制的核心要素），其将有强烈的内在动机将新股抑价利益分配给关系投资者。无论是站在公平角度，还是从定价效率出发，如果考虑到承销投行—机构投资者关系的作用，IPO拍卖定价制的运作效率并没有主流文献所判断的那么糟糕。具有中国特色的IPO询价制实际为国际资本市场提供了一种足以与主流的美式询价制相媲美的新方案，它在定价效率上并不显著输于后者，但是在公平性上却远胜于利益输送问题泛滥的后者。

同行业间避税与企业的战略反应*

——来自我国A股上市公司的经验证据

李青原　刘叶畅

近年来，中国税收收入保持平稳增长。2019年1–6月，全国税收收入92424亿元，同比增长0.9%，占一般公共预算收入的比重为85.70%。在当前经济面临下行压力的情况下，税收是国家实行财政政策调节经济的强有力的工具。但对于企业尤其是非国有企业而言，税收支出会加大企业的经营压力，因此在面临较为严峻的市场环境情况下，大多数企业普遍存在着降低税负的动机，企业避税方式日趋多样，引发广泛关注。与国外近两年大量关于同行业企业间避税行为的研究相比，国内大部分关于企业避税的影响因素的研究都集中在管理层特征等企业内部因素或宏观经济周期变化等外部因素，鲜有文献从同行业企业避税行为间影响的角度来研究企业的避税行为。

本文借鉴了博弈论、行为经济学等相关研究中战略反应在企业决策中的作用，即经济主体的决策不是孤立的，而是考虑了同行业中其他经济主体的预期行为。在战略环境中，企业的最优决策被视为一条描述企业对其同行业竞争对手预期行为的最佳反应的曲线，若企业作出与其同行业竞争对手预期行为相反的决策，这些决策被称为“战略替代”；若

* 原文刊载于《金融研究》2019年第10期。

作者简介： 李青原，会计学博士，教授，武汉大学经济与管理学院；刘叶畅，会计学硕士研究生，武汉大学经济与管理学院。

企业作出与其同行业竞争对手预期行为相同的决策，这些决策被称为“战略互补”。本文借鉴国际通用的方法识别企业的战略反应，以2007年至2016年中国A股上市公司的数据为样本，运用计量经济学方法，发现在民营企业中同行业企业的避税行为之间存在战略互补效应，即同行业竞争者避税行为更激进，民营企业也会采取更激进的避税方式，反之亦然。但在国有企业中，并不存在这种显著的战略反应。随后探究战略互补的可能机制，发现“领导者－追随者”理论是解释同行业中企业避税行为之间的战略互补效应的理论机制之一。行业中规模更大的企业即行业领导者通常会有更多的资源和激励来搜集关于最佳避税的内幕信息或进行政治游说，小规模的企业可能会观察其同行业更大规模企业的避税行为来推断这些内幕信息，从而作出避税决定。进一步发现，地理距离衰减有利于同行业信息收集的低成本，导致同行业战略互补效应更强，即企业避税政策模仿具有“本地偏好”。最后，本文通过“证伪实验”等方法增强本文结论的稳健性。

本文的贡献主要体现在三个方面。首先，本文揭示了同行业竞争者避税行为是企业避税行为的重要影响因素，对影响企业避税行为因素研究作出了一定的贡献。其次，本文从地理距离这个角度解释了企业避税间的战略互补效应，拓展了国内外相关研究的理论机制。最后，本文研究发现企业的决策制定受到其同行业竞争者决策的影响，不仅是通过社会互动，还可能直接受到其同行业竞争者的行为影响。本文具有潜在的政策含义，即旨在限制或减少行业中一部分企业避税的政策，可能会通过本文所提示的战略反应，在无意中影响同行业中不受该政策影响的竞争对手的避税行为。

针对同行业民营企业避税行为之间存在战略互补效应，“领导者－跟随者”理论可能是战略互补效应的作用机制，并进一步发现企业避税政策模仿具有“本地偏好”。本文提出以下三点建议。

一是要关注非国有企业的纳税情况。对国有企业而言，因实际控股人是中央和地方政府，而政府主要目的是发展经济、保证就业、维护社会稳定和保证税收，因此国有上市公司通常会足额缴纳税收。此外，国有企业因与政府具有天然的联系，使国企更容易获得银行贷款和政府补贴，而不必通过大量的避税活动筹集资金。因此，非国有企业往往会比国有企业更多地参与避税活动，同时由于行业间战略互补效应，造成较大的税收损失。据此，税务机关在进行税务稽查时可重点关注非国有企业，但国有企业也可能存在避税行为，因此也要结合企业的其他特征进行税收征管。

二是要关注行业中“领导者”企业的涉税行为。由于行业领导企业的涉税行为具有一定的“社会乘数效应”，可能通过同行业间相互模仿而放大其效应，因此税务机关要定期对该类企业进行税收检查和税务指导工作，从而将有限的稽查能力和税收征管力量集中，实现“重点突破”。基于“领导者 – 跟随者”理论，规模较小的企业会以规模较大的企业作为参照，实现“1+1>2”的政策效果。此外，由于行业领导者企业盈利能力较强，一旦成功避税收益巨大，对税务机关而言，一旦查处此类企业的避税行为，也能收到较大的罚款和补缴税款。因此，重点关注行业领导者企业，有利于提高税务机关的稽查效率，减少税收流失。

三是要加快市场一体化改革，推动经济健康发展。同行业同地区的企业因为信息收集成本更低，战略反应更显著，不同地区之间避税成本会有所不同，这会降低整体经济的协调发展。因此，本文认为要规范各地区间恶性的税收竞争，优化地区间的经济发展环境，打破市场分割的地方保护主义，大力提高市场在资源配置中的决定性作用，提供均等的公告服务和社会保障，实现各要素之间的自由流动，加强要素市场发展和法律制度环境等方面的推进作用，形成以市场激励为主、政策激励为辅的多元经济激励体系。

环境污染曝光与公司价值*

——理论机制与实证检验

唐 松 施 文 孙安其

改革开放以来，中国经济获得了持续高速增长。与此同时，一个不容忽视的事实是，在以往“粗放式增长”的发展模式下，中国的环境问题日益严重，并制约着经济的可持续发展。层出不穷的环境污染事件给整个社会带来了显著的负面影响，环境问题日益受到整个社会的高度关注。在此背景下，2012 年党的十八大报告首次提出建设“美丽中国”，将环境保护和治理工作放到突出地位。2017 年，党的十九大报告指出“特别是要坚决打好防范化解重大风险、精准脱贫、污染防治的攻坚战”。企业是经济活动的重要参与主体，同时也是环境污染的主要实施主体之一。因此，从微观企业层面了解环境污染对企业产生的经济后果及作用机制对于环境治理具有重要的现实意义。国外学者较早就对此问题展开了研究，但迄今尚未得出一致结论（Cormier 等 1993；Karpoff 等 2005）。同时，与西方国家相比，中国企业承担的环境责任以及面临的政府环境监管和执法要求具有较大差异。

现实中，环境污染事件曝光会对污染企业产生较大影响，从而为研究环境污染与公司价值之间的关系提供了良好的视角。因此，本文基于

* 原文刊载于《金融研究》2019 年第 8 期。

作者简介： 唐松，会计学博士，教授，上海财经大学会计学院；施文，会计学博士，中央结算公司上海总部研发部；孙安其，会计学博士，上海证券交易所上市公司监管一部。

中国上市公司环境污染曝光事件，考察污染事件曝光后，相关利益方（例如政府、银行、公众、投资者）对此可能作出的反应以及利益相关方之间的互动对污染企业价值的影响以及这些影响的具体路径和异质性。具体看，本文依次考察以下几个问题：（1）环境污染事故曝光后公司价值是否会下降？（2）如果污染曝光后公司价值会下降，环境污染曝光对公司价值产生影响的具体作用机制是什么？（3）环境污染曝光对公司价值的负面后果在不同地区之间以及时间序列上是否存在异质性？

本文以国泰安数据库（CSMAR）中的“上市公司新闻数据库”为基础，通过关键词检索和交叉核验的方式确定出我国2005—2015年曝光的71起上市公司环境污染事件。首先，以这些公司为样本，采用事件研究法从市场反应的角度考察环境污染事件曝光对公司价值的影响。检验发现，上市公司环境污染事件曝光后，公司价值显著下降。具体来看，在上市公司环境污染事件曝光当天，公司市值平均下跌1.51%。其次，从政府监管和债务融资两个角度分析环境污染曝光影响公司价值的作用机制。研究发现，与污染事件曝光前相比，上市公司在环境污染事件曝光后，更容易受到政府的环保监管和处罚，获得银行债务融资也变得更加困难；同时，政府环保监管以及债务融资水平的变化与污染事件曝光窗口期内公司股票的累计超额收益率显著相关，表明投资者理性预期到环境污染事件对公司的不利后果并作出负面反应。最后，本文考察了环境污染曝光对公司价值的负面后果在不同地区之间以及时间序列上是否存在异质性。研究发现，污染事件曝光后政府监管力度的上升在公众环保需求较高的地区以及2010年政府环保政策趋严后更为明显，而债务融资的减少则出现在所有地区以及2010年政府环保政策趋严之后。

可以看出，我国上市公司的环境污染曝光事件对公司价值具有显著的负面影响，因污染事件曝光导致的政府环保监管趋严以及银行债务融资困难是导致公司价值下降的两个重要因素。同时，当地民众的环保需求以及政府环保政策的严格程度能显著影响政府监管效应和融资效应的作用发挥。

本文主要有以下几方面贡献：第一，本文首次提出并分析了我国上市公司环境污染曝光对其价值产生影响的两个独特作用机制——政府监管力度和债务融资能力，同时通过实证检验建立了上述两个机制影响公司价值的因果关系，深化了该领域的研究。第二，本文分析了环境污染事件曝光的经济后果在不同企业之间的异质性，对此领域的相关文献作了有益补充。我们发现，公众环保需求以及政府环保政策的严格程度对环境治理效应具有显著影响。在后续研究中，我们将进一步深入探讨环境污染事件影响公司价值的其他可能路径和机制。

本文的结论对我国当前的环境污染治理具有较强的政策启示。第一，政府应进一步提高公众的环保意识，鼓励媒体对环境问题及时、客观地进行报道，充分发挥社会公众和媒体在环境治理中的监督作用。第二，相关政府部门应进一步综合运用行政、金融等手段强化对企业环境污染行为的监管和约束，引导企业减少环境污染。

媒体新闻报道的声誉溢出效应 *

汝　毅　薛　健　张　乾

媒体通过开展原创性调查和分析以及传播从其他信息中介所获得的信息，在资本市场上发挥了重要的信息传递和监督职能。如果媒体的新闻报道能够客观反映公司真实情况，则会为其赢得声誉，而记者也可能获得更好的职业发展前景。反之，不实报道则可能损害其声誉，甚至有可能影响媒体的正常经营。然而，在现实生活中，由于专业性匮乏、道德和法律意识薄弱及经济利益等原因，媒体的有偏报道确是屡见不鲜。由于媒体报道在很大程度上影响了投资者决策，那么，媒体的报道行为是否也会影响其在投资者群体中的声誉？

直观上来看，媒体只有提供真实信息，从而获得“发布真实信息”的声誉，才能获得公众的持续关注。倘若投资者意识到媒体偏离了真实、客观的准则，便可以用脚投票的方式来惩罚媒体的不良声誉。然而，相较于分析师、审计师、独立董事等主体，鲜有实证研究对媒体在投资者群体中的声誉问题进行深入探讨。

本文聚焦于公司违规曝光这一特定事件，探讨了媒体对违规公司的事前报道对其在投资者群体中声誉的影响，即是否存在声誉溢出效应。具体而言，本文检验了违规事件的曝光后，投资者是否会改变对媒体声誉的看法，从而影响对该媒体日后发布的其他公司新闻报道的反应程度。

* 原文刊载于《金融研究》2019年第8期。

作者简介：汝毅，博士研究生，清华大学经济管理学院；薛健，博士，长聘副教授，清华大学经济管理学院；张乾，本科生，清华大学经济管理学院。

一方面，如果媒体事前对违规公司发布了正面报道，投资者则可能会对媒体的专业性或独立性产生质疑。因此，投资者不愿意相信媒体日后对其他非违规公司新闻报道的真实性和有用性，从而产生负向声誉溢出效应。反之，媒体事前对违规公司发布负面报道，则可能被投资者视为积极信号，从而产生正向声誉溢出效应。此外，为保证媒体报道声誉溢出效应的发生，投资者必须具备如下三项条件：（1）知晓公司违规行为的曝光；（2）知晓在曝光日前后一定时间范围内媒体对涉案公司以及其他公司的新闻报道；（3）认定媒体的专业性或独立性会同时影响其对涉案公司和其他公司新闻报道的质量。

公司违规事件来源于国泰安（CSMAR）违规处理数据库。新闻数据来源于数行者科技公司（Datago）开发的报刊新闻量化舆情数据库（CNAD）。本文根据如下步骤确定研究样本：第1步，将公司违规曝光日前[−14,−7]日作为锁定期，识别出在锁定期内曾对违规公司进行报道的每一家媒体，将其作为实验组媒体。第2步，识别出实验组媒体在曝光日前后[−7,0]、（0,7]窗口期内均曾报道的其他未违规公司。第3步，针对所识别的每一家非违规公司，将在违规曝光日前后[−7,0]、（0,7]窗口期内均有报道，但未对违规公司进行报道的媒体作为控制组媒体。第4步，本文保留实验组和控制组媒体针对非违规公司在[−7,7]窗口期内发布的全部新闻报道作为回归样本。本文采用三重差分的计量分析方法对非违规公司在曝光日前后相关新闻报道的市场反应变化进行了检验，以更好地消除共同时间趋势因素所造成的内生性干扰。

本文的实证结果表明：媒体对违规公司的事前新闻报道越正面（负面），其日后短期内针对非涉案公司发布的新闻报道的市场反应就越弱（强），即存在双向声誉溢出效应。然而该效应存在不对称性，表现为负面报道带来的正向溢出效应明显强于正面报道带来的负向溢出效应。进一步研究发现，声誉溢出效应取决于投资者对于媒体声誉的主观感知以及对于违规事件的信息解读能力。当媒体的既有声誉水平较低、违规案件较为严重，或非违规公司机构投资者比例较高时，媒体的声誉溢出效应更加明显。

本文在较大程度上完善了以往有关媒体声誉研究的结论，系统论证了媒体客观公正性对于声誉积累的重要性。本文发现声誉溢出效应存在不对称性，并说明媒体的声誉溢出效应需要依托于特殊的情境并考虑具体的影响因素。因此，媒体应坚守职业道德操守，提高专业素养，在利益冲突面前“有所为、有所不为”。同时，应健全对新闻媒体以及资本市场的监管体系，通过政策、法规来引导新闻媒体将社会效益放在第一位。

此外，本文也丰富了媒体特征、报道偏差与资产定价关系的相关研究。媒体因专业性或者独立性丧失等原因会产生新闻报道偏差，干扰资本市场上投资者判断。不同于记者的个体特征、广告业务关系、政府等这些相对静态的特征研究，本文发现媒体新闻报道的信息含量也与其近期报道的新闻质量密切相关，表明媒体报道的信息含量具有动态变化的特性。因此，本文的研究结论对于投资者如何判断和使用媒体发布的信息，进而作出正确投资决策也具有重要意义。

风险投资声誉和股价“传染”效应*

——来自中国上市公司立案公告的证据

何　顶　罗　炜

在“大众创业、万众创新”的经济背景下，风投资本已成为我国创新创业的重要资本力量。在西方成熟资本市场上，风险投资作为专业金融中介具备监督和鉴证功能，用自身声誉来降低市场信息不对称，向市场传递价值信号。然而，近年来我国风投的负面报道层出不穷，比如“急于求成”“突击入股”“PE 腐败”“业绩变脸”“重关系而不重项目质量”。这与我国风险投资市场发展历程有关。尽管我国早在 1985 年，就经国务院批准设立大陆第一家专营风险投资的金融机构“中国新技术创业投资公司”，但由于缺乏常规退出机制，风险投资发展较慢。在 2004 年中小板市场开启和 2005 年股权分置改革实施后，资本逐渐进入风险投资。随着经济发展和政策推动，直到近年来，风险投资才进入高速增长期。因此，我国大量风险投资机构投资经验较少，专业能力不足，再加上资本的推动，容易急功近利。另外，在之前上市审核制下，创业者和投资人可能偏重风险投资机构的政府背景或政治关系，不太关注专业能力，这也助推了风险投资机构的短期行为。

这些现象在行业高速发展初期比较常见，但如果行业内的声誉机制

* 原文刊载于《金融研究》2019 年第 9 期。

作者简介： 何顶，会计学博士，讲师，中国政法大学商学院；罗炜，会计学博士，副教授，北京大学光华管理学院。

可以有效运行，通过甄别质量和优胜劣汰来实现良性循环，风险投资行业就有望实现长远健康发展。那么，风险投资声誉机制在中国是否发挥作用呢？

本文从声誉受损角度出发，利用风险投资所支持的上市企业被立案调查这一事件，调查同一风险投资支持的其他上市公司的市场反应，从而研究我国风险投资声誉机制在二级市场上的运行情况。这个研究设定的优势在于：第一，可以观测到风投声誉受损的情形，因为立案调查意味着风险投资执业质量有问题，导致风险投资声誉直接受损；第二，通过观察立案公告这一事件的即时市场反应，可以排除其他因素的解释，有效推断因果关系。具体而言，本文以我国2007—2015年，证监会对风投背景上市公司的43起立案调查事件为样本，研究当被投资企业涉嫌违规，风险投资所支持的其他上市公司的股价是否会被“传染”。

实证结果表明，当风投背景上市公司被证监会立案调查时，不仅被立案调查的公司（以下简称“立案公司”）在立案公告日附近有显著的负面异常市场反应（约-8%），同一风险投资所支持的其他上市公司（以下简称“关联公司”）在同一时段也有显著的负面异常市场反应（约-1.2%）。这证实了风险投资如果因被投资企业涉嫌违规而声誉受损，其投资的其他企业会因此受到牵连，遭受市场惩罚。为了保证结果的可靠性，本文首先逐一排除承销商、审计师、行业和区域等其他联结渠道对结果的影响；其次进行了随机匹配样本检验和随机日期检验两种安慰剂测试；最后排除风投机构在立案调查前的机会性退出因素，去掉风投在立案公告日前6个月内退出的样本。通过上述稳健性检验，证实了本文的研究结论稳健可靠。

进一步研究表明，风险投资机构在立案事件前声誉越高，声誉受损时市场对关联上市公司的惩罚越严重；风险投资机构对被调查企业的认可度和经营参与度越高，立案调查事件对风险投资的声誉损害越严重，市场对关联上市公司的惩罚也越严重。

此外，本文还讨论了市场对关联上市公司的负面反应是否理性。本文将有风投背景的上市公司样本分为三组——立案调查公司组、关联公司组和其他组，以检验不同组别之间的会计信息质量是否确实存在差异。检验发现，使用不同的代理变量衡量会计信息质量时，检验结果存在差异。这些不完全一致的结果意味着，尽管投资者的反应可能具有一定合理性，但风险投资机构对所投企业在信息披露方面的影响较为复杂，值得进一步分析。

本文的研究贡献有以下几方面：（1）加深了对我国风险投资声誉机制的理解。本文证实了我国风险投资声誉机制的有效性，为风险投资行业市场化发展提供了证据。本文的发现意味着风险投资声誉在被投企业上市后也影响着证券市场对企业的估值。因此，创业企业和风险基金投资人选择风险投资时应更多关注风险投资的执业能力。（2）增进了对股价“传染”渠道的认知。已有文献发现当企业出现负面事件时，会通过行业、供应链或审计师等联结渠道，对关联企业的股价造成负面影响。本文发现风险投资机构联结也有股价“传染效应”。（3）拓展了关于证监会监管后果的认识。本文研究结果表明，证监会立案调查不仅影响被立案调查的公司，还影响关联金融中介机构及其联结企业。

由于本文的样本期包含了较长的IPO暂停期，而IPO暂停极大地影响着风险投资融资、投资和退出行为，所以本文无法系统地研究风投声誉受损对其风投机构融资、投资和退出的影响。此外，受限于立案调查的样本数，本文无法进一步研究立案调查对之后上市的关联企业的影响。这需要未来进一步探究。

非公有制企业党组织与企业捐赠*

郑登津　谢德仁

从已有研究看，政党组织嵌入企业内部对企业行为的影响研究还较少，并且也主要关注国有企业中党组织的治理效应。近年来，我国非公有制企业已广泛建立了党组织，因此，探讨党组织对非公有制企业行为的影响是一个具有现实意义的话题，但学术界对党组织嵌入非公有制企业的经济后果的实证研究却几乎是空白。因此，本文以非公有制企业的社会捐赠为切入点，研究党组织嵌入非公有制企业社会捐赠行为的影响。之所以选择从社会捐赠视角（企业履行社会责任的重要方面）来研究非公有制企业中党组织的作用，主要原因是：一方面，企业进行社会捐赠与党的宗旨和执政理念一致；另一方面，随着我国非公有制企业的发展壮大，非公有制企业的慈善捐赠逐渐成为我国社会公益事业的重要组成部分，也成为检验非公有制企业党组织如何影响企业行为的绝佳机会。

本文以搜集到的非公有制企业中党组织的活动情况衡量其影响力。一是党组织活动次数，次数越多表明党组织的影响力越大。二是党组织是否受到上级党委表彰，受到表彰则表明党组织的影响力较大。基于2004—2015 年我国民营上市公司数据，主要研究结论有以下几方面。

第一，民营上市公司党组织的影响力越大，企业的社会捐赠力度越大，并且显著高于同行业和同地区的平均捐赠水平。第二，上述影响力的促

* 原文刊载于《金融研究》2019 年第 9 期。
作者简介：郑登津，会计学博士，讲师，中央财经大学会计学院；谢德仁，会计学博士，教授，清华大学经济管理学院。

进作用在民营上市公司党组织基础更加稳固的企业、管理层对党组织更加重视的企业以及党代会时期更加明显。第三，民营上市公司党组织影响力和企业捐赠之间的关系，不受当地民营上市公司数量多少、企业规模大小的影响，即上述关系并不是因为当地民营上市公司少、企业规模大所导致。第四，从省级层面看，某省的民营上市公司党组织影响力越大，省级层面的捐赠规模也更大。以上结论在通过工具变量和2SLS等方法减轻内生性问题之后依然成立。

本文的贡献主要体现在两个方面。第一，本文为国内外现有“政党及政党组织”的相关研究提供了新的思路和证据。以往研究主要集中于国有企业党组织对国有企业的公司治理和企业绩效的影响。由于数据较难获得等原因，关于非公有制企业党组织嵌入后所产生的经济后果的实证研究依然较少，鲜有深入研究党组织嵌入程度对非公有制企业行为的影响。第二，本文有效拓展了“政企关系与公司行为”相关交叉学科的研究。我们尝试从党组织嵌入视角研究政企关系，属于社会学、政治学、管理学和经济学的交叉领域，有效拓展了现有的政企关系研究。尤其是本文从政党组织的角度进行研究，进一步补充了政企关系研究中政党维度的相关理论和实证研究。

本文的研究结论具有较强的政策意义。第一，党组织嵌入民营企业是一种有效的公司治理机制，有助于促进民营企业履行社会责任，也呼应了关于加强非公有制企业党组织建设的精神。第二，建议进一步加强全国非公有制企业党组织网络的凝聚力，对党组织建设较为成功的企业给予表彰，使党组织更好地发挥作用。

《金融研究》

Journal of Financial Research

Brief Edition

（Volume Ⅱ · 2019）

01 Macroeconomics & Monetary Policy

The Relationship between Monetary Policy and Macro-prudential Policy: The Experience of The Bank of England

WANG Xin JIA Yandong

(Research Bureau, the People's Bank of China)

The international financial crisis in 2008 had a profound impact on global economic and financial systems and also posed a major challenge to financial supervision and macro policy frameworks. This launched wide-ranging theoretical and practical discussions and reflections, which concluded that the complex relationships between financial institutions, high leverage and shadow banking problems, under estimation of liquidity risk, financial procyclicality, and the lack of effective mechanisms to deal with systemically important institutions are all important reasons for the failure of regulatory authorities to effectively identify and resolve systemic risks. Traditional micro supervision and monetary policy cannot guarantee the overall stability of the financial system; it is necessary to develop macro-prudential policies to deal with system risks. After the 2008 crisis, this recognition promoted the reform of macro policy and financial supervision systems.

Macro-prudential policy is rapidly developing. Not only are the policy objectives clearer and the types of tools more standardized, but there has also been constant improvement in the relevant theoretical frameworks. As a new policy framework formed after the 2008 crisis, the effectiveness of macro-prudential tools, mechanisms, and policy frameworks needs further study, as does the relationship between macro-prudential policy and monetary policy. In particular, it is necessary to study how to apply the new theories to the design of macro-prudential system frameworks in different economic and institutional environments. Important practical tasks are to strengthen the coordination between monetary policy and macro-prudential policy and enhance the policy effect of the "two pillars" . How can we draw on successful international experience and practice, and establish a suitable macro-prudential policy framework? These questions have become the focus of theoretical research and policy practice.

In the Chinese setting, systematic risk identification, monitoring, and analysis are complex and difficult tasks, and more detailed and in-depth studies of macro-prudential policies are required. Within the institutional framework, the relationship between macro-prudential policy and monetary policy, and how to reasonably design a policy-making framework, have become the key issues.

First, we systematically review the theoretical basis, policy objectives, and tools of macro-prudential policy. Second, we analyze the relationship between macro-prudential policy and monetary policy with reference to three important aspects of the relationship between the two types of policies. Third, we systematically examine the Bank of England in terms of organizational structure design, monetary policy framework reform, and financial policy framework design.Focusing on the reform of its monetary policy and macro-prudential policy framework, we examine how the Bank of England could better integrate theoretical development and institutional design. Finally, the study offers some policy suggestions for the development of macro-prudential policy in China.

This study has a number of policy implications. (1) Policy makers should clarify the independent decision-making modes of macro-prudential policy and monetary policy. On this basis, we can establish strategies, objectives, tools, and operating rules for macro-prudential policy and a comprehensive and systematic financial risk analysis system that will have the advantages of a central bank in terms of macro-economic analysis and policy making. (2) Policy makers should integrate and standardize the existing macro-prudential policy tools and add counter cyclical capital requirements and counter cyclical leverage constraints into the macro-prudential policy toolbox as soon as possible. (3) Policy makers should further promote the integration of financial statistical data, establish a set of core indicators of systematic risk at different levels, strengthen the unified monitoring of systematic risk, and form an intermediate goal for macro-prudential policy development.(4) Methodologically, policy makers should speed up the establishment of China's systematic risk model, correçtly evaluate the role of stress testing in macro-prudential policy-making, and coordinate the implementation of stress testing. (5) A standardized mechanism for communication and information release should be established to actively guide market expectations. (6) It is important to strengthen the integration of institutions and departments in the "before, during and after" phases of systematic risk response, and promote the coordination of monetary policy and macro-prudential policy. At the same time, we should promote the use of technology for the mutual verification and complementarity of our macroeconomic and system risk models.

On the Intrinsic Logic of the Two-Pillar Macro-management Framework of Monetary Policy and Macro-prudential Policy

LI Bin WU Hengyu

(Secretary Bureau of Office, Financial Stability and Development Committe; Chongqing Operation Office, The People's Bank of China)

This study attempts to sort out some important changes in the philosophy of global financial management that emerged after the international financial crisis. It focuses on the theoretical basis and intrinsic logic of the two-pillar macro-management framework that combines monetary policy with macro-prudential policy.

In the aftermath of the 2008 international financial crisis, the importance of financial stability in the central bank's policy framework has once again been recognized, and together with a currency stabilty target, it has become part of the central bank's "double-target" policy portfolio. The policy objectives of the central bankhave gone through a process of negation and spiraling.

Changes in policy objectives require the optimization and improvement of the policy toolbox. In this case, there are multiple options. One is to strengthen the original monetary policy's function and incorporate financialstability responsibilites into the traditional monetary policy framework, for example by focusing on overall pricestability in a broader sense including asset prices. However, in the current situation, there are obvious short comings to relying solely on monetary policy to maintain financial stability and prevent systemic risks.Based on the consensus of a range of economists after the crisis, to manage and prevent systemic risks and maintain financial stability, it is necessary to strengthen the macro-prudential policy framework.

Monetary policy and macro-prudential policy have different focuses; however, they do not operate separately, but are interactive. When they are coordinated, they can form a synergy; this is the basis of the "two-pillar" framework. China has proposed and is now improving a two-pillar macro-management framework that combines monetary policy and macro-prudential policy; this is an important achievement that eflects the lessons of the international financial crisis. The two-pillar framework is an important theoretical and practical innovation that addresses China's national conditions. In our opinion, the two-pillar framework isan indication that monetary policy and macro-prudential policy are both indispensable for fulfilling the target portfolio of currency and financial stability. Monetary policy cannot replace macro-prudential policy, and viceversa. They are like the two pillars supporting a bridge: although their respective positions and forces aredifferent, they are both indispensable. Moreover, the two pillars may be equally important. It is also possiblethat one of them will be more important for a certain period, while the other will play a supporting role. As the situation and the focus of policy objectives change, the relative importance of the pillars may vary. However, both pillars are essential, and the fundamental policy framework of two pillars supporting double targets should remain constant. Many studies have discussed the theoretical foundations of a two-pillar framework or studiedthe coordination of monetary policy and macro-prudential policy. In practice, although some central banks havenot explicitly proposed a two-pillar concept, their policy frameworks have essentially adopted the basic characteristics of the two-pillar framework: combining monetary policy and macro-prudential policy.

The People's Bank of China has persistently focused on the coordination of monetary policy and macro-prudential policy. For example, when there are large-scale international twin surpluses, the liquidity ofthe banking system is raised above the appropriate level, and window guidance and other policy tools with macro-prudential attributes are used to curb excessive growth in credit while promoting the stability of banks. Inthe transitional stage of the monetary policy framework, it is difficult to fully control credit expansion using onlyinterest rates, as they are subject to various factors and there are many interest rate insensitive entities. In suchcases, it is necessary to apply macro-prudential policy measures. Generally, the effective coordination of monetary policy and macro-prudential policy has enabled China to better cope with challenging internal and extemal situations and to create a moderate monetary and financial environment for economic restructuring and reform, while preventing systemic risk and promoting the sustainable development of the Chinese economy. Inthe next stage, the two-pillar macro-management framework can be strengthened by further improving the macro-prudential policy framework and coordination mechanisms.

Theoretical and Empirical Foundations of the Two-Pillar Framework

MA Yong

(School of Finance/China Financial Policy Research Center,
Renmin University of China)

As a collective reflection on and policy response to the 2008 international financial crisis, policymakers around the world have formally adopted macro-prudential policy with the objective of developing a newtype of policy tool that complements traditional monetary policy while directly reducing financial risks and promoting financial stability. The introduction of macro-prudential policy to central banks' policy frameworks as a new tool for macro financial adjustment has gradually shifted the traditional "one-pillar" adjustment framework based solely on monetary policy to a "two-pillar" adjustment framework under pinned by both monetary and macro-prudential policies.

Based on the essential logic of basic facts, basic theories, and basic practices, this study comprehensively explains the necessity, theoretical rationale, and practical feasibility of the two-pillar adjustment from three major perspectives, and further clarifies its actual foundation, practical implementation, and future improvements in China. The findings show that the two-pillar adjustment framework has both real world and theoretical foundations. First, financial stability has a notable impact on macroeconomic stability, but traditional monetary policies are unable to effectively achieve financial stability.According to "Dingbergen's Law" and the principle of policy comparative advantage, it is necessary to construct a new "policy pillar" (i.e., macro-prudential policy) to achieve the objctive of financial stability. Second, given the deep integration and mutual influence between financial policy and the real economy, the traditional monetary policy pillar and the new macro-prudential policy pillar should be thoroughly coordinated and combined within a unified framework to improve the efectiveness and eficiency of policy implementation and to avoid policy conflicts andfrictions. In addition, because the dynamics of the real economic and financial cycles are complex, the policy tools under the two-pillar adjustment framework (including both the monetary policy tools and the macro-prudential policy tools) should be adequate and complete enough to improve the accuracy, pertinence, and flexibility of policy implementation.

Drawing on the current two-pillar adjustment practices in major countries around the world, we focus on the three core issues of policy objective, policy tools, and policy coordination and consider how to form stableand reliable policy rules and a mature operational framework. First, to address the policy objective issue, weask the following question: if the final goal of macro-prudential policy is financial stability, what specific target objectives should be used? Without clear targets, the randomness of policy operations will increase, leading to instability in policy making and practices, resulting in less effective policy implementation. Aliterature review suggests that monitoring and judging activities could be improved by the construction of structural indices, as financial stability is affected by both aggregate and structural imbalances. Second, previous studies have shown that different macro-prudential policy tools infuence financial stability through different paths and transmission mechanisms. Furthermore, under different structural imbalances, different toolshave comparative advantages, so policy makers should consider constructing an "objective oriented" policy tool guide that reflects accumulated experience and further strengthens the pertinence, reliability, and effectiveness of the policy tools chosen for specific objectives and conditions. Third, one of the core aims in perfecting thetwo-pillar adjustment framework is to improve the coordination between monetary policy and macro-prudential policy. The rules and institutions must effectively deal with deviations and conflicts between the two basic goals of price (economic) stability and financial stability. They can also use the flexible configuration of multi tools toaddress long- term and global goals, thus improving the pertinence, flexibility, and effectiveness of policy implementation.

Finally, in the long run, the "two-pillar" adjustment framework should maintain a certain degree ofopenness and compatibility during the process of development, so that it can gradually achieve more unified andsystem-based coordination with a broad range of economic and financial policies.

On Coordination between Monetary Policy and Macro-prudential Policy

MA Jun　HE Xiaobei

(National Institute for Financial Research, Tsinghua University)

In this paper, we discuss the interaction between monetary policy and macro-prudential policy from both theoretical and practical perspectives based on a literature review, identify the problems and challenges facing the current "twin-pillar" regulatory framework in China and propose a number of reform measures. While monetary policies affect financial stability through the risk-taking channel, macro-prudential polices affect price stability and output. Recent studies suggest that, depending on the types of shocks and parameter calibrations, monetary policy instruments and macro-prudential instruments are either substitutes for each other, or complementary to each other.

It has been shown in the literature that under conventional parameter calibrations, the optimal policy mix inresponse to a positive cost-push shock could involve interest rate hikes and relaxation of the counter cyclical buffer requirement. That is, monetary policy and macro-prudential policy instruments are substitutes in this scenario. On the other hand, the optimal policy mix in response to a positive credit demand shock could involve rate hikes and tightening of the counter cyclical buffer requirement. That is, the two policy instruments are complements in this second scenario. In addition, model parameters pertaining to country-specific factors, such as economic and financial market structures, also play an important role in shaping the optimal policymixes. Therefore, it is essential for policy makers to fully consider the types of shocks as well as country-specific conditions in their analytical framework and policy decisions of optimal monetary and macro-prudential policy mix.

Given the subtle interplay of the two polices, an effective coordination framework is key to achieve both macroeconomic stability and financial stability. In practice, the effectiveness of the coordination mechanism depends on the govemance structure (especially the communications between monetary and macro-prudential policy makers)and policymakers'ability to understand the spill-over effects of monetary policy and macro-prudential policy.

While the PBC has set up the broad governance structure of the "twin-pillar" policy framework, anumber of challenges are still lying ahead. First, financial stability is not yet formally listed as one of the specific mandates of the PBC in the Central Bank Law. This lack of clarity in legal mandate is partially responsible for the limited allocation of resources to macro-prudential issues especially the analysis of impact of monetary policy on financial stability. Second, the Macro-prudential Assessment (MPA) system of the PBC is, in practice, mainly intended to facilitate the implementation of monetary and credit policies. Third, the lack of coordination mechanism between the MPA and the macro-prudential and micro-prudential instruments of the CBIRC leads to regulatory overlap and duplication. Forth, the macro-prudential authorities lack the appropriate analytical tools for assessing policy spill-over effects and developing optimal policy mixes.

Based on our analysis of the problems facing China and international experiences, we propose the following reform measures. First, adding "financial stability" to the mandate list for the PBC by amending the CentralBank Law. Second, developing methodologies and analytical tools for assessing policy spillover effects and selecting optimal policy mixes of monetary and macro-prudential policies. Capacity building and international collaboration is essential to achieve these goals. Third, transfering several mac roprudential decision-makingroles from CBIRC to the PBC. Fourth, establishing a process and mechanism for coordinating monetary policy and macro-prudential policy. The

Macro-prudential Bureau should be able to conduct quantitative assessment of the effects of monetary policy changes on financial stability, while the Monetary Policy Department should beable to conduct quantitative assessment of the macroeconomic effects of macro-prudential policy adjustments.

The Support of Monetary Policy and Macro-prudential on Macroeconomic Stability

HUANG Yiping CAO Yujing TAO Kunyu YU Changhua

(National School of Development, Peking University; Research Department, The Bank of Korea; School of Finance, Central University of Finance and Economics; National School of Development, Peking University)

Since the Great Depression, monetary policy has made an important contribution to macroeconomic stability. However, the subprime crisis showed that while attaching importance to price stability, monetary policy may ignore financial risks under certain circumstances, which can ultimately undermine macroeconomic stability. The two-pillar macro policy framework put forward and implemented by the China integrates both monetary policy and macro-prudential policy to support the macroeconomic stability comprehensively and has important theoretical and practical significance.

In this study, we first propose a framework for China's two-pillar macro policy based on a review of literature and a summary of intemnational experience. We emphasize that (1) the two types of macro policies should perform their own goals: monetary policy should focus on price stability while macro-prudential policy should focus on financial stability, but there is possible synergy and contradiction between the two types ofgoals; (2)monetary policy and macro-prudential policy should be coordinated appropriately according todifferent situations in economic and financial cycles; (3)as there may be transmission channel sharing between monetary policy tools and macro-prudential policy tools during their operations, more elaborate coordination isneeded in the design of the operation processes of the two-pillar macro regulation; (4) different optimal modes of the two-pillar macro regulation need to be found for different types of external shocks and financial openness. We then construct a DSGE two-country model as a case study to analyze the two-pillar macroregulation and its stabilization effect on macroeconomy. The model analyzes the effects of external financial shocks on domestic economy by incorporating both trade channels and financial channels, together with Chinese characteristics. The innovations we make in this model, compared to the ones in previous studies, can be summarized as follows.

Second, we integrate Chinese characteristics such as capital account restrictions and hedging policies to construct an asymmetric model. In addition, to reflect the economic reality that capitals flow from developed countries to emerging countries, the home country (China) is set to include only entrepreneurs as market participants, while the foreign country (US) is set to include global banks and entrepreneurs as market participants. Due to financial frictions of external financing, the interest rate of Chinese companies' loans from foreign banks is set to be lower than China's domestic market interest rate to reflect the risk premium faced by Chinese companies.

Third, previous studies on Chinese economy simply assume that capital controls are effective and canimprove welfare. We compare specific macro-prudential policies by linking capital inflow tax rate with the sizeof foreign borrowings and discuss the effects of macro-prudential policy under different scenarios.In the case study, our main findings are as follows. (1)Under financial shocks, monetary policy helps to stabilize macroeconomy. Especially when the exchange rate system changes from fixed to floating, the effect of monetary policy in stabilizing the macro economy is significantly strengthened. (2)On the basis of monetary policy, adding macro-prudential policy tools represented by cross-border capital inflow taxes can effectively curb the procyclical mechanism of financial markets and further improves the stability of macroeconomy. This finding verifies the effectiveness of the two-pillar macroeconomic regulation. Welfare analysis also shows that implementing a macro-prudential policy along with a conventional monetary policy leads to higher social welfare compared to relying solely on monetary policy. (3)The effectiveness of the two-pillar macro regulationis related to the exchange rate system. When the exchange rate flexibility is relatively low, the two-pillar macroregulation has a greater stabilization effect on macro economy and a larger benefit on social welfare.

Economic Transition and the Two-Pillar Framework

ZHANG Bin   XIONG Wanting

(Institute of World Economics and Politics, Chinese Academy of Social Sciences)

The implementation and coordination of monetary policy and macro-prudential policy require anawareness of changes in the underlying macroeconomic environment. Since 2012, China has been in the process of structual transition, from a manufacturing economy to a service economy, with rising shares of human capital-intensive industries (HCIs).

Structural transitions in the real economy impact the stability of the macro economy and the financial market. Recently, the major risk to macroeconomic stability has shifted from overheating to overcooling. To stabilize macroeconomic performance, the growth in aggregate demand should be consistent with the growth inaggregate supply. The inconsistency in this relationship is indicated by the inflation rate. During the 2002-2012 period, the general price index, the GDP deflator, was as high as 4.7%, suggesting that the economy was overheating, showing the signs of aggregate demand outgrowing aggregate supply. Growth in aggregate demandis driven by growth in nominal purchasing power, which is caused by credit expansion. Credit expansion is mainly supported by the expansion of firms in capital-intensive industries. After 2012, the economic conditions changed. The average GDP deflator in the 2012-2018 period dropped by 3% to 1. 8%. The price index for producers, PPI, witnessed a continuous drop for 18 quarters. There were two reasons for this phenomenon. First, there was a decrease in market-driven demand for credit by firms because HCIIs requireless investment than capital intensive industries. Second, banks reduced the credit supply to startup firms in HCIIs due to their lack of collateral and credit records.

As for the financial stability, the post-crisis reflections on systemic risks mainly focused on the issues of overheating and excessive risk taking, which sets the background for systemic risk has become the pressure of overcooling and insufficient risk preference. However, China is now experiencing a structural transition characterized by weak external demand. Therefore, the sources of systemic risk are now overcooling and insufficient risk taking. In the temporal dimension, new systemic risks stem from the down side pressure of both economic and financial cycles and their mutual reinforcement. In the spatial dimension, the source of contagion risk no longer "too big to fall" systemically important banks, but small financial institutions with big impacts and diversified business models. Since the implementation of the Macro-Prudential Assessment (MPA)framework in 2016, big banks that are identified as systemically important institutions have significantly improved the robustness of their balance sheets, but small and medium institutions, including urban commercial banks, rural commercial banks, and private banks, are facing larger risks.

Given these issues, we use the "double pillar" regulation framework to make three key suggestions for managing the macro-economy and financial systems in a period of economic transition. First, monetary policy should not try to achieve too many goals; instead, it should prioritize the stabilization of aggregate demand and the achievement of moderate inflation. The major challenge for achieving these goals is the insufficient credit demand by fims and credit supply by traditional banks as a result of transitions in industrial structures. In the long term, the solution to this problem is to implement structural reforms of the financial system that give a bigger role to equity financing tools, as they provide better financial service to HCIIs and satisfy their market-driven financing needs. In the short term, more policy measures should be adopted, such as more flexible adjustment of the policy rate, lifting of loan restrictions in certain industries, and the coordinated implimentation of fiscal policy.

Second, policy makers should consider the new systemic risks in their design of the MPA, and make improvements to related policy tools and supporting systems. To tackle the systemic risks related to troubled institutions that are small, offer diversified services, and have extensive potential impacts, we suggest three improvements to the current regulatory framework. First, to restrict high cost and high risk financial services, more of the currently unregulated financial innovations should be included in the regulatory framework. Second, there should be a stress test that considers the possibility of the simultaneous market exit of large numbers ofsmall and medium institutions. Third, there is a need to establish a series of firewalls to prevent the contagionand aggravation of risks arising from the exit of troubled institutions.

Third, the coordination of monetary policy and prudential regulations should take into consideration the current structure of China's financial system and make an effort to reduce the imbalance between the demand ofthe real sector and the supply of financial services. At the same time, adopting a moderately loose monetary policy could provide a buffer against the constraining effect of more stringent prudential regulations on creditsupply, thus reducing the risk of the simultaneous bank ruptcy of multiple problematic financial institutions and mutually enhancing the financial and economic cycles.

Two-Pillar Framework of Macro-prudential and Monetary Policy: A Perspective on Systemic Risk

FANG Yi WANG Yanru HUANG Liling HE Wenjia

(School of Finance, Central University of Finance and Economics; HSBC Business School, Peking University)

One of the most essential lessons of the global financial crisis is that a single monetary policy cannot simultaneously maintain both economic and financial stability. To reduce systemic risks, China has proposed a "double-pillar" regulation framework underpinned by both monetary policy and macro-prudential policy. This double-pillar framework implies the principle of separating policies from function, emphasizing that macro-prudential policy exclusively anchors financial stability, where as monetary policy targets inflation and resource utilization. Innovatively, this study provides a theoretical foundation for the double-pillar framework from the perspective of systemic risk. Unlike previous studies, our study focuses on risk itself rather than oneconomic welfare analysis, and pays equal attention to both the time and cross-sectional dimensions of the nexus of the double-pillar framework and systemic risk.

Above all, this study identifies the mechanism through which systemic risk accumulates and is realized in the two stages of the financial cycle. Specifically, systemic risk builds up during the upward stage of a financial cycle, when it is mainly characterized as a rise in the level of risk-taking in the financial sector under apositive shock. During a downward cycle, systemic risk is realized when negative shocks occur. It can be amplified by leverage mechanisms and interconnection networks within the financial sector, and it will eventually cause externalities to the rest of the economy. Further more, we identify two dimensions of systemicrisk: the time dimension and the cross-sectional dimension. Based on these two dimensions, we then answer our two main research questions.

First, we determine the effectiveness of macro-prudential policy. (i)Time-dimension macro-prudential policy focuses on the time dimension of systemic risk; that is, the procyclicality between the financial sector and the real economy. Using countercyclical instruments such as loan-to-value and capital adequacy ratio can proactively reduce risk accumulation in the upward cycle and lower the probability that systemic risk will berealized. At the same time, establishing a reasonable countercyclical capital buffer or liquidity coverage requirement can enhance the ability of financial institutions to resist negative shocks during the downward cycle, reducing the negative externalities to the real economy when a crisis erupts. (ii)Cross-sectional dimension macro-prudential policy focuses on the cross-sectional dimension of systemic risk; that is, the risk amplification mechanism generated by the related network within the financial sector. Ex ante instruments such as window guidance" or supervision of systematically important institutions can mitigate the degree of financial interconnection networks and potential risk contagion effects. Ex post tools such as liquidity injection are used to prevent institutions from selling illiquid assets that re-impacts the interconnection network and further amplify the overall losses.

Second, we study the spillover effect of monetary policy on systemic risk. (i)The spillover of monetary policy on the time dimension of systemic risk is centered on the "capital gap" mechanism. As a positive shock, loose monetary policy affects financial institutions'expansion behavior on their balance sheets, which leads to apositive feedback loop of positive capital gaps, and this exacerbates the accumulation of systemic risks in the upward financial cycle. In contrast, contractionary monetary policy as a negative shock may cause a negative feedback loop of negative capital gaps in a fire sale network, which accelerates the realization of systemic risks in the downward cycle. (ii)Previous studies have paid less attention to the effects of spillover from the cross-sectional dimension of monetary policy on systemic risk. Thus, we briefly outline two potential mechanisms that influence the interconnection network structure of interbank markets, namely the demand matching and risk preference mechanisms.

Overall, we find that previous studies of the dual-pillar policy widely examine the time dimension of systemic risk, but few consider the cross-sectional dimension. Hence, we propose the following two suggestions for the adoption and coordination of a “double-pillar” framework. (i) Time-dimension macro-prudential policy should focus on and eliminate the spillover caused by monetary policy. (ii) Innovationin cross-sectional-dimension macro-prudential instruments should be encouraged.

Stabilization Effects of the Two-Pillar Framework in an Open Economy

LU Dong ZHOU Zinan ZHOU Hang

(School of Finance, Renmin University of China; School of Banking & Finance, University of International Business and Economics)

The stabilization effects of monetary policy and macro-prudential policy in an open economy are of concern to both academic researchers and policy makers. The establishment of a macro-prudential policy framework has become an important research topic worldwide since the global financial crisis in 2008. China has explored a series of macro-prudential policies and proposed a two-pillar regulation framework consisting of "monetary policy + macro-prudential policy" . In recent years, many scholars have studied the two-pillar framework. However, less attention is paid when discussing such framework in a managed floating exchange rateregime. The central bank has maintained a relatively stable RMB exchange rate through measures such as open market operations in the FX market, which is also an important monetary policy tool. According to the regulations of the People's Bank of China, maintaining the stability of the RMB exchange rate is one of the objectives of China's monetary policy. Therefore, it is important to study how China's monetary policy is affected by its exchange rate policy, and the coordination between the monetary policy and the macro-prudential policy under the "two-pillar" regulation framework.

This study first empirically examines the intervention mechanism of the RMB's managed floating exchange rate regime and its impact on China's monetary policy. Based on Chen et al. (2018), we incorporate exchange rate pressure (either appreciation or depreciation) into monetary policy reaction function. We find that the augmented monetary policy rule is asymmetric. Specifically, the monetary policy negatively responds to anexpected depreciation on the RMB while there is no evident reaction when the currency is expected to appreciate.A possible explanation for this asymmetry is that the central bank mainly responds to the appreciation pressure onthe RMB through sterilized FX interventions, which does not affect the overall money supply.

Next, we build an open macroeconomic model consisting of the financial sector and the currency mismatch. The model illustrates how monetary and macro-prudential policies help to achieve macroeconomic and financial stability. Currency mismatch commonly occurs in emerging market economies that are in the process of economic and financial globalization (Eichengreen and Hausmann, 1999), and it has become increasingly prominent in China. After the "8 · 11" exchange rate regime reform in 2015, the depreciation pressure on the RMB rose sharply, leading domestic agents to repay U. S. dollar debts early to minimize their loss. This tightened budget constraints and affects economic and financial stability. Furthermore, the central bank has clearly stated that the macro-prudential management of external debt is also part of capital account management. Therefore, our model of macro-prudential policies focuses on the tools used to manage foreign curency debt.

To study the exchange rate regime, this study adopts "occasional binding constraints" to capture the asymmetric responses of China's monetary policy to exchange rate changes in a structural macro model. We find that under a managed floating regime, the central bank is forced to follow foreign interest rate hikes to restrain the depreciation of the RMB exchange rate. In the absence of macro-prudential policies on cross-bordercapital flows, the central bank needs to closely follow foreign interest rate hikes by raising the domestic interestrate. Thus, it increases the volatility of economic and financial variables. Macro-prudential policies reduce economic fluctuations to a certain extent and achieve macroeconomic and financial stability. We further examine the impact of pure floating and managed floating exchange rate policies on macroeconomic and financial variables in the presence of macro-prudential policies. We find that in the medium and long term, the managed floating regime has smaller fluctuations in its core macro variables, such as output and external debt, than the fully floating regime.

The main contribution of this study is its investigation of an asymmetric monetary policy in a managed floating exchange rate regime and the coordination of monetary and macro-prudential policy. This study provides theoretical support for the construction of a two-pillar regulatory framework under an open economy. Our study also offers some suggestions for future research on macroeconomic problems in other emerging market economies.

Investigating the Persistence of Finance-led Growth: A Comparison of the Anglo-American, German, and French Iegal Families

HUANG Xian LIU Yan TONG Yunjie

(Center for Economic Development Research/Economics and Management School, Wuhan University)

The relationship between financial development and economic growth has always been a focus of economic research. After the Second World War, the United States experienced rapid financial and economic development. The United States and the former Soviet Union were regarded as the representatives of the market economy and the planned economy, respectively. The collapse of the Soviet Union in 1991 raised the following question. Is the choice of economic development model so simple? Despite the emerging unipolar world order, some scholars critically pointed out that the capitalist world contains diverse social and economic models.Today, comparative studies of the relationships between various financial development models and economic growth have once again become compelling. For China, which has become the world's second largest economy but is still in a critical transition period, international comparative research offers important theoretical and empirical guidance on how to improve China's financial development and economic growth model.

There has been a general consensus that financial development promotes economic growth. However, afterthe "most advanced" U.S. financial system broke down in the crisis that started in 2007, which also caused a global recession, the academic community began to reflect on the validity of this consensus. A representative view is presented in the BIS research reports (Cecchetti and Kharroubi, 2012, 2015), which raise the basic questions: "Are any size and speed of development of the financial system to be regarded as good? Is the bloated financial system dragging down economic development?" The reports find that the rapid development of the financial industry slows down a country's economic growth, and the size of the financial industry has a inverted U shaped relationship with a country's economic growth. A series studies (Law and Singh, 2014; Arcand et al., 2015) steadily confirm the inverted U shaped relationship. Chinese scholars report similar findings.

This study examines the persistence of the positive impact of financial development on economic growth from the fundamental perspective of legal systems. Sparked by the work of La Porta et al. (1998), the now prominent field of law and finance has demonstrated over the last 20 years that property rights protection and investor protection rooted in the legal system have a significant impact on the efficiency of a country's financial system. The source of a country's legal system is a crucial determinant of this effect. Based on this research, we further propose that a country's legal system affects the persistence of finance-led growth.

We provide both theoretical and empirical support for this hypothesis. First, in terms of the institutional roots of the relationship between financial development and economic growth, we propose the social mechanismas a transmission route, including the conventional political channel, the degree of commodification of the key societal elements, the value and allocation of human capital, and the configuration of state and individual rights. We also propose the adaptive mechanism. Second, we elaborate on how a legal system's core conceptsand traditions profoundly influence the persistence of the promotional role of financial development through the two mechanisms, and combine the stylized facts to illustrate this feature in the three legal systems of Anglo-America, Germany, and France. This exercise demonstrates the differential impacts of the legal families on the relationship between financial development and economic growth. Finally, we use standard cross-country data and dynamic panel methods to empirically test the relationship between financial development and economic growth in the three legal families. The results show that the persistence of finance-led growth is strongest in the German legal family, second strongest in the Anglo-American legal family, and weakest in the French legal family.

On this basis, we point out that the traditional scale-oriented concept of financial development has inherent defects; the emphasis of the financial structure on either the markets or the intermediaries also needs to be adapted with reality, and it is impossible to make a simple comparison between the two. At the same time, it is necessary to consider how the selection and application of a country's core legal philosophy, with all its implications, affect the persistence of finance-led growth. Our research shows that the financial development model can be vibrant not only in the Anglo-American legal system, but also in a civil law system, such as the German legal family. China has its own long standing historical and cultural traditions. The process of deepening and adv ancing reforms requires a thorough examination of the elements from any model that suit a particular country. Only through continuous absorption, sublation, and improvement will China's financial development have long-lasting positive impacts on its economic growth.

Savings Rate and Leverage Ratio: A U-shaped Relationship

LIU Zhexi SUI Xiaoqin CHEN Yanbin

(School of International Trade and Economics, University of International Business and Economics; School of Economics, Renmin University)

The coexistence of a high savings rate and high leverage ratio has been a typical feature of China's economy in recent years. The high savings rate is also considered one of the main reasons for China's high leverage. Therefore, whether deleveraging can be achieved by reducing the savings rate has become a widely discussed issue. Unfortunately, the research has not definitively answered this question. Moreover, in reality, the following two phenomena do not support a positive correlation between the savings rate and leverage ratio.First, a high savings rate is a long-standing phenomenon in China's economy, but high leverage is a problem that only emerged after the 2008 global financial crisis. Second, at the international level, countries with low savings and high leverage are more common than countries with high savings and high leverage.

Accordingly, this paper conducts a more systematic analysis of the relationship between savings rate and leverage ratio by means of theoretical models and empirical tests. In terms of theoretical models, this paper constructs a dynamic general equilibrium model based on the Samuelson-Diamond-Tirole OLG framework with financing constraints, including households and enterprises. The model depicts the two main effects of savings rate on leverage. For example, a decline in the savings rate will enable the household sector to allocate more funds to in consumption and financial assets, which is reflected in the increase in leverage incentives in the household sector; at the same time, it will reduce the size of loanable funds available to the corporate sector, which will affect the lending and investment decisions of that sector. The numerical simulation results show that the relationship between the savings rate and leverage ratio is not monotonic but U-shaped. Further more, based on the theoretical model, this paper finds that in the high leverage state, the lower savings rate means a greater probability of financial crisis in the economy. In contrast, higher savings rates usually correspond to the highly leveraged state of the corporate sector, often leading to inefficient credit allocation in the corporate sector. Although this problem will bring about the loss of economic efficiency, it is less likely to trigger a financial crisis.

In terms of empirical tests, this paper takes 41 representative economies commonly used by the Bank for International Settlements as a sample. Based on panel data from 1966 to 2017, this paper empirically analyzes the relationship between savings rate and leverage ratio. Both a static panel fixed-effect regression model and a dynamic panel Arellano-Bond system estimation method show a robust U-shaped relationship between savings rate and leverage ratio.The conclusion is consistent with the numerical simulation results of the theoretical model. Based on the financial crisis data of major economies from 1966 to 2010 and using Probit and Logitmodels, this paper finds that a higher savings rate under high leverage can effectively reduce the probability of a financial crisis, while a decline in the savings rate increases the probability of a financial crisis, which agrees with the conclusions reached by the theoretical model.

In addition to the preceding results, it is expected that changes in China's savings rate will have two effects. First, because the savings rate and leverage ratio show a U-shaped relationship with an inflection point at around 39%, reducing China's savings rate (47% in 2017) will help to reduce leverage. However, further calculations show that this leverage reduction effect is more limited. Even if China's savings rate is reduced to the inflection point, the leverage ratio can only drop by about 4 percentage points. Second, the critical value of the impact of the savings rate on the probability of a financial crisis under high leverage is around 48%; that is, when the savings rate is lower than 48%, it will not be enough to offset the risk of financial crisis caused by the increase in leverage. The decline in China's savings rate in the future will exacerbate financial risks and increase the likelihood of a financial crisis.

Consequently, this paper argues that China cannot reduce the leverage ratio by reducing the savings rate. Instead, it needs to address the decline in the savings rate in recent years. The research in this paper will not only help deepen public understanding of China's high leverage problem and how to deal with it but will also serve as a reference for the formulation of macro policy in China's structural deleveraging process.

Paid Maternity Leave and Children's Long-Term Human Capital Accumulation

LU Yuanping ZHAO Ying SHI Zhilei

(School of Public Finance and Taxation/RCID, Zhongnan University of Economics and Law; School of Public Administration, Zhongnan University of Economics and Law)

Over the past decades, countries around the world have adjusted their domestic population policies to cope with the crisis of low fertilty. One especially important aspects of such policies is extended maternity leave. China has repeatedly changed its domestic population policies in recent years. The gradual abolishment of the one-child policy, which was in place for l most 30 years, is vital for both increasing the quantity of the workforce and ensuring its greater quality (i. e. a skilled workforce). However, China's current population policy is quantity-oriented. So far, there has been little research on the effect of adjustments to maternity leaveon agents'behavior, which makes formulating and implementing population policies and evaluating their short-and long-term socio-economic effects more difficult. A direct consequence is that the relaxation of the one-child policy has not brought about the extension of maternity leave or reduced individual agents'fertility costs.Because it affects the speed and quality of future generations' human capital accumulation, a well-developed maternity leave policy will have a major influence on the formation and adjustment of the skill structure of the Chinese labor market and will lead to sustained economic development.

Our paper utilizes data from the Population Census of 2005 and the major revisions in China maternity leave policies in September 1988, Rules on the Labor Protection of Female Employees, which lengthened maternity leave from 56 to 90 days. This extension could increase the time allocation and economic resources of female workers in both the family and the labor market, and could improve the human capital accumulation ofthe next generation. We use RD-DID as our main technique to evaluate these effects to overcome potential heterogeneity in individuals around cut-off points. The results show that prolonged maternity leave policies promote the human capital accumulation of the next generation, even in the absence of other reforms. The positive effects are larger for those who are better off (in terms of economic resources), taking heterogeneity into consideration. The underlying mechanism is due to direct formal care rather than better health or increased family resources. Prolonged paid maternity leave policies therefore have positive effects on human capital accumulation in China. The main focuses of adjusting population policies should be the potential effects of extending paid maternity leave and changing the focus of population expansion from quantity-oriented to quality- oriented policies.

In our conclusion, we make the following suggestions. (1)Paternity leave should be promoted along with extended matermity leave. By improving the family's ability to rationally allocate leave time, this change will strengthen the positive effect of parental leave on intergenerational human capital accumulation and weaken the negative effect on female employment. (2) Given the increased labor costs arising from paid maternity leave, formulating an unpaid maternity leave policy is of importance for complementing existing policies based on other countries'experiences. Not only it will partly reduce the limits on female workers'ability to stay home so that they can make a better trade-off between family and career, but it will also alleviate discrimination in the recruitment of female employees, which will improve gender equality.

The main contribution of our research is to identify the effect of maternity leave adjustment on the next generation's human capital accumulation. The difficulty of our research is in that both birth and maternity leave behavior are endogenously decided by individual families, who are influenced by many unobservable factors.This paper utilizes the major revisions in China maternity leave policies in September 1988, which extended matermity leave from 56 to 90 days. Because of the short time interval between the policy's promulgation and implementation, this shock allows us to scientifically assess the relative effects of this adjustment to Chinese matermity leave policy and to determine its long-term effect on population structure.

China's Incentive Policies for Green Loans: A DSGE Approach

WANG Yao PAN Dongyang PENG Yuchao LIANG Xi

(Intemational Institute of Green Finance & Institute for Finance and Economics, Central University of Finance and Economics; Institute for Sustainable Resources, University College London; School of Finance, Central University of Finance and Economics; Business School, University of Edinburgh)

In the context of attermpts to ensure ecologically sustainable development in China, there has been an increase in "green finance" and "green loan" policies in recent years to promote the devoftion of capital resources to sustainable development. Academic research in this area has grown tremendously. However, theories and models of green finance and policy analysis based on them remain inadequate. This study develops theoretical and quantitative model to analyze China's incentive policies for green loans and applies this model to identify the likely effects of such policies. This will provide a prototype for modeling green financial policies in academia and help the government design such policies in the real world.

In China, "green financial policy" normally means governmental and regulatory measures that promote financial services that support environmental improvement, climate change mitigation and adoption, and more efficient resource utilization. More narrowly, it refers to financial policy tools that incentivize green financing activities, such as interest subsidies, central bank relending, government guarantees, lowered risk weights, and reduced capital requirements for green loans (i. e. incentive policies). These policy tools have been proposedor implemented in the wake of the release of the Integrated Reform Plan for Promoting Ecological Progress in 2015 and the Guidelines for Establishing the Green Financial System in 2016 by the central goverment.

While green financial policy has developed rapidly in practice, relevant academic research lags behind.Research on green financial policy has mostly involved qualitative policy recommendations. Quantitative research on green finance has begun to accumulate in recent years; however, few studies have focused on the economic and environmental efects of green financial policy. It is unknown whether this kind of policy is effective and what it will bring to the macro-economy.

Given this background, this research aims to provide a theoretical model suitable for the quantitative analysis of incentive policies for green loans and to theoretically show their economic and environmental effects.The speeific policy tools we study include interest subsidies, directional reduction for reserve ratio requirements, and central bank relending.

To do this, we build a Dynamic Stochastic General Equilibrium (DSGE) model based on the Real Business Cycle (RBC) framework. The model makes two major extensions to the RBC framework. (1) The banking sector conducting green lending is added. The firm sector must use loans as "working capital" to pay for all costs. The bank provides green and traditional loans to different firms. The household sector can deposit savings to the bank. (2) The firm sector is divided into two sub-sectors: green and other firms. The pollution from the production process is introduced and the green firms pollutes less than other firms. Green firms are financed by green loans, while other firms are financed by traditional loans. These two extensions allow us to analyze financing activities and to distinguish green loans from traditional loans. Incentive policies for green loans can then be included after introducing the central bank and government sectors. Parametric data are calibrated from China.

According to this model, we find the following: (1) All three policies (interest subsidies, directional reduction for reserve ratio requirements, and central bank relending) can increase the amount of green loans.Policy strength has a certain order. This shows the direct effects of such policies. (2) Temporary policy changes (incentives) can increase the output and employment of green firms while decreasing the output and employment of other firms. The total output, employment and pollution will also be negatively affected slightly, as will pollution enmission. The positive impacts of policy are more significant than the negative impacts. This shows the indirect effects of such policies, including benefits and costs, for the entire economy and environment. (3) If the three policies are set endogenously in the economy as emission-pegged nules, they can also enhance the share of green-related variables in the economy. However, only when they reach acertain level of strength can the pegged policies bring about a green transformation of the economy in the face of productivity shock.

The conclusion is that interest subsidies, directional reduction of reserve ratio requirements, and central bank relending are all effective ways of incentivizing green loans and have positive effects on the greening of the economy. The policy cost is not high. This implies that increased investment in green financial policy is desirable.

Design for Markov Switching Taylor Rule with Time Varying Transition Probabilities and Study of the Mechanism of Stabilizer Function

PENG Yang ZHANG Long WU Liyun

(School of Economics and Trade, Hunan University; Institute of Chinese Finance Studies of Southwestern University of Finance and Economics; School of Public Economics and Administration of Shanghai University of Finance and Economics)

Over the past few decades, there have been frequent global and regional economic crises. As fluctuations in economic cycles accelerate, it is becoming difficult for central banks' current behavior rules to effectively achieve counter-cyclical goals. This raises the need for more monetary policy innovations. In the past, Taylor's monetary policy rule has been successfully applied in western countries, but it has weak applicability in China. For some periods, it cannot smooth economic fluctuations while also playing a pro-cyclical role. In addition, although discretionary monetary policy itself plays a strong role in economic stability, it may cause the problem of dynamic inconsistency. It cannot smooth economic fluctuations, but it may also playa pro-cyclical role. It can be seen that the design of a monetary policy with both regular and discretionary components has important reference significance for central banks'counter-yclical regulations.

In this paper, we carry out a pertinent design and construct a regime-switching Taylor rule. However, unlike previous research, this paper internalizes Markov regime transformation probability and makes it time-varying. In addition, considering that the main discretionary monetary policy tools are money supply, open market operations, and deposit reserve ratios, we make the Markov regime transformation probability time-varying depending on the monetary base, credit of the banking system, exchange rate, and deposit reserveratio. In this way, we construct a Markov regime-switching Taylor rule with time-varying transition probabilities. In this monetary policy, time-varying Markov regime transition probability is the key link. First, it links the Taylor rule to determine the regime in which it can play the role of an automatic stabilizer. Second, it links the discretionary monetary policy tools so that monetary policy no longer uses interest rates as a direct operational tool but as an intermediate target. In the meantime, the method of responding to inflation gaps and output gaps for interest rates under different regional systems indirectly changes with the money base, credit level of the banking system, exchange rate, and deposit reserve ratio. In addition, these direct operating tools can also achieve a counter-cyclical function as a discretionary monetary policy.

The study finds that there is an asymmetric effect for the automatic stabilizer function of the rule componentin the monetary policy. In regime one, there is no automatic stabilizer function in the rule component; in regime two, there is a favorable automatic stabilizer function in the rule component.In addition, it is found that low average interest rates are the reason why the monetary policy in regime one does not have automatic stabilizer function; the zero-interest-rate problem limits the central bank's ability to regulate the macro economy through short-term nominal interest rates. In regime one, the volatility of short-term nominal interest rates is small, which also illustrates the central bank's lower intervention in interest rates. The situation is the opposite in regime two, which explains why the monetary policy in regime two has a strong automatic stabilizer function.

Based on the analysis results, the monetary policy designed in this paper gives rise to the following operation modes. During recessions, the central bank should use the money base and window guidance as the direct operation tools, and take nominal short-term interest rates as the intermediate target. On one hand, when the economy is in a downturn, increasing the money base growth rate and loosening the window guidance has an anti-cyclical function, which can warm up the economy; on the other hand, it can guide the economic system to switch to the regime where the rule component has a favorable automatic stabilizer function, thus producing a positive and dy namic regulating effect between short-term nominal interest rates and inflation and output. During boom periods, the central bank should use exchange rates and deposit reserve ratios as the direct operation tools, and take nominal short-term interest rates as the intermediate target. Raising the exchange rate and deposit reserve ratio has an anti-cyclical function, which can cool down the economy. It can also guide the economic system to switch to the regime where the rule component has a favorable automatic stabilizer function, thus producing a positive and dynamic regulating effect between short-term nominal interest rates and inflation and output.

02 Financial Stability & Risk Management

House Price Fluctuations, Financial Stability, and Optimal Macro-prudential Policies

SI Dengkui GE Xinyu ZENG Tao LI Xiaolin

(School of Economics, Qingdao University; Dongwu Business School, Soochow University; School of Economics and Academy of Financial Research, Zhejiang University; School of Economics, Ocean University of China)

Many of the financial crises that have occurred in recent decades arose from excess credit expansion induced by a rapid, unsustainable growth of house prices. Such an excess credit expansion threatens the stability of the financial system. China, as the world's second largest economy, has been experiencing an unprecedented housing boom accompanied by rapid credit expansion in the wake of the 1998 housing commercialization reform. It is thus a matter of public concern, and of great interest to authorities, how to maintain financial stability by policy interventions. In recent years, there has been a growing consensus among scholars that in addition to monetary instruments, macro-prudential instruments might be good alternative candidates for containing the financial imbalances induced by large swings in house prices. However, the design of an appropriate macro-prudential tool and the desirable degree of intervention remain matters of academic controversy.

Using Chinese data, we develop and estimate a dynamic stochastic general equilibrium (DSGE) model that allows for financial frictions tied to households and financial intermediaries. The model is used to address two sets of issues associated with the Chinese economy. First, we investigate the extent to which the model can account for empirical evidence that house price fluctuations affect investment, loans, and bank leverage ratio over the business cycle. In particular, a positive shock to house prices directly drives up house prices and housing investment, leading to an increase in loans. It then causes a rise in the interest spread and subsequently encourages banks to raise their leverage ratio. In the presence of financial frictions, the effects of housing demand shocks are amplified and propagated over time. In this regard, a rapid growth of house pricesmay undermine financial stability. Second, we conduct counter-cyclical experiments with macro-prudential instruments (loan-to-value ratio and capital adequacy ratio) to examine the extent to which they can stabilizethe housing market, the financial system, and the macroeconomy as financial imbalances increase.

The contributions of this paper are threefold. First, we build a theoretical model with a rigorous microfoundation to study the interaction between the financial and housing markets over the business cycle during the housing boom in China. Second, the baseline model with financial frictions is capable of capturing the mechanism by which fluctuations in house prices initiated by an exogenous shock influence the bank's balance sheet and the macroeconomy. Third, it provides a better understanding of the effectiveness of macro-prudential tools in alleviating the instability of the financial and housing market under different shocks.

The main results of this paper are as follows.With the estimated parameters, the model uccessfully accounts for the joint behaviors of house prices, investment, loans, and bank everage ratio observed in the data. More importantly, it captures the mechanism by which fuctuations in house prices affect the bank's balance sheet and the macroeconomy as a whole in response to exogenous shocks to house prices. Moreover, we find that a counter cyclical loan-to-value (LTV) requirement that directly responds to the credit gap and house price gap can effectively stabilize the financial and housing markets and improve social welfare inresponse to a housing preference shock, but it does poorly in response to productivity and time preference shocks. Lastly, a counter cyclical capital adequacy requirement that directly esponds to the credit gap and house price gap performs well in stabilizing the economy and improving social welfare when productivity and time preference shocks impinge on the economy.

This paper not only provides a better understanding of the link between house price fluctuations and financial stability but also reveals the importance of macro-prudential policies in maintaining the stabilty of the financial and housing markets. Our results suggest that macro-prudential authorities should distinguish the sources of house price fluctuations when designing and implementing policies. Failure to do so may lead to enormous losses of welfare to society and the economy.

Economic Policy Uncertainty and Firm Leverage in China

GONG Rukai XU Yuexing WANG Dazhong

(Glorious Sun School of Business and Management, Donghua University;
Business School, Sun Yat-sen University)

With the Chinese economy entering a "new normal" and undergoing transformation, the scale of debt and potential risks have increased rapidly. The central government has paid close attention to this. At the Central Working Conference in 2015, "de-leverage" was listed as one of the five major tasks of supply-sidestructural reform. How to de-leverage has become a focus of attention and discussion in all sectors of society.Studies mainly focus on the factual changes in corporate leverage and less on the logic behind these changes. Considering that China is in the process of transforming from a planned economy to a socialist market-oriented economy, the government may still intervene through various economic policies. Frequent economic policy changes may increase the uncertainty of economic policies. Economic policy uncertainty is an important source of external environmental uncertainty that enterprises in transition economies face and may affect corporate financing decisions. This issue is worthy of more attention and in-depth study in China, which is undergoing an economic transformation.

We link economic policy uncertainty from the macro perspective to micro-level corporate financing decisions. We also explore the logic behind the change in the leverage of enterprises in transitional China from the new perspective of policy uncertainty. First, we use the quarterly data of listed companies from 2002 to 2016 to describe the empirical facts of structural changes in corporate leverage and carry out the corresponding literature review and theoretical analysis. We then use China's economic policy as constructed by Baker et al.(2016) to empirically analyze the relationship between policy uncertainty and corporate leverage. The main results show that the higher the uncertainty of economic policy is, the lower the leverage ratio of enterprises is. For every 1% increase in economic policy uncertainty indicators, the average leverage of firms decreases by 0.03 to 0.07 percentage points. This negative effect has obvious structural characteristics, which are even more significant in the samples of short-term debt ratios, private enterprises, small scales, and manufacturing companies. Furthermore, considering the economic transformation background of the region in which an enterpriseis located, the model is extended and analyzed. We find that the negative effect of policy uncertainty on the leverage ratio of enterprises decreases significantly as the regional marketization level, the gradual advancement of the privatization reform, and the degree of openness increase. The above conclusions demonstrate strong robustness when examining endogeneity problems, replacing key variables, and setting various models.

We mainly extend the literature in two aspects. First, we explore the logic behind the change in the leverage ratio of Chinese enterprises from the new perspective of policy uncertainty and enhance the research on the interaction between macroeconomic policies and micro-enterprise financing behaviors. However, we do not focus on a specific economic policy, but on the perspective of the uncertainty of the overall economic policy, and further expand the literature on existing policy evaluation. Second, using the quarterly data of Chinese listed companies provides comprehensive and meticulous empirical evidence for the impact of economic policy uncertainty on corporate financing behavior. This is especially true for examining a series of reform variables, such as marketization, property rights reform, and opening up, in the process of economic transformation.Our conclusions have direct policy implications. First, in implementing the de-leveraging policy, it is necessary to clarify the structural and time-varying characteristics of leverage, to fully recognize the impact of policy uncertainty on the polarization of corporate leverage, and to prevent the development of a "one-size-fits- all" de-leveraging policy. Second, reducing or mitigating the negative impacts of government intervention and policy uncertainty on corporate financing decisions relies on the further reform of China's economic system.

Did U. S. Monetary Policy Increase the Leverage of Non-Financial Corporations in Emerging Market Economies?

TAN Xiaofen LI Yuan GOU Qin

(School of Finance, Central University of Finance and Economics)

To optimize the leverage structure of the non-financial corporate sectors, it is necessary to fully understand the factors that led to the recent rapid rise in the leverage of non-financial sector firms. It is worth noting that the rapid increase in the leverage ratio of non-financial enterprises in the post-crisis period is nota phenomenon unique to China, but also a general problem in the world's major emerging market economies.According to the statistics of the Bank for International Settlements, the leverage ratio of the non-financial corporate sectors in emerging market countries rose from 56.1% in the fourth quarter of 2008 to 102. 6% in the fourth quarter of 2017, an increase of approximately 46. 5%, with an average annual growth of approximately 5.2 percentage points. At the same time, the debt-to- GDP ratio of the non-financial corporate sectors indeveloped economies only rose from 87% to 92.7%. In addition to the domestic factors that have been widely discussed, we wish to examine whether there is a common factor behind the general increase in the leverage ratios of the non-financial corporate sectors in emerging market countries.

Following the global financial crisis, the U. S. and other developed countries introduced quantitative easing monetary policies to stimulate domestic economic growth. As the largest economy and the largest reserve currency country, the systemic importance and spillover effects of U. S. monetary policy are self-evident. For example, the implementation of quantitative easing in the

U. S. resulted in currency appreciation, passive reduction in the domestic interest rates, rising asset prices, and an increased supply of credit in emerging market countries. These factors were conducive to increasing the scale of debt and financing opportunities, and reducing the financing costs of the non-financial companies in emerging market countries. This raises the question of whether the quantitative easing monetary policy in the U. S. leads to the rapid increase in the leverage ratio of non-financial firms in emerging market countries after the global financial crisis, and whether these factors are intermally related. In view of the trend of the leverage of the non-financial corporate sectors in the emerging market countries and the movement of the shadow interest rates in the U.S., the rapid increase in the leverage of the non-financial corporate sectors can be seen to have coincided with the period when the shadow interest rates in the U. S. were negative. When the Fed first raised the interest rates after the financial crisis in December 2015, the federal funds rate range and shadow interest rates climbed, while the rapid upward trend in the non-financial corporate sector in emerging market countries leveled off or even showed a downward trend.

To answer the above questions more rigorously, this paper examines the relationship between the U. S.monetary policy and the leverage of non-financial enterprises in emerging market countries using the annual data of non-financial enterprises in 28 emerging market countries from 2003 to 2015. Furthermore, this paper examines the heterogeneities in the relationship between different enterprises, industries, and countries to provide an international perspective on the policy choices that can be used to reduce their leverage of China's non-financial enterprises. The results show that there is a significant negative correlation between the U. S.shadow interest rates and the change in the leverage ratio of non-financial enterprises in emerging market countries. That is, the reduction in the U. S. shadow interest rates leads to a substantial increase in the leverage ratio of the non-financial enterprises in emerging market countries. This means that the U. S.monetary policy significantly boosted the leverage of the non-financial firms in emerging market economie.Moreover, this impact is more pronounced for sectors that are highly dependent on external financing, for firms with more financial constraints, and for firms in more financially open emerging market economie with less flexible exchange rate regimes. Finally, a country's deeper financial development helps alleviate the impact of the U. S. monetary policy on the changes in the leverage ratio of the local non-financial companies. Moreover, from a global perspective, for the emerging market countries in Asia, the degree of the change in the leverage of the domestic non-financial companies is significantly more affected by the U. S. monetary policy than that of the rest of the world on average. These findings also indicate that when regulating the leverage ratios of non-financial sector firms, emerging market countries should not only consider their own domestic factors, but also attach great importance to the monetary policy adjustments.

Real Estate Price Bubbles and the Spatial Contagion Effect

LI Lunyi ZHANG Xiang

(School of Finance/Institute of Big Data, Southwestern University of Finance and Economics)

This study uses the log period power law (IPPL) model to measure price bubbles in real estate markets in China, and the spatial econometric model to study the price bubble contagion effect. This study asks the following questions. Compared with other financial assets, how can price bubbles be measured in the real estate market? Are price bubbles in the real estate market spatially contagious? What is the mechanism behind the contagion? Do macro-control policies effectively prevent real estate price bubbles from expanding? This study not only quantitatively analyzes the real estate price bubbles in various Chinese cities, but also discovers the relationship between real estate bubbles in different regions. The findings will help local governments to regulate real estate based on local conditions and will help them to develop appropriate policies. According to the LPPL model used in this study, the financial market generated by price bubbles and their eventual collapseis in many ways similar to the seismic system; that is, the price of financial assets changes in a cyclical pattern, and the price continues to rise until a critical state leads to a reversal.

The LPPL model is mainly used for seismic research. Johansen, Ledoit, and Sorette (2000) and Zhouand Sornette (2005) are the first to apply LPPL to the analysis of asset price bubble behavior in financial markets. Many studies use the LPPL to predict historical financial crises and bubble and anti-bubble phenomena in Western financial markets.They all find that the LPPL model has the best simulation and prediction results for studies of these phenomena.

The LPPL model used in this study is a commonly used and mature model for studying the bubble theory.It uses observed price time series data to detect the formation of price bubbles and their expected collapse point, that is, the end point of the bubble. It focuses on the simulation of the price formation process itself and the prediction of the price reversal point. Unlike the stock market, real estate price bubbles are characterized by medium-to-long-term continuous rises in price formation, and they occur slowly. The LPPL model can better simulate the process of real estate price growth and reversal. Unlike previous studies, this study considers the characteristics of real estate price bubbles in both the upward and downward stages of the bubble. The biggest difference between the two stages lies in the price dynamics before and after the price collapse point. In a positive bubble, the price appears to grow faster than exponentially with accompanying oscillations, and aprice collapse point appears at a future point. The reverse bubble stage begins at the price collapse point, after which prices trend downwards.

The second innovation of this study is to use the combined cross-sectional physical and economic distances between cities to explore whether real estate price bubbles measured by LPPL have a spatial contagion effect.

Finally, this study uses the recent real estate control policies issued by some cities to conduct an event study of the impact of these policies on real estate price bubbles. Therefore, this study examines the behaviors of real estate price bubbles before and after the implementation of real estate control policies in some first-tiercities, and whether the contagiousness of the bubble space is weakened or strengthened by these control policies.

This study uses microstructure real estate market data from 100 cities from the June 2010 to November 2017 period. The LPPL model identifies real estate price bubbles in 100 cities in China, and the bubbles havetwo main states: a positive bubble (housing prices continue to rise) and reverse bubble (housing prices decline overall, but there is a reversal point). In each city (area), real estate prices have a strong spatial contagion.The spatial infectivity of areas with a positive bubble is more obvious than that of areas with a reverse bubble.When economic measures are used to define spaces instead of physical measurements, the spatial infectivity between cities is stronger. Unlike previous studies, this study finds that increases in the new house price indexin reverse bubble areas, especially the second-hand house price index, has a strong positive impact on the real estate price index in surrounding cities. Finally, this study finds that the real estate regulation policies incities to some extent restrain the traditional impact of housing prices (such as credit and new and second-hand housing prices). Purchase restrictions, price restrictions, loan restrictions, and sales restriction all affect the real estate market through different channels. Loan restrictions create an inflection point in the market, whereas sales restrictions can effectively inhibit market investment. However, the link between real estate prices invarious cities should be considered by regulators seeking to control real estate price bubbles.

Countercyclical Capital Regulation of Commercial Banks in China: Selecting an Anchoring Indicator

WANG Qing LIU Peng TIAN Jiao

(Institute of Chinese Financial Studies, Southwestern University of Finance and Economics; China Banking and Insurance Regulatory Commission; Business School, Southwest Uhiversity of Political Science and Law)

As an important part of macro-prudential supervision, countercyclical capital requirements play a primary role in alleviating systemic risks caused by excessive bank credit and promoting financial stability.Although countercyclical capital regulation has been proposed for more than eight years, China has not yet promulgated the specific regulatory rules and requirements. A key reason is the lack of both a unified specific method and time-tested indicators as a reference to establish the anchoring indicator, which is an important basis for calculating, dynamically adjusting, and releasing countercyclical capital. Should the generalized "credit/GDP" guide recommended by the Basel Committee be adopted? Is it in line with the risk characteristics of the Chinese banking industry? Are there any other indicators and elements of particular concern? What is the mechanism for selecting indicators? Discussing these issues will enrich the discussion surrounding countercyclical capital supervision and promote policy implementation in China.

This paper first reviews the countercyclical capital regulation guidance proposed by the Basel Committeeand its latest implementation in various countries, and chooses 15 candidates widely used in practice, together with three classes of anchor variables proposed by the Bank for International Settlements

(Drehmann et al., 2011). Considering the risk characteristics of the Chinese banking industry and data accessibility, six credit variables are added to reflect the actual loan structure in China. Altogether, these 21 candidates provide 84 anchor variables through four forms of transformation and finally yield 105 candidate indicators.

The candidate indicators are then screened and verified.First, this paper replaces "systemic financial risk/financial crisis," which has not happened in China, with the "downward stage" of the middle-term financial cycle. Based on the latest literature, the first quarter of 2011 is set as the starting point of the "downward stage" , which serves as a reference time node for operating the countercyclical regulation. Second, by making use of the method in Drehmann and Juselius (2014), this paper draws the Receiver Operating Characteristic (ROC) curve with the data at the time of the first quarter of 2010 and respectively calculates the Area Under the Curve (AUC)value, which measures the candidate indicators'ability to predict the outbreak of systemic financial risks one year later. Third, this paper ranks each indicator by examining whether it meets the criteria of static timeliness, dynamic stability, economic interpretability, and data accessibility when used forearly warning of systemic risk, so as to complete the identification process of anchor indicators. Finally, this paper carries out robustness tests by determining the starting time nodes of the "downward stage" in three financial short cycles and checking whether the ROC curve method used obtains consistent indicators in different contexts in a financial downturn period.

The empirical results show that specific industry indicators such as the trend gap of real estate price, and specific categories of credit indicators, such as the trend gap of real estate loan, the trend gap of personal housing mortgage, and the trend gap of consumer credit, can track potential risks from multiple dimensions, and thus can be used as anchor indicators for countercyc lical capital supervision. In addition, the combined anchor index has a higher early warning ability and stability than single anchor indicators. These conclusions improve the precision of optimal anchor indicators to reflect systemic risk by focusing on classified credit andindustry credit instead of general credit. By exploring anchor indicators and improving the early warning effect oflinked variables, this paper provides practical guidelines for decision making and promoting the operation of countercyclical capital regulation in China. Its findings may also provide inspiration for other countries or regions.

This paper contributes to the literature in several ways. First, the ROC curve method is used for the first time to identify the pros and cons of China's countercyelical anchor indicators and ensure the reliability of the conclusions. Second, the candidate indicators have been comprehensively arranged and scientifically transformed, which makes it possible to select the most effective anchor indicators. Third, the period from 2004 through 2018 contains relatively complete economic and financial cycles, and thus reflects rich information and offers a basis for empirical research on countercyclical policies. Finally, this paper links countercyclical capital regulation in China to personal housing credit and consumer credit as anchor indicators, which suggests avenues for viable countercyclical capital regulation mechanisms in China.

Trust and Fraud: Why Do Investors Participate in Ponzi Schemes? Empirical Evidence from the Investors in E-Zu-Bao

WANG Zhengwei　WANG Xincheng　LIAO Li

(PBC School of Finance, Tsinghua University)

A Ponzi scheme is a fraudulent investment operation that pays quick returns to initial contributors using the money from subsequent contributors rather than profit. Despite their frequent occurrence, there is little empirical evidence on how Ponzi schemes operate due to their characteristic of concealment. Therefore, this paper first highlights why investors partake in Ponzi schemes by examining data on the 889 000 investors in E- Zu-Bao (EZB hereafter).

EZB was a typical Ponzi scheme that operated under the disguise of peer-to-peer (P2P) lending and inwhich millions of investors lost their wealth. P2P lending is a platform that matches lenders with borrowers through online services. In 2014 and 2015, EZB was one of the most popular lending platforms in China's P2P lending industy. However, the Beijing First Intermediate People's Court identified EZB as a Ponzi scheme. To examine how EZB operated, we examine a dataset of 3 142 300 investments, comprising RMB 74. 1 billion(more than USD10 billion) in total, contributed by the company's 889 089 investors.

All of the regressions in this paper use ordinary least square models. In the regressions investigating the internal factors influencing why investors participate in the Ponzi scheme, the main dependent variables are the principals to be recovered and the main independent variables are the investment sequences. The principal to berecovered is measured as the total investment amount minus the received interest and the principal. To consider the external factors, we use a

CCTV advertisement for an event study. The initial investment amounts of new investors and the principals to be recovered of the existing investors are used as dependent variables. The dummy time variables, which measure the interval between viewing the CCTV advertisement and investment, are independent variables.

We believe that trust is the main reason why investors participate in a Ponzi scheme. First, through their research, investors gradually built trust in the platform, which is consistent with the idea that trust can comefrom repeated gaming (Kreps and Wilson, 1982; Durlauf and Fafchamps, 2005). The empirical results show that the more the investors invested, the greater the principal that needed to be recovered. In the process of gaming on the platform, investors established trust due to the positive feedback they gained from the platform. Second, the peer effect is also likely to have influenced investors'trust in the platform. Thoni and Gachter(2015) believe that the peer effect is important for building trust in dynamic gaming. With the extension of the survival time of EZB, investors increased their investments at a faster rate. Investors are also influenced by the investment decisions of peer investors. Therefore, as the number of investors increased, investors deepened their trust in the platform. External trust endorsement is also an important factor. We find that the initial investment amounts of new investors and the principal to be recovered by existing investors both significantly increased after the CCTV advertisement was broadcast. The endorsement of the CCTV advertisement led investors to believe that the platform was reliable, and thus increased their trust in the platform.

In this paper, we add to the literature by studying a Ponzi scheme from an internal perspective. The literature on trust has focused on its influence and the factors that lead to the emergence of social trust (La Portaet al., 1997; Guiso et al., 2004; Guiso et al., 2009; Gurun et al., 2018). In contrast, this paper concentrates on the reasons why investors trusted EZB. Moreover, the majority of the research on Ponzi schemes has been theory oriented, and limited empirical research has been conducted as a result of a lack of data.Deason et al. (2015) concentrate on the cross-sectional characteristics of Ponzi schemes, whereas Gurun etal. (2018) focus on the externalities of Ponzi schemes. To the best of our knowledge, this paper is the first to study the internal features of a Ponzi scheme, and our findings contribute to our understanding of how such schemes operate.

In addition to the theoretical contributions, this paper provides some insights for regulators. First, financial supervision departments should focus more on screening for cases of fraud and providing warnings. Second, investors trusted in the EZB platform as a result of their own investment experience and the endorsement of external parties. Thus, the authorities should improve their supervision of the advertising broadcast on TV stations. The relevant departments should also clarify the social and economic attributes of different TV channels and seek to balance their propaganda and management functions.

03 Banking Operation & Financing

Economic Policy Uncertainty and Bank Lending Costs

SONG Quanyun LI Xiao QIAN Long

(School of Finance, Southwestern University of Finance and Economics; Research Institute of Economics and Management, Southwestern University of Finance and Economics; Nanjing Branch, The People's Bank of China)

Economic policy is important for the transformation and structural change of China's economy.However, the complexity of formulating specific economic policies and unpredictability during their implementation leads to economic policy uncertainty. Studies have shown that such uncertainty significantly affects economic development and corporate behavior. However, few studies have focused on the mechanisms by which economic policy uncertainty affects macroeconomic operation and corporate behaviors. China's financial system is characterized as bank-dominated, and bank credit is an important source of financing for microeconomic entities, which makes bank credit an important channel through which economic policy uncertainty can affect the real economy.

This paper examines the effect of economic policy uncertainty on the cost of bank loans to firms, focusing on two main issues. First, we examine how banks adjust banks loan pricing in response to economic policy uncertainty. We not only pay attention to the average effect of economic policy uncertainty on bank loan costs to firms but also to the heterogeneous effects on different types of bank and firm. Second, we examine whether economic policy uncertainty affects firm loan costs through a deleterious effect on firm credit defaults. These two issues provide a better understanding not only of how economic policy uncertainty affects firm behavior and themacro-economy, but also of the importance of consistency and transparency of economic policy in maintaining financial stability.

Using the indicator constructed by Baker et al. (2016) and representative bank loan data from 2010 to 2015, this paper empirically explores the impact of economic policy uncertainty on firm bank lending costs. Several findings are worth mentioning. First, we show that economic policy uncertainty has a significantly positive effect on firm bank loan costs, especially for loans issued by smaller banks. We explain this as follows. A bank's incentive to self-insure is stronger during periods of higher uncertainty, as greater uncertainty makesit difficult to form accurate expectations of future liquidity demand and the frequency and intensity of the implementation of future macroeconomic policy. Banks therefore tend to identify borrowers by increasing loancosts. Second, our heterogeneity analysis indicates that economic policy uncertainty has a greater effect on the bank lending costs of micro-enterprises and private enterprises. Third, we show that the default risk of bank loans decreases when economic policy uncertainty increases. This indicates that the increase in bank loan costs when economic policy uncertainty increases is not due to an increase in default risk. It is more likely that banks strengthen their self-insurance incentive and transfer their policy uncertainty risk to firms when policy uncertainty increases.

Based on our empirical analysis, we put forward the following policy suggestions. First, amplitude and frequency should be taken into consideration when applying economic policies to regulate the economy, especially the potentially detrimental effect of policy adjustment on bank credit allocations. Second, the management and guidance of banking sector expectations needs strengthening to improve bank anticipation of government policy and thus encourage banks to better serve the real economy. Third, the government must consider the potential heterogeneous effects of economic policy adjustment on different types of firms and banks, to improve the pertinence and effectiveness of economic policies.

Our study contributes to the literature in the following ways. First, it enriches the literature on the effect of economic policy uncertainty and provides a better understanding of how it affects macroeconomic fluctuations and firm behavior from a micro-perspective. Second, we find that increased economic policy uncertainty intensifies the distortion of credit allocation in China's banking sector, indicating that the amplitude and frequency of economic policies are important in improving the stability and efficiency of its banking system. Future research should comprehensively explore the influence of economic policy uncertainty on bank credit supply and microcredit demand.

Internet Finance, Deposit Competition, and Bank Risk-taking

GUO Pin SHEN Yue

(School of Economics and Finance, Xi'an Jiaotong University)

Amid advances in information technology and financial innovation, internet finance practices are changing continuously, and new internet finance models are constantly emerging. Since 2013, the development of internet finance has created significant prosperity, leading to rapid changes in how people conduct financial activities and fundamentally altering the financial ecosystem. Commercial banks, the mainstay of the traditional financial sector, are facing increasingly fierce deposit competition. The 19th National Congress of the Communist Party of China in October 2017 proposed "perfecting the financial supervision system and holding the bottom line of systemic financial risks". The March 2018 meeting of the Central Committee of Finance and Economics emphasized that "preventing and defusing financial risks is related to national security, overall development, and people's property security". These statements, coming against the backdrop of the rise of internet finance, identified the regulation of bank risk-taking as a central requirement. This raises several important questions: how does internet finance affect bank risk-taking through the channel of intensifying deposit competition? Do the various models of internet finance have heterogeneous impacts on commercial banks? Do different types of commercial banks have diverse responses to internet finance? These are important practical and theoretical issues that need to be solved to prevent bank risks and deepen financial system reform.

By constructing a bank circular city model that incorporates internet finance, this paper deduces the following transmission mechanism: internet finance →deposit structure/interest- paying costs →bank risk-taking. Then, based on an internet finance index (constructed via text mining) as the core explanatory variable and using a sample of 83 commercial banks in China from 2003 to 2016, a multiple mediation model is built for empirical testing. Furthermore, this paper uses system generalized moment estimation (SYSCMM), iterative seemingly uncorrelated estimation (SUR-i), and instrument variable (IV) technology to verify the existence and dual heterogeneity of the above effects.

The main conclusions of this paper are as follows: (1) The development of internet finance has significantly increased the risk-taking level of banks through deposit structure deterioration and interest-paying costincreases; the relative contribution of deposit structure deterioration is about 50%, and that of interest-paying cost increases is about 35%. (2) Relative to internet channel construction, the paper finds that internet payment settlement, internet resource allocation, and internet wealth management have stronger negative impacts on banks'deposit structure and interest-paying costs. (3) Compared with state-owned, large-scale, low-liquidity, and low-capital-adequacy commercial banks, non-state-owned, small-scale, high-liquidity, and high-capital-adequacy commercial banks suffer more rapid losses of customer deposits and larger increases in average interest-paying costs when confronted with challenges from intemet finance.

This paper makes several contributions to the literature. First, based on the unique economic and financial environment of China, this paper constructs a bank circular city model that incorporates intermet finance anddeduces the internal transmission mechanism of internet finance →deposit structure/interest-paying costs→bank risk-taking. Second, by establishing a multiple mediation model, this paper for the first time verifies the mechanism of internet finance development's impact on bank risk-taking; it also evaluates the relative contribution of two aspects of this impact, deposit structure deterioration and interest-paying cost increases.Lastly, while earlier studies pay more attention to the overall impact of intemet finance on commercial banks, this paper divides internet finance into four typical models according to financial function to explain the heterogeneous impacts of various models on commercial banks. In addition, using four dimensions of banks(property-rights type, asset scale, liquidity level, and capital strength), this paper examines the diverse responses of different types of commercial banks to internet finance.

Reform of Capital Measurement Methods, Banks'Risk Preference and Credit Allocation

LIU Chong DU Tong LIU Liya LI Minghui

(School of Finance, Shanghai University of Finance and Economics; Shanghai Institute of Intemational Finance and Economics; School of Economics, East China Normal University; Shanghai M&A Financial Research Institute)

The 2008 global financial crisis is attributed to excessive risk-taking by commercial banks and the failure of financial regulation. In December 2010, the Basel committee officially released the Basel Ⅲ standards, which revised multiple defects identified in the Basel Ⅱ standards. Based on the Basel Accords, the China Banking Regulatory Commission (CBRC) introduced the New Capital Accord and planned to implement aseries of reforms labeled Advanced Methods of Capital Management (AMCM). The AMCM consists of anintermal ratings-based (IRB) approach to credit risk measurement, an internal model approach to market risk measurement, and an advanced measurement approach to operating risk measurement. In April 2014, the CBRC approved six banks to act as pilot adopters of AMCM by replacing the previous credit risk standard, under which risk weights were determined uniformly by the regulatory agency, with the RB approach. This raises several issues in need of further study. Will AMCM implementation influence the effect of capital regulations, change commercial banks'risk preferences, or cause structural adjustments to credit allocation?

The partial implementation of AMCM enables us to use the difference-in-differences (DD) and triple differences (DDD) methods for empirical analysis. Using semi-annual and annual reports of listed commercial. banks from 2010 to 2016, we collect data on 16 banks (6 banks as the treatment group and 10 banks as the control group). We use risk-weighted assets and the proportion of individual industry loans to total loans as the explanatory variables and other characteristics as the control variables. We further rely on the industry-specific non-performing loan ratio published by the CBRC as the measure of industry-level credit risk and then match this measure to our banking data to settle on 13 industries.

Empirical results using the DD method show that the pilot banks significantly reduce risk-weighted assets after AMCM implementation, which suggests that this policy successfully reduces banks'risk appetite. More importantly, this change in risk appetite may influence how credit is allocated to industries with different credit risk levels. Using the DDD method, we find that AMCM implementation prevents pilot banks from making loans to high-risk industries and has a nonlinear effect on loans to less risky industries; i. e., loans increase not for the least risky industries, but rather for ones with slightly higher risk. This illustrates banks' trade off between risks and returns. Due to the pro-cyclical nature of commercial bank credit, the influence of AMCM on credit allocation may have implications for economic activities. By dividing industries into virtual and real sectors, we find that pilot banks reduce loans to the real estate (virtual), manufacturing (real), and construction (real)industries, and they significantly increase loans to the financial industry (virtual). Therefore, pro-cyclical effects and banks'loan adjustment behavior may hinder the reallocation of credit from virtual to real sectors, which is not conducive to structural economic change.

Based on the above empirical results, this paper has several policy implications. For one thing, regulators should pay attention to the impacts of AMCM and encourage commercial banks to improve their customer data collection and risk analysis abilities to ensure the effectiveness of RB systems. For another, regu lators should implement macroeconomic regulations, such as counter-cyclical capital buffers, to mitigate the pro-cyclical effects arising from the IRB approach.

This paper contributes to the literature in several ways. First, there is presently disagreement over the effect of RB approaches, and our paper enriches these discussions. Second, unlike previous domestic studies that explore bank credit behavior from the perspective of capital requirements, this paper analyzes the impact of changes in capital measurement methods on bank credit behavior. Finally, this paper offers insights on whether RB methods can aid in the credit allocation flight from virtual to real sectors, sheds further light of the issue of financial resource flow from virtual to real sectors, and has value as a reference for regulatory authorities in setting policy.

Does Reform of the Security Interests System Reduce the Cost of Corporate Debt?Evidence from a Natural Experiment in China

QIAN Xuesong TANG Yinglun FANG Sheng

(School of Economics, Huazhong University of Science and Technology; International School of Business & Finance, Sun Yat-Sen University)

China's economic development has always been plagued by the difficulty and high cost of corporate financing. To improve the financing environment for firms, the government of China has promoted market-oriented financial reforms, adjusted the structure of direct financing and indirect financing, and encouraged the development of small and medium-sized banks. However, issues related to corporate financing remain unresolved. According to a survey conducted by the All-China Federation of Industry and Commerce in 2017, the cost of financing is still the most important cost factor affecting the development of fims. To address this issue, the importance of supply-side structural reform and measures to reduce firm costs were emphasized at the 19th National Congress of the Communist Party of China. In addition, a 2019 government work reportincluded making corporate financing easier and less costly as a key task. Thus, the question of how to reduce the cost of corporate financing has drawn the attention of policy makers, entrepreneurs, and researchers.Particularly in light of China's constantly changing legal system, one important problem is how the cost of corporate debt responds to the reform of the security interests system, which is exogenously induced by the enactment of the Property Law.

As China has transitioned from a planned economy to a market economy, new laws have been continuously introduced to improve the legal environment of the market economy. Compared with previous laws, the Property Law enacted in 2007 introduced a broader and more efficient system of security interests and reduced the transaction costs of secured lending transactions. In particular, the menu of assets legally accepted as collateral was enlarged to include accounts receivable, inventories, and other liquid assets. The reform of the security interests system induced by the Property Law has reduced the risk of secured lending transactions and helped enhance the bargaining power of borrowing firms; this is expected to affect the cost of corporate debt. Thus, this provides an ideal setting for us to study how legal reforms affect the cost of corporate debt financing.Using the Property Law's enactment as a natural experiment and a difference-in-differences method, we construct a sample of manufacturing firms based on the Annual Survey of Industrial Firms in China during 2003-2008 and study the effect of the law on the cost of corporate debt. We find that the reform leads to a significant reduction in the cost of debt, and this effect is more pronounced for firms with a lower proportion of fixed assets. Furthermore, consistent with the economic intuition that the Property Law reduces the cost of debt financing by expanding the range of collateralized assets, triple-difference tests indicate that the reduction effect shows rich diversity. First, the reform more strongly reduces the cost of corporate debt in provinces withless developed legal or financial environments. Second, the reform more strongly reduces the cost of debt for firms subject to severe financial constraints.

Researchers have not reached a consensus on the determinants of the cost of corporate debt. In particular, although many empirical studies using cross-sectional data find that legal systems are an important determinant, few studies explore whether and how legal reforms in an emerging and transitional economy like China's affect the cost of corporate debt. This paper not only identifies the causal relationship between creditor protection-strengthening legal reforms and a declining cost of corporate debt but also clearly reveals that reform of the security interests system reduces the cost of corporate debt by strengthening creditor protections and enhancing the bargaining power of borrowing firms. This paper provides fresh empirical evidence from China's emerging and transitional economy for the law and finance literatures, and it improves our understanding of how creditor protections influence the cost of debt.

In addition, this paper has important policy implications. To alleviate the difficulty and high expense of corporate financing, we must continuously promote the benign change of the basic financial system through market-oriented legal reforms and consolidate the basic institution of the capital market.

Can a Targeted Supporting Policy Ease the Financing Constraints on Private Enterprises? Evidence from Debt Financing Supporting Tools

XU Guang ZHAO Qian WANG Yuguang

(PBC School of Finance, Tsinghua University; School of International Trade and Economics, Central University of Finance and Economics; School of Economics, Xiamen University)

The private economy plays an important role in China's rapid economic development. However, in recent years, private enterprises have suffered from financing difficulties, and regulatory authorities have issued a series of measures to address this problem. Among these measures, debt financing for private enterprises is a targeted support policy that aims to ease the external financing constraints on private enterprises in a market-oriented operation mode. This policy introduces derivatives such as CRMWs, which are sold at the same time as bonds are issued, allowing investors to avoid the risk of default by purchasing CRMWs. Can this targeted supporting policy successfully support private enterprises? If so, what is the specific mechanism? This study uses data on the interbank bond market to empirically examine the impact of the targeted supporting policy on private enterprises' bond financing.

We collect 2 347 samples from the April 2018 to March 2019 period, which represent bonds from 655 private enterprises and 1 692 state-owned enterprises. The data are mainly from the Wind database. The data on the cancellation of bond issuances are obtained from the Shanghai Clearing House. First, we review the background of the policy and construct a theoretical framework. We point out that this policy has both a signal transmission effect and a CRMW insurance effect. Both effects could effectively alleviate the financing constraints on private enterprises. The signal transmission effect works for all private enterprises, whereas the CRMW insurance effect only works for private enterprises with lower ratings. Based on this finding, we then conduct an empirical analysis to determine which effect is stronger. We use the difference-in-differences (DID) method to determine whether the policy can successfully target private enterprises. In the follow-up, we further explore the CRMW insurance effect.

We make the following findings. First, after the announcement of a debt financing tool for private enterprises, the price of private enterprises' bonds dropped, and it became easier for them to issue bonds successful bonds. Using a DID analysis as a robustness test, we find that the bond issuing price of private enterprises fell more than that of state-owned enterprises after the announcement of the policy, indicating that it successfully targeted private enterprises. Second, the signal transmission effect of the target supporting policy is strong, whereas the insurance effect of CRMWs is weak. This is shown by the fact the private enterprises' bonds with different ratings all showed a decrease in issuing price and an increase in the probability of successful issuance after the policy was issued. Third, the effect of CRMW on loosening the financing constraints on private enterprises has not been fully realized. Although the role of CRMW in directly reducing the issuing price of private enterprises' bonds is not obvious, this effect significantly increases the probability of successfully issuing bonds, which can indirectly reduce the comprehensive financing cost.

This study offers the following insights. First, targeted supporting policies in the bond market can accurately support private enterprises. We should promote more such policies. Second, CRMW is currently more helpful for solving the issuing problem than the pricing problem. It is necessary to consider the trade off between high-probability issuance with high-cost financing and low-probability issuance with low-cost financing when deciding whether to use CRMW. Third, as the CRMW insurance effect has not been fully realized, more policies supporting CRMW are needed. It is necessary not only to strengthen the breadth and depth of investor education, but also to promote more supporting measures, such as capital charge.

The contributions of this study are as follows. First, we discuss not only the impact of the targeted supporting policy on the bond issuing price, but also the impact of the policy on the availability of corporate bond financing based on the cancellation of bond issuances, which provides a large sample for a comprehensive review of policy effects. Second, unlike previous studies, we focus on whether the targeted supporting policy can effectively act on the object of the policy; specifically, we conduct an in-depth study of the policy's structural adjustment effect, which provides a new perspective on the policy. Third, we theoretically show that the targeted supporting policy can operate through a signal transmission effect and the insurance effect of CRMW, and then use DID and PSM, respectively, to verify each effect. This provides not only new theoretical support for understanding the policy transmission mechanism, but also a more detailed and targeted empirical basis for evaluating the role of policy.

The Role of Honesty in Public Firms, Bank Loans: Evidence from China

DAI Yii ZHANG Pengdong PAN Yue

(School of Management, Xiamen University; School of Economy, Xiamen University)

Honesty can be considered an important lubricant in business relationships. Although modern institutions are designed to control cheating, in many situations, only intrinsic honesty keeps people from violating rules. A growing body of research on honesty and corporate finance has documented that honesty reduces firms, misconduct and improves their performance, and that firms that cheat in transactions might lose cooperative relationships, and even go bankrupt.

Information asymmetry in economic transactions makes honesty more important, especially in situations such as banks, credit allocation, where firms have full information about their collateral but banks do not. The default risk faced by banks dramatically increases if firms are dishonest, which causes discrimination in banks, credit allocation. This study examines the role of honesty in banks, credit allocation. Specifically, we investigate whether different levels of regional honesty affect bank loans to public firms.

There are two common methods for measuring honesty: surveys and text analysis. However, measurement bias arises in both of these methods. First, respondents are more likely to be honest in surveys. Second, the "honesty" advocated by enterprises can be easily imitated. In this study, we construct a new variable based on the data on deadbeat borrowers ("Laolai" in Chinese) disclosed by the Supreme People's Court of China. We argue that the deadbeat data are less biased than survey and text analysis data for two reasons. First, although survey responses have no cost, the behaviors of deadbeats-that is, refusing to implement court judgments-are real decisions with severe costs. Second, the banks allocating credit are also the main participants in lawsuits against deadbeats, therefore these lawsuits offer insights into regional honesty levels in banking relationships.

We argue that public firms operating in dishonest environments will receive more credit from banks for two reasons. First, all of the firms operating in dishonest environments, public or private, are more likely to act dishonesty due to the low costs. Second, as public firms have more information transparency and external supervision, they can obtain more credit in a dishonest environment.

We test this conjecture using a sample of all of the firms listed on the Shanghai and Shenzhen securities exchanges for the 2003 to 2014 period. The results support our hypothesis, showing that for each 1% decrease in regional honesty level there is a 1.83% increase in public firms' bank loans (over assets). To deal with the endogeneity issues, we control for possible omitted variables related to honesty at the regional level by using two instrument variables: "area of rice plantings in 1978" and "the number of temples within 200 km of public firms". We construct a PSM-DID model based on firms' relocation events. Our conclusions remain robust.

To provide direct evidence, we further investigate whether the relationship between regional honesty levels and public firms' bank loan varies among firms with different levels of transparency and supervision. We find that the relationship between honesty and credit is strengthened by firms' credibility, measured by higher transparency and more supervision. We also document that the percentage of deadbeats in lawsuits where the plaintiff is a bank strengthens the relationship between regional honesty and firms' loans. However, the effect of regional honesty on firms' bank loan is weaker during an industry crisis and in cities with better social credit systems. We also find that banks react to dishonest environments by shortening the loan maturity and increasing the amount of collateral required.

Our study contributes to the literature in the following ways. First, we examine the role of honesty in the economy. Unlike previous studies of the impact of honesty on firms' behavior and performance, we study the role of honesty in banks' credit allocation. Second, we contribute to the literature on corporate financing. Our study provides new evidence that firms can facilitate their financing by improving information transparency and introducing external supervision, especially private and small enterprises.

04 Enterprises Reform & Innovation

Heterogeneity of the Financialization of the Real Economy in China

ZHANG Chengsi ZHENG Ning

(School of Finance, Renmin University of China; China Fiscal and Monetary Policy Research Center)

Recent developments in financial markets have shifted researchers' focus from the financial development of the real sector to the development of financial investments. When firms in the real sector engage in too much financial investment, i. e., when they participate in financial market activities and neglect the development and innovation of the main business, the result may be phenomena such as "financialization" , which involves a switch from a "real" economy to a "virtual" economy. Previous studies have examined the negative impact of the financialization of the real economy on corporate management, innovation, and so on, but only a few have focused on a more crucial problem: why do firms favor financial investments? Studies using appropriate theoretical settings and modeling are urgently needed. One important research question is whether there is any heterogeneity in the financial investment mechanisms of different types of enterprises, and what are the differences? A scientific answer to this question will undoubtedly provide policy makers with a more targeted and differentiated approach to regulation.

This study uses the portfolio choice model featuring fixed and financial assets, relaxing the model hypothesis and constructing a cross-period portfolio choice model to analyze the heterogeneity of the mechanism that drives the financialization of different types of enterprises. We set up the empirical model based on theoretical expressions, and apply GMM estimation using the panel data on China's A-share listed non-financial firms from the 2006-2016 period.

Our analysis focuses on the heterogeneity of the mechanism driving the financial investments of different types of enterprises. We separate financial assets into cash and non-cash financial assets. We divide the main sample into two subsets based on the type of ownership and industry: state-owned enterprises vs. non-state-owned enterprises and manufacturing vs. non-manufacturing groups.

The results show that there are obvious differences in the mechanisms driving financial investment. The non-state-owned enterprises face stronger external financing constraints and higher operational risks; therefore, the motivation to hold financial assets is mainly to avoid risk. State-owned enterprises are mainly restricted by internal cash flow and leverage ratio, and risk aversion is not a significant driving factor. The income from the main business of manufacturing firms depends on fixed assets, which encourages firms to hold financial assets to avoid the fixed investment risk, whereas the financial investment of non-manufacturing firms is mainly driven by the profit motive.

We also find that there are apparent differences in the mechanisms driving choices in cash and non-cash financial assets. The cash investment of state-owned enterprises is mainly driven by the profit motive, whereas non-state-owned enterprises do not show this characteristic. The non-cash financial assets investments of non-state-owned, manufacturing and non-manufacturing firms are driven by uncertainty in economic policy, whereas state-owned enterprises are unaffected by this uncertainty. The results are robust to the removal of long-term equity investments in financial assets.

For policy makers interested in promoting "financial sectors returning to source" and "financial sectors serving the real economy" , this study's findings have specific policy implications. Strengthening the regulation of investment risk, clearing financing channels, and reducing the uncertainty of real investment should be key targets for policy makers. More importantly, macro policies that are generalized to all enterprises fail to recognize the heterogeneity of enterprises and the different preferences in financial investment. To guide the real economy to participate in investment activities and to help realize the optimal allocation of resources across departments and industries, policies are needed to address the unfair financing environment for non-state-owned enterprises, the "soft budget constraints" of state-owned enterprises, and the high risk of investment in manufacturing industries.

Bank Competition, Financial Constraints, and Corporate Innovation: Evidence from Industrial Firms in China

ZHANG Xuan LI Zijian LI Chuntao

(School of Statistics and Mathematics, Zhongnan University of Economics and Law; School of Public Economics and Administration, Shanghai University of Finance and Economics; School of Finance, Zhongnan University of Economics and Law)

Innovation is the driving force for economic growth and provides sustained support for economic growth and development, especially in China's manufacturing industry. Although the literature has have documented the effects of bank competition on firm innovation, we are still curious about the channels through which bank competition is affecting firm innovation. This paper contributes to the literature by examining the impact of bank competition on enterprise innovation from a financing constraint perspective. In addition, we use China's entry into the WTO as a policy shock, which allows us to use a difference-in-differences method to deal with the endogeneity issues. Unlike previous studies, which uses either short term data or single innovation measures, this paper allows us to examine the effects of heterogeneous business environments on firm innovation.

The data used in this paper are from the China Industrial Enterprise Database from 1998 to 2007, the Enterprise Patent Database of the State Intellectual Property Office, and the information on commercial bank branches disclosed by the China Banking Regulatory Commission. We construct a mediation effect model to test the impact of bank competition on firm innovation through mitigating the firms' financial constraints. The results are as follows. First, bank competition is found to significantly promote firm innovation. Second, bank competition can reduce firms' financing constraints. Finally, after controlling for financial constraints, the impact of bank competition on corporate innovation remains positive, although it is slightly weaker. These results indicate that financing constraints have a partial mediating effect on the relationship between bank competition and corporate innovation. In addition, we add the interaction between bank competition and financing constraints to further verify the channel through which bank competition affects firm innovation. The results exhibit a significantly negative coefficient for the interaction term, indicating that the monopoly power of the banking industry strengthens the adverse effect of financing constraints on firm innovation. This shows that bank competition can promote firm innovation by reducing firms' external financing constraints.

We address the endogeneity issues by using a difference-in-differences method and an instrumental variable approach. After China joined the WTO, the government began to gradually eliminate the restrictions on foreign banks establishing branches in China and conducting business in RMB. This policy change created a quasi-natural multi-period experimental setting, which allows us to use a difference-in-differences method to address the endogeneity issues. We further use the average bank competition of three cities with similar GDP within the same province as an instrumental variable for bank competition and use a two-stage regression to disentangle the endogeneity issues. We also conduct a series of robustness tests with different financing constraint measures, different competition variables, more recent industry survey data, and more rigorous estimation methods. Our main findings are robust to the above changes.

We then conduct split-sample analyses to test the heterogeneity effect Our results show that the effect of bank competition on firm innovation is more pronounced for firms that are more dependent on external financing, small and medium-sized firms, private firms, firms from regions with higher levels of marketization, and firms from regions with better legal protection. In addition, we find that the competition between non-SOE banks and city commercial banks can better promote enterprise innovation.

The results of this paper show that a moderate competition in the financial sector is crucial for promoting corporate financing and innovation, which in turn can affect a country's financial stability and economic growth. The development of small and medium-sized banks has broadened the channels for corporate financing and injected new vitality into firm innovation in China. Therefore, further reforms of the financial system should focus on optimizing the structure of the financial system and establishing a multi-layer and diversified financial market to effectively alleviate the financing constraints of SMEs and encourage innovation through the provision of better financial services.

Confucian Tradition and Corporate Innovation: The Power of Culture

XU Xixiong LI Wanli

(School of Economics and Business Administration, Chongqing University)

Innovation is an extensively researched topic in the fields of economics and management. The relevant literature investigates the key factors affecting corporate innovation from the perspectives of intellectual property protection (Moser, 2005; Wu and Tang, 2016), government subsidies (Gorg and Strobl, 2007; Zhang et al., 2018), corporate governance (Manso, 2011; Shi and Wang, 2017), financing constraints (Brown et al., 2013; Zhang et al., 2017), and executive characteristics (Sunder et al., 2017). However, few studies have focused on the potential impact of implicit value norms, such as social culture, on the decision preferences of managers and their innovation strategy choices. Huntington and Harrison (2013) argue that culture is an important factor affecting society, politics, and the economy. The emerging literature on "culture and finance" shows that besides institutional and economic factors, informal institutional factors such as culture play a pivotal role in corporate decision-making (Li et al., 2013). Culture may play a critical role in shaping corporate decision-making in China in particular, as despite its less developed laws and institutions relative to those in developed countries, China has a long history and rich culture (Allen et al., 2005).

In Chinese society, Confucian culture is the most extensive and far-reaching informal institutional factor.

As the core of Chinese traditional culture, Confucianism is the moral norm and an action guide generally respected by individuals and organizations

(Ip, 2009). Du (2003) believes that Confucian culture not only has shaped the spirit of Chinese enterprises but also served as a spiritual pillar in the process of modernization, influencing all aspects of the social economy. Fu and Tsui (2003) argue that Confucianism is pervasive in the values of Chinese entrepreneurs and is reflected in corporate decision-making. This raises an important question: what impact does Confucian culture have on innovation within contemporary enterprises?

Using a sample of Chinese listed firms during the period 2007 to 2016, this paper systematically investigates the impact of Confucian culture on corporate innovation. We find that Confucianism is significantly positively associated with a firm's patent output, implying that Confucian culture has a significant promoting effect on corporate innovation. Channel analysis shows that Confucianism affects corporate innovation mainly by alleviating the corporate agency conflict, improving the level of human capital investment, and reducing the risk of patent infringement. Further, the positive effect of Confucianism on corporate innovation is more prominent for private enterprises and firms in areas with weaker intellectual property protection. Meanwhile, foreign cultural influence weakens the positive effect of Confucianism on corporate innovation. We also document that Confucianism helps improve the efficiency of patent technology transformation and thus enhances the marginal contribution of technological innovation to firm performance.

This paper contributes to the literature in several ways. First, our study breaks through the traditional institutional theoretical framework and investigates the impact of Confucian culture on corporate innovation from the perspective of informal institutions. This not only deepens understanding of the cultural soil on which innovation depends but also enriches the literature on corporate innovation. Second, the literature on Confucian ethical values mainly focuses on the fields of philosophy and sociology and adopts normative research methods. This paper uses an empirical method to reveal the positive role of Confucian culture in promoting contemporary enterprise innovation. This expands the research paradigm and deepens theoretical understanding of the economic consequences of Confucian culture at the firm level. Third, current research on "culture and finance', mostly focuses on Western culture and uses cross-national samples to compare the impact of national cultural characteristics on corporate behavior. We apply a sample of Chinese listed firms to examine the impact of Confucianism on corporate innovation. This approach ensures that institutional differences between countries do not interfere with the empirical results, and it also contributes empirical evidence from an Eastern culture to extend the international literature on culture and finance. Finally, our study is the first to theoretically explain and provide empirical evidence for Confucianism's positive effect on corporate innovation. This corrects the passive cognitive bias toward Confucianism while also providing a theoretical basis and policy reference for giving full play to the positive role of Chinese traditional culture in achieving innovation-driven strategies and high-quality development goals.

Payroll Tax Avoidance and Corporate Innovation

JIANG Xuanyu ZHU Lin YI Zhihong YU Shangyao

(School of Accountancy, Central University of Finance and Economics; School of Business, Renmin University of China; School of Business, Renmin University of China; School of Business, Beijing Technology and Business University)

Innovation plays a critical role in establishing competitive advantage and promoting economic growth, and the factors that affect innovation have received significant research attention. According to the literature, a sophisticated incentive system can reliably promote corporate innovation. However, the system should provide effective incentives for both managers and employees because studies have shown that stock options for employees, labor protection measures, and labor unions have important effects on corporate innovation.

In recent years, the income structure of employees has diversified with the development of the economy in China. However, salaries are still the dominant form of income. Moreover, there may be significant differences between employees' nominal pre-tax salaries and their actual after-tax salaries due to the high personal income tax rates. In this case, payroll tax avoidance activities may affect the effectiveness of compensation incentives, and thus affect corporate innovation.

Two competing hypotheses are theoretically related to the consequences of payroll tax avoidance activities. First, unlike standard routine work, innovation projects require employees to commit substantial effort in continually learning to adapt to the new environment created by innovation. Thus, it is costly for employees to carry out innovative projects. If the level of compensation does not cover the high private cost of being involved in corporate innovation, the employees will lack the motivation to participate. In particular, the high personal income tax rates in China significantly reduce employees' actual after-tax salaries, and therefore weaken the effectiveness of compensation in promoting corporate innovation. Therefore, because payroll tax avoidance effectively lowers the tax rate of employees, it is likely to improve the effectiveness of compensation in promoting corporate innovation.

Second, the risk preferences of deciders are stable at any particular time. Because the variance in after-tax salaries increases the perceived risk of employees to balance their risk exposure, the employees have an incentive to reduce their involvement in high risk innovation. Moreover, employees' payroll tax avoidance activities may increase the volatility of their after-tax salaries over time. For instance, employees' nominal pre-tax salaries will be much higher when company earnings are higher. However, the progressive tax rates for wage and salary earners reduce the difference between the peaks and troughs of the compensation. In other words, payroll tax avoidance can also hinder corporate innovation.

In this study, we investigate whether and how payroll tax avoidance affects corporate innovation using a sample of Chinese A-share listed firms from 2007 to 2015. Following the literature, we measure corporate innovation using the invention patent applications in a given year. Our findings are as follows. (1) The extent of payroll tax avoidance is significantly and positively correlated with corporate innovation. (2) The positive correlation is more pronounced when there is high taxable pressure on employees, and the reform of the individual income tax system in 2011 inhibited the positive correlation. These results suggest that payroll tax avoidance promotes innovation by reducing the adverse effects of payroll tax and strengthening the compensation incentive effect. (3) For state-owned companies and companies located in high tax enforcement regions, payroll tax avoidance plays a greater role in promoting innovation. (4) This positive correlation is significantly attenuated for firms, with higher per capita salary fluctuations. (5) The positive correlation is more significant in companies that provide significant benefits for innovators.

We contribute to the literature in three ways. First, different with the literature focusing on the stock options of employees, labor protection measures, and labor unions, we provide new evidence on the relationship between the motivation and innovation of employees by studying their payroll tax avoidance activities. Second, the effect of corporate tax avoidance on innovation has been discussed in the literature. Thus, we add to the literature on tax avoidance and corporate innovation by examining the impact of payroll tax avoidance on corporate innovation. Third, this study extends the literature on the economic consequences of payroll tax avoidance. Although studies have investigated the influence of payroll tax avoidance on firms, accounting performance, to the best of our knowledge, we provide the first evidence tying payroll tax avoidance to a vital dimension of corporate performance, namely, corporate innovation.

Estimating the Sensitivity of Listed Firms, Investments to the Cost of Capital in China

XU Mingdong CHEN Xuebin

(School of Economics, Fudan University)

The sensitivity of corporate investment to the cost of capital is a micro-foundation prerequisite for the effectiveness of price-based monetary policy tools. Traditionally, it was thought that Chinese state-owned enterprises' investment displayed low capital cost sensitivity, as these firms, non-marketization functions and soft budget constraints blocked the interest rate transmission mechanism. In recent years, with quantitative monetary policy tools facing increasing limitations, the People's Bank of China has been actively trying to transform from a quantity-based to a price-based monetary policy framework. However, amid widespread corporate governance reform, interest rate marketization, and rapid financial innovation, the micro-foundation of China's monetary policy has undergone great changes. Therefore, it is necessary to estimate the capital cost sensitivity of corporate investment to test the transmission effectiveness of price-based monetary policy instruments.

Based on the new classical investment model, this paper uses the Generalized Method of Moments (GMM) dynamic panel method to estimate the capital cost sensitivity of Chinese listed companies' investment from 2004 to 2017, and it focuses on the impact of financial constraints on the capital cost sensitivity of corporate investment. The empirical results are as follows. First, the weighted capital cost sensitivity of firms' investment in China is significantly negative, and the long-term elasticity coefficients vary from –0.16 to 0.27, which shows that the transmission of price-based monetary policy tools is gradually getting better. Second, firms' investment is mainly sensitive to the cost of debt, while the coefficients of the cost of equity are insignificant and unstable. Third, contrary to the traditional view, the capital cost sensitivity of non-state-owned companies is significantly lower than that of state-owned ones, which can be explained by the stronger financial constraints faced by non-state-owned companies. This paper provides some supportive empirical evidence for the transformation of China's monetary policy framework.

The evidence in this paper that runs contrary to the traditional view is consistent with other recent studies on Chinese companies' investment behavior. Deng and Zeng (2014) and Yu et al. (2014) find that investment efficiency in recent years is significantly lower for non-state-owned enterprises than for state-owned ones. As a result of financial institutions' lower risk appetite (caused by slowing economic conditions) and frequent monetary policy shocks, the gap in financial constraints between state-owned enterprises and non-state-owned ones has widened. As non-state-owned enterprises' credit resources were gradually squeezed out, serious financial constraints led to declining investment efficiency for these firms.

The main contributions of this paper are as follows. First, two important factors affecting the capital cost sensitivity of corporate investment, namely the internal agency (business objectives and soft budget constraints) problem and financial constraints, are analyzed, and the special infuence of financial constraints is emphasized. Second, this paper extends the research of Xu and Chen (2012), who use data from all above-scale industrial enterprises in China from 1999 to 2007, and it yields some results different from the literature.

Third, this paper examines the impact of financial constraints on the capital cost sensitivity of corporate investment and finds that stronger financial constraints faced by non-state-owned listed companies explain their low capital cost sensitivity of investment.

It is worth noting that the estimation result applies to public firms in China. For a large number of non-listed companies (especially small and medium-sized enterprises) with low information transparency and weak corporate governance, or various government financing platforms, more data and further work are needed to examine the capital cost sensitivity of their investment.

Incremental or Radical Innovation: A Perspective on Customer Concentration

JIANG Wei DI Lulu HU Yuming

(Management School, Jinan University)

Innovation plays an essential role in economic growth and corporate development. However, the literature focuses mainly on corporate innovation from the perspective of innovation quantity and efficiency, while rarely investigating the different types of innovation and their determinants, such as incremental versus radical innovation (Dewar and Dutton, 1986; Cardinal, 2001). According to the People's Daily, the number of patent applications in China has multiplied by 10 times over the past 10 years, and China has received the highest number of patent applications worldwide in the past 5 years. Nevertheless, the overall quality of innovation in China remains low. Thus, investigating the heterogeneity of innovation using radical and incremental innovation contributes not only to the innovation literature, but also to government policy design for a transition economy and sustainable development.

This paper investigates the effects of customer concentration on radical and incremental innovation by firms. Prior studies show that major customers can contribute to corporate innovation by providing information on consumer demand and new product development (Fang, 2008; Coviello and Joseph, 2012). However, few differentiate between radical versus incremental innovation. Theoretically, collaboration between major customers and firms can increase radical innovation, as information from major customers can mitigate the technological and financial risks. Christensen (2014) argues that closely collaborating with and learning from major customers can benefit firm research and thus provide short-term profits. However, in the long term, radical innovation is vital to firm development, yet the lack of radical innovation increases a firm's fiasco risk. Therefore, the effect of customer concentration on radical and incremental innovation by firms is uncertain and requires empirical evidence.

Our initial sample consists of all firms listed on China's Shenzhen and Shanghai Stock Exchanges from 2009 to 2016. We manually collect customer data from voluntary disclosures in the annual reports of A-share listed firms. All financial data are from China Stock Market & Accounting Research (CSMAR), ownership data are from the China Center for Economic Research (CCER), and patent data are from the China Research Data Services Platform (CNRDS). We exclude firms in the financial industry, firm-year observations with incomplete or incorrect financial and ownership information, and firm-year observations with zero invention and utility patents. Finally, we winsorize the continuous variables by 1% at the top and bottom of the sample and end up with 9, 046 firm-year observations. Our results show that firm customer concentration is significantly positively associated with radical innovation. However, this relation only appears among state-owned enterprises (SOEs) and firms with high geographic proximity to their major customers. In addition, we find that among firms with such a relation, higher customer concentration increases firm invention patents rather than utility patents.

This paper contributes to the literature in two ways. First, its contributes to the corporate innovation literature by exploring the heterogeneity of innovation types, namely radical and incremental innovation, whereas prior studies focus on innovation quantity and efficiency. In addition, we provide new measures of radical innovation against the Chinese institutional background. Second, we contribute to the literature on how customer concentration affects corporate investment. Prior studies have documented evidence on conservatism, cost of capital, performance, auditor choice, and auditing fees. Whereas Chu et al.

(2018) investigate how geographic location between firms and customers affects innovation, we investigate the effect of customer concentration on a firm's radical innovation.

This paper has two limitations that could be addressed in future studies. First, although we present new measures for radical innovation, our measures for both radical and incremental innovation could be more accurate using broader data on patents, such as citations for patents. Second, future studies could explore more aspects of the customer perspective in addition to customer concentration, such as customer operational and financial status.

Does Traffic Infrastructure Promote Innovation? A Quasi-natural Experiment Based on the Expansion of the High-Speed Railway Network in China

ZHU Zhujun HUANG Xianhai WANG Huang

(School of Economics, Zhejiang Gongshang University; School of Economics, Zhejiang University)

The construction of transportation infrastructure is a leading factor in economic development. In the last 10 years, China has made considerable progress in developing the infrastructure for its high-speed railway, which is now the world's largest and fastest rail network. The network characteristics of transport infrastructure can improve spatial accessibility by reducing the transportation costs. Transport infrastructure can also increase the free flow of innovation and lead to innovation spillover across regions (Krugman, 1991). In general, if transportation infrastructure leads to a one-way flow of innovation factors, it can be seen to have had an agglomeration effect on regional innovation and a negative spillover effect in terms of space. If it leads to the two-way flow of innovation factors, it can be seen to have had an innovation diffusion effect and a positive spillover effect in terms of space (Cantos et al., 2005). Although the literature has mostly focused on the macro-economic effects of high-speed rail, a few studies have focused on high-speed rail from the perspective of heterogeneous firm theory and analyzed the mechanism of the innovation incentives for firms. The extension of the high-speed rail network has improved the accessibility of the major cities in China, and had innovation "spillover effects" on the cities along the lines. In addition, the extension of the high-speed railway has strengthened the foundations for innovation in the central cities through economic agglomeration, and thus had a “siphon effect” in transferring high-end economic factors from the cities along the line to the central cities.

In this paper, we use the firms in cities that joined the high-speed rail network in 2008–2012 as our research object for conducting quasi-natural experiments to determine the effects of high-speed rail on the innovative performance of firms along the lines. First, our results show that in general, the number of patent applications and the average annual patent citations of the treatment firms are significantly higher than those of the control group of firms without access to high-speed rail. Specifically, there is a significant positive effect on the number of patent applications for inventions, utility models, and designs, with the increase in the number of patent applications for utility models being greater than that for the others. Second, gaining access to high-speed rail has a dynamic effect on firm innovation, showing positive innovation effects within one to three years. Notably, the amount of patent applications reaches a local peak after one year, and the average patent citations reach a local peak after three years. Third, the distance from the innovation center has a partial “U”-shaped relationship with the effect on innovation, such that the positive effect is greater for cities within 100 km of a railway line than those 200-300 km away from a line. Fourth, our analysis of the intermediary mechanism shows that firm-level variables such as the degree of competition, entry and exit, change in profit, and change in human capital, and city-industry level variables such as the industry concentration, transportation volume, investment volume, and market potential can explain the changes in firms, innovation behavior. Fifth, in cities closer to the technological frontier, the more competitive industries can achieve greater positive innovation.

This paper makes the following contributions. (1) The literature has mainly explored the effects of transport infrastructure at the macro level, and we thus lack information on the micro-level effects of transport infrastructure on firm behavior. Our findings address this gap by revealing the micro-mechanism of the impact of high-speed rail on firm innovation in cities on the network. (2) Existing studies on the micro effects of transport have potential endogeneity issues (Li and Tang, 2015; Zhang et al., 2018). In this paper, these endogeneity issues are resolved by using the high-speed railway network as a quasi-natural experiment. (3) We provide empirical evidence of the positive impact of transport infrastructure on economic growth. Specifically, we show that infrastructure construction, including high-speed rail, can achieve the dual goals of upgrading the innovation “hardware” and “software”.

Our findings have a number of policy implications. First, the government should accelerate the supply side of the structural reform of transport infrastructure to improve the level of economic development. In this regard, a possible implementation path would be to increase the supply of high-quality infrastructure and the construction of transportation infrastructure, especially in relatively backward areas. Second, the government should accelerate the development of an innovative economy and focus on the factors that drive innovation in the central cities. Improving the quality of the railway infrastructure in underdeveloped cities can also help narrow the development gap between different regions. Third, the government should accelerate the transformation of the modes of innovation, and seek to improve the quality and the level of application of innovation. Rather than directly stipulating the number and speed of patent applications, the government should pay more attention to the dynamic monitoring of the quality of innovation and the level of application. Overall, enhancing the effectiveness of the industrial policies will promote innovation and economic development.

China' s High-Speed Intercity Railway and the Extension of Trade Credit: Evidence from a Quasi-natural Experiment

CHEN Shenglan LIU Xiaoling

(School of Economics and Management, Inner Mongolia University; School of Management, Xiamen University)

As of the end of 2017, the operating mileage of China's high-speed railway exceeded 25 000 kilometers, accounting for 66. 3% of the world' s total high-speed rail. From a global perspective, investment in transportation infrastructure is extremely expensive. In 2016 alone, China spent around RMB 11.89 trillion on infrastructure. However, we still have limited academic and practical understanding of the real effects of transportation infrastructure. Given the increasing economic and social effects of high-speed rail, it is of great theoretical and practical significance to explore the impact of the extension of China' s high-speed rail network. Although, intuitively, the rapid development of transportation infrastructure can be seen to directly affect supplier-customer relationships, few studies have focused on this area. This paper focuses on a general economic characteristic of supplier-customer relationships, namely the extension of trade credit Using the exogenous impact of the rapid development of China' s high-speed rail network, we examine the causal effects of transportation infrastructure on supplier-customer relationships.

The development of high-speed rail can reduce a company' s transportation costs, and thereby increase the transaction volume between the company and its customers. The increased transaction volume not only reduces the degree of information asymmetry between the company and its customers (from a signal transmission perspective), but also facilitates long-term cooperation between tiem and improves te product quality (from a moral hazard perspectve). These factors reduce the company' s motivation to provide trade credit for product quality guarantees.

Using data on the time high-speed rail is introduced in the areas in which listed companies are located, we use a difference-in-differences approach to examine the causal relationship between the introduction of high-speed rail and a company' s decision to extend trade credit. The results of this paper show that the introduction of high-speed rail has a significant negative impact on companies' decisions to extend trade credit. Specifically, after high-speed rail is introduced, companies reduce their extension of trade credit by 3.51%. Moreover, the increase in trading volume is shown to be an important channel through which high-speed rail can reduce companies' extension of trade credit. Further support is found for stronger treatment effects among firms with ex ante geater information asymmetry, more relationship-specific investments, and lower requirements for product quality guarantees. We also conduct a series of robustness tests to further validate the causal effects of the baseline results. The results show that our basic research findings are robust and reliable.

This paper makes the following contributions to the literature. First, this paper contributes to the research on the motives for extending trade credit by incorporating the exogenous changes in China' s transportation infrastructure in the analysis of a company' s decision to extend trade credit, and using the impact of high-speed rail to integrate the two research perspectives of the product quality guarantee theory of trade credit. Moreover, this paper examines the heterogeneity of the treatment effects and provides further support for the product quality guarantee theory of the extension of trade credit.

Second, this paper contributes to the research on the effects of transportation infrastructure on the decision-making and behavior of micro-economic entities, and provides empirical evidence for the micro-pathway through which transportation infrastructure promotes economic growth. To a certain extent, our findings shine light on the black box of the macro-economic effects of traffic infrastructure.

Third, this paper uses the expansion of China's high-speed rail network as a quasi-natural experiment to alleviate endogeneity problems. The use of a quasi-natural experiment based on exogenous changes helps to alleviate the adverse effects of important omitted variables on the causal inferences. In this paper, the extension of China's high-speed rail network serves as a quasi-natural experiment to identify the causal effect of transportation infrastructure on companies' decisions to extend trade credit.

This paper provides timely feedback on the impact of high-speed rail, and provides supplementary empirical evidence on the micro-pathways and intermediate mechanisms through which the construction of infrastructure promotes economic growth. Overall, the findings of this paper enhance our understanding of the economic effects of transportation infrastructure and the factors that influence companies' decisions on the supply of trade credit.

05 Financial Markets

Information Content of Foreign Exchange Options and the Efficiency of the Onshore/ Offshore Markets

ZHENG Zhenlong HUANG Shanshan GUO Boyang

(School of Management, Xiamen University; School of Economics, Xiamen University; Derivatives Trading Department, China Merchants Securities Co., Ltd.)

The People' s Bank of China has been using a more market-oriented method to determine the CNY central parity rate since August 11, 2015. However, the effect of this method on the RMB derivative markets remains unknown. Among the RMB FX derivatives, the onshore CNY options and offshore non-deliverable CNY options share the same underlying asset: the onshore CNY exchange rate. However, there are always differences in the prices of these two options due to the regulations that limit onshore-offshore arbitrage, which results in different option-implied FX distributions and information in the two markets.

To compare the market efficiency of the onshore and offshore option markets, we use the data on the onshore USD/CNY options and offshore non-deliverable USD/CNY options with one month maturities. The information implied in these options is comparable because they share the same underlying asset, the onshore USD/ CNY exchange rate. Specifically, we divide our sample into three periods: before the FX reform, the brief period after the FX reform, and the later period after the FX reform. Following studies such as Jiang and Tian (2005) and Bakshi et al. (2003), we extract the model-free implied volatility and risk-neutral skewness from both the onshore and offshore one-month USD/ CNY options. Based on the information extracted from the bid-ask Black-

Scholes implied volatility price data of the USD/CNY options portfolio, we test the predictability of the implied volatility and risk-neutral skewness on the yield, volatility, and tail risk of the future exchange rates in the three subsamples. We also compare the information in the two markets and the variations in different periods to determine whether the FX reform improved the information content in both markets. We then empirically collect the closing prices of the onshore and offshore USD/CNY options, the closing spot prices, and the forward USD/CNY exchange rates from Bloomberg.

With respect to risk-neutral skewness, our results show that before the FX reform, the onshore risk-neutral skewness only covers the tail risk information and it has weak predictability on the variation in the future exchange rates. During the short period after the FX reform, the offshore risk-neutral skewness completely covers the information in its onshore counterpart. The information efficiency of the offshore market is also significantly better than that of the onshore market. In the later period after the FX reform, the risk-neutral skewness in both markets covers the information on the variation in the future exchange rates. In this case, the information efficiency of the onshore market is slightly better than that of the offshore market.

With respect to the implied volatility, the results show that before the FX reform, the implied volatility has weak predictability on the future volatility in both markets. During the brief period after the FX reform, the onshore implied volatility significantly predicts the future volatility of the USD/CNY exchange rate. However, the offshore implied volatility does not cover the information on the future volatility. In the later period after the FX reform, the implied volatility in both markets covers the information on the future volatility. Moreover, the offshore implied volatility covers all of the information about its onshore counterpart and the historical volatility. Thus, the offshore market is significantly information efficient.

In the two sub samples after the FX reform, we obtain different results when we test the information efficiency separately in terms of the implied volatility and risk-neutral skewness. However, when we conduct the full analysis, after the FX reform, as the central parity rate becomes more market-oriented, the FX option prices cover more and more information on the future exchange rate distribution. The information efficiency of both the onshore and offshore option markets also notably increases. These results indicate that the market-oriented mechanism of the CNY central parity rate can enhance the efficiency of the Chinese financial market. Therefore, in terms of balancing the financial security, steadily promoting the market-oriented mechanism of the CNY central parity rate will help improve the efficiency of the Chinese financial market.

Our findings have strong implications in regard to whether further exchange rate reforms should be implemented and how they should be promoted. However, the question remains as to why the implied volatility and risk neutral skewness produce different results and whether other factors affect the information efficiency of the two markets. These issues warrant further research attention.

Oil Price Trends and the Stock Market: Empirical Evidence from 35 Countries along "the Belt and Road"

ZHU Xiaoneng YUAN Jingfa

(School of Finance, Shanghai University of Finance and Economics/Shanghai Institute of International Finance and Economics)

Large fluctuations in international oil prices not only exacerbate global economic uncertainty but also make it difficult to study the impact of crude oil prices on the economy. Researchers usually study this relationship using end-of-month closing price data. However, the price volatility caused by the financialization of crude oil markets imparts a substantial amount of noise, information unrelated to economic fundamentals-to crude oil prices, with the result that closing prices on adjacent trading days diverge significantly. It is unlikely that short-term changes in crude oil prices will affect economic fundamentals, and there is no evidence that such short-term fluctuations will affect the stock market. Therefore, considering only end-of-month closing price data will inevitably lead to large errors in analysis results and even erroneous conclusions.

Information noise will distort the price of crude oil, causing it to deviate from the normal supply and demand price. Therefore, researchers must try to eliminate the impact of noise when using crude oil prices to analyze economy. To this end, we propose a simple and feasible method, the moving average method, with which we expect to reduce the impact of noise to some extent. The empirical results show that the oil price trend factor based on the moving average method has significantly improved predictive power for the stock market compared to the simple oil price factor.

Why is the oil price trend factor based on the moving average method significantly better at predicting the stock market? We believe there are several reasons. First, short-term fluctuations in international crude oil prices contain noise unrelated to economic fundamentals, but the moving average method can weaken the influence of noise to some extent. Second, due to an insufficient investor response (Hong and Stein, 1999), it takes time for oil price information to fully reflect the stock market (Driesprong et al., 2008). Unlike the simple oil price factor, which contains price information only for a particular day, the trend factor based on the moving average method contains price information for the preceding period and thus has a stronger forecasting effect on the stock market Third, the trend factor can better grasp unfolding price trends and influence investor expectations.

Based on the moving average method, this paper extracts the oil price trend factor from international crude oil prices to study the impact of oil price fluctuations on the stock markets of 35 "Belt and Road" countries. The study finds that the moving average method can effectively reduce information noise in oil prices. The stock market forecasting effect of the oil price trend factor based on the moving average method exists both inside and outside the sample. This paper also examines the stock markets of oil-producing countries and those of non-oil-producing countries. It confirms that the stock market impact of oil price fluctuations is asymmetric between oil-producing and non-oil-producing countries in two aspects. First, a rise in crude oil prices is conducive to the stock markets of oil-producing countries but not to those of non-oil-producing countries. Second, stock markets of oil-producing countries are more sensitive to fluctuations in crude oil prices. In addition, the paper finds that the stock market forecasting ability of international oil prices is time-varying. When the economy is in a down cycle, international oil prices are more predictive of the stock market.

The main contribution of this paper is that it proposes and confirms a simple, feasible method of reducing oil price information noise, namely the moving average method. Second, this paper provides new and powerful evidence on the impact of oil prices on the stock market. Whether the price of oil can predict the stock market is still controversial (Chen et al., 1986; Huang et al., 1996; Jones and Kaul, 1996; Driesprong et al., 2008). After reducing noise with the oil price trend factor, this paper finds that there still exists an impact of international oil prices on the stock market.

Is the Price Linkage between Chinese and Foreign Gold Markets Stable? Analysis Based on External Shocks

WANG Cong　JIAO Jinpu

(College of Economics and Management, China Agricultural University; Shanghai Gold Exchange)

With the continuous opening up and integration of the global financial market, the Chinese gold market frequently interacts with the external market, and its internal linkage relationship also becomes extremely diverse and complex. The price linkage between gold markets reflects the transmission process of information and risk between different markets. The price of gold usually fluctuates due to the interference of external factors, but whether the linkage relationship between markets will change accordingly is not immediately obvious. The effectiveness of the market function and the stable relationship of gold markets are the prerequisites for investors to hedge and diversify their portfolios, and they are also related to the stability of the entire financial market.

Gold futures and spot markets have great differences in market structure and trading mechanisms, so distinguishing the two types of markets is helpful for understanding their linkage mechanism and market characteristics. This paper focuses on the inner side of the gold market, taking the Chinese gold market as the main reference, and choosing the United States, Britain, Switzerland, Dubai, Thailand, and Japan as representatives of the international gold spot and futures market. The closing prices of the main gold contracts of the major exchanges are taken here from the financial terminal of Data Stream. Based on this data sample, the dynamic correlation and volatility spillover effects between the major gold markets in China and foreign countries from 2011 to 2018 are comprehensively analyzed. Crude oil prices, the MSCI index, and the US dollar index are introduced as external shocks to test the impact of different types of market factors on the linkage between the gold spot and futures market and to explore the stability of price linkage between the Chinese and foreign gold markets.

The results show that there is a positive correlation between the Chinese gold market and the major global gold spot and futures markets as a whole, and there is a one-way or two-way volatility spillover effect between them. The significant volatility spillover effect between Chinese and foreign markets indicates that there are channels of information and risk transmission within the gold market, but the dynamic correlation between the markets does not determine the direction of risk transmission. Under general market conditions, external shocks have not significantly changed the linkage relationship between China and the major global gold markets, indicating that the price linkage within the gold market has a strong stability. However, it is worth noting that in extreme market conditions, external factors will have a significant asymmetric impact on the linkage between Chinese and foreign gold markets. These conclusions clarify the basic relationship between markets and provide useful theoretical reference for cross-market cooperation. At the same time, the different linkage mechanisms between spot and futures markets provide a clearer market model for market participants. Investors can use relevant conclusions to hedge and invest effectively.

This paper makes three main contributions. First, it addresses the deficiencies of the research on the internal linkage of the gold market. Most of the literature focuses on the linkage between the gold market and other financial markets, but few studies have focused on the gold market and classified it according to futures and spot markets. This paper makes a comprehensive theoretical and empirical study of the internal correlation of the gold market.

Second, this paper tests the stable price relationship between Chinese and foreign gold market from the perspective of external shocks, to explain why the market function of gold can be effectively played; this is a perspective different from that of previous studies. When external factors interfere with gold prices, such shocks do not significantly affect the correlation between gold markets, so investors can still use the global gold market for effective hedging without unduly worrying about the internal risks of the gold market. Finally, this paper chooses a sample of the futures and spot contracts of eight major global gold markets in the post-financial crisis era. The sample interval covers a variety of market conditions, and the conclusions are subjected to a series of robustness tests to make them more comprehensive and reliable.

A Study on the Multi-Objective Portfolios of Internet Financial Assets

ZHOU Guangyou   LUO Sumei

(School of Economics, Fudan University; School of Finance, Shanghai University of Finance and Economics)

In recent years, the rapid development and continuous innovation of Internet finance in China have greatly affected the traditional financial industry and portfolio theory. Against such a backdrop, it is a relatively new and important issue to study the changes in public liquidity preferences, investment behavior, and asset selection. However, the research is relatively lacking and has little connection with portfolio theory. This paper analyzes liquidity preference, investment behavior change, and asset selection under Internet financial innovation to reveal the influencing mechanism of Internet finance on public investment behavior. It also attempts to build a multi-objective portfolio model based on the CRRA' s expected utility maximization and VaR minimization at the end of the period. Finally, this paper introduces the multi-objective optimization NSGA-H genetic algorithm to solve the model. It determines the optimal portfolio weights and proposes the corresponding countermeasures and suggestions.

This paper constructs a multi-objective portfolio selection model of Internet financial assets based on the maximization of the expected utility of the CRRA and the minimization of the VaR. Furthermore, it introduces a multi-objective optimization NSGA-II genetic algorithm to solve the model. To overcome the subjectivity of the model parameter setting, this paper calculates the return rates of various assets on the basis of calculating the actual data of various assets and combining the characteristics of Internet financial products. The data come from the Wind database and Internet Loan Home. The simulation results show that in the portfolio of public Internet financial assets, the weight of low-risk financial assets is 59.62%, of which 27.71% are Internet Monetary Fund products and 31.91% are Internet insurance products. The weight of high-risk Internet financial assets is 40. 38%, of which 27. 91% are crowdsourcing products and 12.47% are P2P products. This shows that low-risk Internet financial products are popular with public investors, whereas high-risk products meet the investment needs of some investors who pursue high yield with high yield and convenience.

This paper suggests that the public should follow the principle of optimizing platform, diversifying investment, pursuing income, and ensuring safety in the investment decision-making process. Internet financial enterprises or financial institutions should fully reflect three relatively unified characteristics when developing Internet financial products. Effort should be made to give the developed products the advantages of high yield, high liquidity, and low risk and to better provide personalized financial services for the general public. The regulatory authorities should establish and improve relevant laws and regulations, standardize the development of Internet finance, create a good market environment, promote innovation of Internet financial products, meet diversified investment needs, and safeguard the rights and interests of investors.

This paper makes three main contributions. First, it proposes that Internet finance accounts for the relative unity of the liquidity, profitability, and security of financial assets and carries out a theoretical analysis and numerical simulation. Second, on the basis of comparing traditional financial products with Internet financial products, this paper constructs a multi-objective portfolio model based on the CRRA to maximize the expected utility of wealth at the end of the term and to minimize the VaR, which can be used to analyze the public portfolio behavior under Internet financial innovation. Third, it introduces the multi-objective optimization NSGA-II genetic algorithm to solve the multi-objective model. The actual yield data of various Internet financial products are used to simulate the model and the optimal portfolio is obtained, which can serve as a reference for public investors.

Monetary Announcements, Policy Uncertainty, and Equity Premium in China

JIA Dun SUN Xi GUO Rui

(Hanqing Advanced Institute of Economics and Finance,

Renmin University of China)

Since the 2007-2009 global financial crisis and the ensuing worldwide economic downturn, China has implemented a series of policy maneuvers including monetary stimulus to revitalize its financial markets and the economy. Our study examines the performance of China's stock market in the short windows around the central bank PBOC's related announcements. We delve into two important questions. Is the Chinese stock market responsive to announcements of possible changes in monetary policy? Do equity prices reflect any uncertainty variation associated with potential policy shifts? The results of this study not only provide additional rationale for PBOC policies that substitute away from quantity-based instruments but also point to a better scheme for providing forward guidance that will stabilize the financial markets without weakening the transmission of China's monetary policy.

Previous research has focused on the ex-post impacts of unexpected monetary policy changes on the real economy and financial markets. Particularly for China, few studies have examined the ex-ante reactions of stock markets to potential changes to monetary policy before the PBOC has announced an updated policy stance. Our study specifically evaluates the performance of China's stock market a few days prior to such announcements, when investors' uncertainty about policy changes is high.

For our sample period from January 2011 to June 2017, we identify 78 PBOC's monthly announcement events during which monetary aggregates data are released. For a window of three days before and after a monetary announcement, we use a dummy regression framework and examine the excess returns of China's stock market constructed from Wind A Share Index, a comprehensive index that covers all of the A shares traded on the Shanghai and Shenzhen exchanges. We are able to document a statistically and economically significant pre-announcement equity premium for China. That is, China's stock market cumulatively builds up gains over a three-day period that reaches its peak on the day of announcement; subsequently, the market flattens out. By looking into the cumulative returns aggregated from the high frequency returns of five-minutes trading blocks, we detect a pre-announcement drift of returns, which is consistent with our regression results.

We then provide evidence that squares well with the implications derived from uncertainty-reduction based theory, which associates equity premium with policy uncertainty. First, our regression analysis shows that equity premium is largely associated with more delayed announcements when greater uncertainty has been accumulated among investors. Second, stock return volatility declines from its peak three days before an announcement. Our results suggest that ex-ante reduction of accumulated uncertainty about policy changes leads to the accumulation of excess returns prior to an announcement. For robustness, we further run estimations of alternative specifications and rule out the channel of "news-effect" as the main explanation. That is, as stock prices jump only upon policy stimulus, equity premium can be realized because investors are informed of good data ahead of time or they simply expect the stimulus ex-ante. The results based on the regression of interaction terms show that the magnitude of M_2 growth changes, regardless of whether it is indicative of policy tightening or laxness, does not affect our baseline-estimated size of the pre-announcement premium.

The main contributions of our study are as follows. (1) We are the first to document the pre-announcement reactions of China's stock markets to incoming PBOC's announcements of monetary aggregates data. (2) Our study finds that the size of the pre-announcement premium depends on the relative timeliness of the arrival of public announcements. (3) Exploiting the variation in timeliness across announcement events, we provide empirical evidence of a more general theory that helps rationalize the pre-announcement premium found both in China and the U. S.

Our findings have important policy implications. (1) PBOC should quickly adopt price-based policy instruments. We show that announcements of monetary aggregates data, the key quantity-based instruments, destabilize the financial markets by triggering cyclical fluctuations between months. In contrast, real-time information about interest rates should be readily accessible to the financial market, which would help to prevent investors from building up too much policy uncertainty, which may lead to financial turmoil. (2) PBOC could design a better scheme for its forward guidance and communications with the market. For example, it can largely mitigate the extra market volatilities driven by unexpected delays of data release by pre-fixing and preinforming the market of announcement dates.

"Good" Uncertainty, "Bad" Uncertainty, and Stock Market Pricing: High-frequency Data in the Chinese Stock Market

CHEN Guojin DING Jie ZHAO Xiangqin

(School of Economics, Xiamen University)

In recent years, the relationship between stock market uncertainty and stock pricing has attracted widespread attention. One question is whether uncertainty is always "bad". In fact, "good" uncertainty does exist. A typical example is when a company is ready to launch a new product; the market is optimistic about the new product, but uncertain how much profit it will ultimately bring. Thus, uncertainty can be decomposed into "good" uncertainty and "bad" uncertainty. Investors prefer stocks with "good" uncertainty exposure and dislike stocks with "bad" uncertainty exposure. To obtain stocks with high "good" uncertainty, investors must pay higher prices and accept lower expected returns. In comparison, stocks with high "bad" uncertainty have lower stock prices and high expected returns.

Following Barndorff-Nielsen et al. (2010), we use the realized positive semi-variance and realized negative semi-variance to represent "good" and "bad" uncertainty, respectively. "Good" uncertainty has a positive impact on stock prices. However, uncertainty also results in large fluctuations in stock prices. As positive semi-variance measures the price volatility as it relates to positive returns, it can effectively reflect the "good" uncertainty. A similar reasoning applies to the use of negative semi-variance to measure "bad" uncertainty. We further subtract the realized negative semi-variance from the positive semi-variance and then standardize it to get our key indicator-relative signed variation (RSV).

This study uses a sample of China's A-shares from the 2007 to 2017 period. High-frequency stock data are drawn from CSMAR, and non-high-frequency stock data are from RESSET. In addition, China's Economic Prospective Index is obtained from CEIC. The main conclusions of this study are as follows. First, consistent with our theoretical analysis, regardless of the sorting method we apply (single sort method and double sorts method), there is a significantly negative relationship between RSV and stock portfolio returns. When the sample is divided into five portfolios based on the RSV in ascending order, we find that the corresponding returns monotonically decrease from Portfolio 1 to Portfolio 5. This pattern remains even after we apply controlling variables such as realized volatility and realized skewness using a double sorting method, indicating that RSV is an important stock pricing factor independent of these variables. In comparison, the higher the RSV level, the higher the absolute value of the high-minus-low portfolio returns based on realized volatility. In addition, realized skewness loses its stock pricing capability after controlling for RSV. Second, we use a firm-level cross-sectional regression method to further verify the negative relationship between RSV and stock returns. After controlling for common pricing factors such as realized volatility, realized skewness, market beta, firm size, book-to-market ratio, momentum, and illiquidity, the significantly negative relationship between RSV and stock returns remains. Third, the relationship between "good" and "bad" uncertainty and risk premium is state-dependent. Based on the China's Economic Prospective Index, we separate the full sample into periods of high economic prosperity and low economic prosperity. The RSV corresponds to lower stock risk premiums during periods of high economic prosperity, but higher stock risk premiums in periods of low economic prosperity, which suggests that the stock risk premium is more sensitive to "good" and "bad" uncertainty risk exposures during period of low economic prosperity. Finally, using the "good" uncertainty and the "bad" uncertainty, we construct a low-minus-high portfolio and find that our constructed portfolio outperforms the market excess return portfolio, SMB portfolio, and HML portfolio as measure by the mean return and Sharpe ratio.

This study makes three academic contributions. First, the study decomposes the uncertainty at the micro level into "good" uncertainty and "bad" uncertainty, and finds that RSV is an important pricing factor in China's stock market. To the best of our knowledge, this is the first study to discuss the impact of "good" and "bad" uncertainty on Chinese stock market pricing. Second, a large number of studies have proven that skewness is a significant stock pricing factor. Although in economic logic there are some similarities between realized skewness and RSV, this study demonstrates that RSV has a stronger stock pricing power than realized skewness. Third, this study finds that the impact of "good" and "bad" uncertainty on stock prices is state-dependent, and RSV leads to a higher stock risk premium when the economy is less prosperous.

Stock Market Liberalization and Corporate Investment Efficiency: Evidence from Shanghai-Hong Kong Stock Connect

CHEN Yunsen HUANG Jianqiao

(School of Accountancy, Central University of Finance and Economics; School of Accountancy, Zhejiang University of Finance and Economics)

Since joining the WTO, the Chinese government has been committed to opening up the capital market. As a result of the government's efforts, various reforms of the A-share market have been carried out, such as the Shanghai-Hong Kong Stock Connect in 2014, the Shenzhen-Hong Kong Stock Connect in 2016, the Bond Connect in 2017, and the inclusion of A-shares in MSCI in 2018. Among these policies, the Shanghai-Hong Kong Stock Connect, a stock market interconnection mechanism program, has attracted the greatest attention from investors. However, few studies have examined the impact of the Chinese A-share market liberalization, especially its economic consequences. Previous studies of stock market liberalization and foreign ownership have focused on stock price volatility (Chen et al., 2013; Zhong and Lu, 2018; Zhong et al., 2018), dividend policy (Cao et al., 2017), financing costs (Gupta and Yuan, 2009), and operational efficiency (Guadalupe et al., 2012), and have ignored investment behavior. Research on this topic is challenging because of potential endogeneity problems due to lack of exogenous policy shocks.

Fortunately, the implementation of the Shanghai-Hong Kong Stock Connect program provides a natural experiment, as it canceled trading restrictions on

568 stocks on the Shanghai stock market for Hong Kong investors. Using this quasi-natural experiment, our study examines the real effect of stock market liberalization from the perspective of corporate investment efficiency. The determinants of investment efficiency are a fundamental question in the corporate finance field (Myers and Majluf, 1984), and this study offers insights into the role of financial reforms in the efficiency of resource allocation in the real economy.

Some previous studies suggest that, compared with domestic investors, foreign investors are more rational and have superior information (Kim and Verrecchia, 1994; Hartzell and Starks, 2003; Ferreira and Laux, 2007), which may improve corporate investment efficiency by reducing the degree of information asymmetry and strengthening supervision. Other studies show that foreign investors are also financial speculators and have disadvantages in terms of corporate information acquisition (Choe et al., 2005), which leads to some inefficient investment activities due to the short-sighted behavior of management. In the context of the continuous liberalization of the Chinese A-share market, this study examines whether foreign investors improve the investment efficiency of listed companies.

Specifically, using the shock of Shanghai-Hong Kong Stock Connect as a quasi-natural experiment, we examine the impact of stock market liberalization on firms' investment efficiency. The results show casual and robust evidence that opening the stock market promotes the investment efficiency of eligible firms. The effect is strongest in firms with poor information environment quality and bad corporate governance. Further analyses show that an improvement in the information quality of earnings and an increase in analyst forecast accuracy are two important channels through which stock market liberalization affects investment efficiency. We also find that the performance of eligible firms significantly improves.

Our study makes three contributions. First, an important aim of the

Shanghai-Hong Kong Stock Connect is to improve the efficiency of resource allocation in mainland China's capital market, but it is still unclear how effective the program is. From the perspective of investment efficiency, this study provides rich evidence for the effectiveness of the Shanghai-Hong Kong Stock Connect and the subsequent opening of the capital market. Second, our study adds to the literature on stock market liberalization and investment efficiency. Unlike previous studies, this study alleviates the endogeneity problem by using the Connect program as a quasi-natural experiment. Third, our study has important practical implications. The role of foreign investors has always been a focus of policy makers interested in the liberalization of the Chinese capital market. Our results show that to attract foreign capital, it is crucial to improve the corporate information environment and resource allocation efficiency.

Is There a Quality Premium in the Chinese A-share Market?

YIN Libo LIAO Huiyi

(School of Finance, Central University of Finance and Economics)

The availability of value investments on the Chinese market is a controversial issue. The Chinese stock market has attracted a large number of retail investors who prefer to speculate and tend to make irrational investments. In this respect, the speculative nature of the Chinese market is likely to induce more mispricing and question the idea of value investments. However, the question remains as to whether value investment strategies really do not work in the Chinese A-share market. Can investing firms with good fundamentals earn significant excess returns? How do we quantify the concept of value investment? These questions have rarely been examined in the literature.

The traditional value investment strategies are based solely on valuation indicators. However, these indicators may not correctly identify the intrinsic value of a company. Warren Buffett extended the traditional concept of value investment by arguing that holding "brilliant', companies is more important than holding companies with cheap prices. Recently, Frazzini et al. (2018) used a quantitative investment method to analyze Buffett's performance, and concluded that the key to seeking "brilliant" companies can be specifically quantified as investing in high "quality" firms, which is regarded as a new feasible pricing factor.

Considering the differences in the market microstructure and degree of development of the Chinese and U. S. markets, we wish to determine whether the quality premium exists in China. Following Asness et al. (2019), we quantify a firm' s quality using a composite indicator comprising four dimensions, namely, profitability, growth opportunity, safety, and payout. We conduct one-way sorting and two-way sorting analyses to investigate whether a firm' s quality provides incremental predictive information about future stock returns. We then test whether a firm' s quality still has predictability using Fama-Macbeth regressions after controlling some of the firm characteristics in the cross-section. Our empirical results show that high quality firms in the Chinese market have higher returns than low quality firms, and the quality premium remains stable after controlling other relevant variables. Furthermore, the relatively high quality firms exhibit larger market capitalizations and lower B/M ratios than the relatively low quality firms. Next, we explore the effectiveness of a quality strategy using different sample sub-intervals in time-varying tests, and find that the quality premium is stable across all periods, which is inconsistent with the evidence from the U. S. (Asness et al., 2019).Finally, to test whether this predictive power is a manifestation of rational pricing based on compensation for the risk or irrational mispricing, we conduct empirical tests to explore the rational risk and behavioral mispricing explanations. We find that the results do not support the argument based on the compensation for rational risk. With respect to the quality effect arising from irrational mispricing, we find that positive feedback trading, gambling preferences and the limits of arbitrage are the main sources of the mispricing in the quality premium.

Our contributions can be summarized as follows. First, our analysis mostly contributes to the research on the anomalies associated with quality premium. Instead of focusing on developed markets, we explore the existence of a quality premium in the Chinese market, which is growing rapidly and has become an important part of the global capital market. We also focus on the Chinese market because the anomalies observed in mature markets may not exist in emerging markets owing to their typical characteristics, such as over-speculation and unsophisticated investors. Second, our quality indicator contains comprehensive information because we measure four different dimensions of firm performance, whereas the literature tends to only focus on some of these factors. Third, in contrast with results from the U. S. market showing that the predictability of quality is time varying, we find that the quality premium in China exists stably across all periods. Fourth, we provide evidence that the quality effect is more likely attributable to behavioral mispricing than to the rational risk-based explanations.

Information Interaction, Investment Decisions, and Stock Prices: Analysis Based on Institutional Investor Information Networks

GUO Baiying ZHOU Renyuan

(School of Economics, East China Normal University; School of Business, Shanghai University of Finance and Economics)

Institutional investors often share information with and learn from others in the market. This information interaction promotes the dissemination of private information among investors, and can directly affect their decision-making and asset pricing. Thus, research on the impact and mechanism of the information interaction among investors can help explain the behavior of institutional investors and some of the anomalies in asset pricing. Based on social network theory, this paper empirically analyzes how the information interaction between funds influences their decision-making and stock pricing.

First, this paper uses Pareek's (2009) method to establish the fund information networks. Specifically, if two funds are heavy holders of the same shares, they are deemed to be "connected". In this way, all of the funds connected to a fund constitute its information network. An information network is a typical social network based on the exchange of information, which can be regarded as the scope and medium of the information interaction. Second, we examine the relationship between the position decision-making of funds and that of the members of their information networks. This relationship can be considered to reflect the influence of the information interaction in controlling public information. We further consider whether the effects of the information interaction under different decision-making scenarios and market situations are significant and different. We then divide the effects of the information interaction into the effects in the same city and different cities, and test whether there are any significant differences. Finally, we test whether the effects of the information interaction vary in terms gender, length of service of fund managers, and size of the information networks. In addition, we build a stock information network based on the fund information network to study how the information interaction affects the stock pricing. A stock' s information network is composed of all of the funds that are heavy holders of this stock and their information network members. The structural characteristics of the network determine the efficiency of the information sharing among the funds. We verify the impact of the information sharing on stock prices and its mechanism by examining the relationships between the structural characteristics, pricing efficiency, and stock prices.

Our sample comprises all of the A-share listed companies on the Shanghai and Shenzhen Stock Exchanges from the first quarter of 2005 to the fourth quarter of 2018 and the equity and mixed open-ended funds. The data on the positions of the funds are from the Wind database. The financial data on the listed companies, the stock transaction data, and the basic information about the funds are all from the CSMAR database.

The results show that information interaction has a significant impact on the funds' position decision-making, and the impact is significantly different under different decision-making scenarios and market situations. In addition, the subjective factors (fund managers' gender and length of service) and objective factors (size of the information networks) influence the effect of the information interaction. In Beijing, Guangzhou, and Shenzhen, the effects of other cities are significantly greater than those of the same city, while the case is the opposite in Shanghai. Moreover, information sharing reduces the long-term idiosyncratic volatility of the stock prices, and the pricing efficiency of the stock market plays a mediating role.

This paper extends the application of social network theory to research on financial markets by exploring the relationship between decision-making on individual investments and the corresponding market performance. Our findings contribute to our understanding of the decision-making of institutional investors and means of controlling the market risk caused by herding behavior. Our quantitative findings regarding the information interaction among institutional investors can help regulators identify the "head sheep" of funds in the market and avoid irrational and excessive behavioral synergies. We also discuss the factors that influence the information interaction of funds, which can help the regulators to track the transmission of public and private information among institutional investors, prevent and monitor insider trading and stock price operations, and establish fair competition in the market.

Information Sharing or Conflict of Interest: Empirical Study of Buy-Side Individual and Joint Visits

XIAO Xinrong MA Mengxuan

(School of Banking and Finance, University of International Business and Economics; Guanghua School of Management, Peking University)

Information plays a key role in the efficiency of economy and finance. In the asset management industry, investment methods based on intrinsic value have become the mainstream approach of active institutional investors. Therefore, investors are increasingly focusing on uncovering information about listed companies. The Shenzhen Stock Exchange now forces listed companies to report on investor relationship management activities, such as communication behaviors. This further improves the information efficiency of the A-share market.

In China's securities market, refinements to the information disclosure system and advances in commercial institutions provide new empirical data for studying the relationship between information acquisition and asset prices. Based on this background, this paper uses investor relationship information from the China Stock Market and Accounting Research (CSMAR) database between 2012 and 2016 to study the impact of buy-side visit behavior on sell-side analysts' predictions from the perspectives of information transmission and conflict of interest.

Different from previous studies, the paper pays more attention to the information mechanism for the buy-side and the sell-side in visit activities rather than a single market subject. We can further refine the influence of buy-side visits by distinguishing between different types of visits, specifically individual visits and joint visits. We put forward two hypothesized effects: the information sharing effect and the conflict of interest effect. The empirical results show that buy-side individual visits can reduce the forecast bias of the brokerage industry, while joint visits cause a decline in average forecast accuracy; this confirms the existence of the two effects.

In addition, we further study the internal transmission mechanisms of the two effects. For the information sharing effect, we find that the number of brokers tracking the enterprise after the fund visit increases significantly, indicating that the disclosure of such behavior and text records can cause more brokers to pay attention to listed companies. This provides information channels for brokerage analysis and forecasting. Regarding conflicts of interest, we find that when brokers provide site visit arrangements, research reports, and other services for funds to obtain trading commissions, the resulting benefits-based relationship has an impact on the accuracy of the information predicted by the sell side.

We also consider three external factors: market condition (bull or bear), investor sentiment, and emotion in visit records. In particular, we introduce the TF-IDF method to statistically analyze the representative vocabulary in the text. The empirical results are as follows: (1) Information efficiency is higher during bull markets, when investor sentiment is high; in a bear market, when investor sentiment is depressed, institutional investors are more dependent on brokers, leading to a more prominent conflict of interest effect. (2) When the survey minutes of listed companies have obvious emotional signals, fund visits can reduce the average error of brokers' predictions. Further, when the text shows a negative signal, the information formed by the fund visit is more obvious, and it becomes harder for the interest relationship to intervene in securities analysts' forecasts.

The paper makes several important contributions. First, it splits the effect of buy-side (fund) visits on sell-side analyst predictions into two dimensions. Second, we open the "black box" of the internal information mechanism of corporate visits. It is particularly difficult to quantify interest relationships, as the institutions in a visit sample may involve more than one fund and broker. We first expand the data into a one-to-one relationship and then combine the calculation. Third, the paper extends the analytical approach to information in the text record by using the TF-IDF method. Finally, the CICSI index is more in line with China's national conditions than the BW index and therefore more suitable for studying the effect of investor sentiments.

Overall, the paper puts forward a unique perspective to analyze the role of institutional investors in market information transmission, thus providing new evidence for research on information efficiency in the capital market. This paper also provides clear policy implications related to information disclosure.

Investor Attention and Market Reaction: A Natural Experiment Based on Trading Information Disclosure from Stock Exchanges in China

LIU Jie CHEN Jia LIU Li

(College of Economics, Fujian Agriculture and Forestry University; New Era Research Institute, Peking University; Guanghua School of Management, Peking University)

The impact of investor attention on asset pricing is critically important for the functioning of stock markets. This paper examines the effects of a type of attention-grabbing event, Trading Information Disclosure from China's stock exchanges, on investors' trading behavior and stock price performance.

It is difficult to empirically measure the impact of investor attention on stock prices because events that attract attention are often accompanied by the release of other valuable information on listed companies or special events related to them that contain information about the value of stocks. We use a natural experiment setting based on Trading Information Disclosure and upper price limits on China's stock exchanges. The natural experiment design eliminates confounding factors that occur simultaneously with attention-grabbing events and allows us to cleanly identify the impact of investor attention.

The treatment sample includes all A-share listed stocks that hit the upper price limits and were disclosed by Trading Information Disclosure on the Shanghai and Shenzhen Stock Exchanges from 2007 to 2015. The control sample includes all other stocks that hit the upper price limits without being disclosed. The advantage of this setting is that it can eliminate the interference of other factors.

The findings of this paper are threefold. (1) The treatment group has a significantly higher Baidu search index and excess turnover ratio during the event period, which indicates that the stocks disclosed under Trading Information Disclosure receive significantly more market attention than stocks in the control group. (2) Compared with the control group, the treatment group obtains more net inflows of small deals but fewer big deals. The treatment group also has lower excess return and idiosyncratic volatility in the short term and lower probability of price reversal in the long term. Further research also indicates that investor attention triggered by Trading Information Disclosure decreases the probability of price reversal by reducing market information asymmetry. (3) These effects are more significant for stocks bought by well-known security sales departments, which attract more market attention. The empirical results show that investor attention attracted by regulatory information disclosure reduces market information asymmetry and inhibits irrational price fluctuation.

Overall, investor attention, as an important factor in investor trading behavior, has a significant impact on asset prices. This paper shows that Trading Information Disclosure improves market efficiency, reduces information asymmetry, and decreases excessive stock price volatility. Academics, market regulators, and financial industry practitioners should be aware of the importance of reducing the irrational component of asset prices and take action to reduce market information asymmetry, inhibit irrational market volatility, and improve market pricing efficiency by constructing standard and appropriate information disclosure systems and investor education systems.

This paper contributes to the literature in three aspects. First, the natural experiment design allows us to more precisely observe the impact of investor attention on stock prices. Because random factors instead of stock fundamentals determine whether a stock that hits the upper price limits will be disclosed by Trading Information Disclosure, we can examine the impact of investor attention on stock prices more accurately.

Second, the literature argues that attention-grabbing events increase the trading of noise investors, which reduces market efficiency. However, a few studies have argued that investor attention due to regulatory information disclosure can reduce information asymmetry and improve market efficiency. This paper finds that Trading Information Disclosure makes price fluctuations more efficient. This paper thus supplements the literature about the beneficial effects of investor attention on the market.

Third, Trading Information Disclosure is an important part of the stock market information disclosure system in China. The information disclosed attracts the attention of a large number of institutional and individual investors because of its timeliness, authority, and unique value in trading. However, domestic researchers have not fully examined its effectiveness as an information disclosure system. This paper shows that Trading Information Disclosure achieves the role of reducing market information asymmetry and reducing excessive fluctuation of stock prices.

Short Sellers and Insider Trading: Evidence from the Chinese Securities Market

SU Dongwei PENG Songlin

(School of Economics, Jinan University; Guangzhou Rural Commercial Bank)

The research on short sales predominantly focuses on two areas. The first is the effect of short selling on the stability, liquidity, pricing efficiency, and price discovery of stock markets. The second is the effect of short selling on corporate financial decisions, such as capital structure, investment policy, earnings management, and firm innovations. The general findings indicate that short sales can reduce price bubbles, promote market stability, and improve pricing efficiency. They can also serve as an effective external corporate governance mechanism that improves the efficiency of corporate finance and investment, reduces earnings management, and enhances innovation expenditures and outputs. However, issues such as the source of short sellers' information and whether short selling leads to insider trading remain the subject of intense debate.

Using 2010 to 2015 data for all Chinese A shares, this article provides one of the first studies on the sources of short sellers' information advantage and how short selling affects stock market returns. In particular, it analyzes short selling behavior before and after major corporate announcements, including insider sales of restricted shares, annual reports, lawsuits, analyst upgrades or downgrades, suspension and resumption of trading, and stock dividends. This article sheds light on whether short sellers are involved in insider trading and what factors affect their involvement.

This article tests five hypotheses. First, stocks with a higher percentage of short sales have lower expected returns, indicating that short sellers are informed traders. Second, short sellers significantly increase (decrease) trading before the announcement of important negative (positive) corporate news. Third, short sellers are more likely to engage in insider trading in firms with lower market capitalization and fewer analyst recommendations because these firms suffer more information asymmetry. Fourth, short sellers are more likely to engage in insider trading in firms with more private equity holdings. Fifth, short sellers are more likely to engage in insider trading in regions where law enforcement is relatively weak.

This article finds that stocks with higher excess short-selling ratios have lower future returns, indicating that short sellers are not liquidity traders. In fact, short sellers possess information advantages and should be classified as informed traders. In addition, short sellers have very accurate market timing capabilities in that they are able to increase the amount of short selling significantly before major announcements of bad news and to reduce the amount of short selling significantly before major announcements of good news. This suggests that the information advantage of short sellers as informed traders is derived from insider information. Furthermore, short sellers are more likely to engage in insider trading if the degree of information asymmetry between internal and external investors is large or if local law enforcement is weak. Overall, the results suggest that to curb short sellers from participating in insider trading, securities regulators should pay close attention to unusual changes in the volume of short sales immediately before and after companies' major news announcements. At the same time, securities regulators should continue to reform rules on information disclosure, strengthen analyst coverage, and improve the implementation of laws and regulations.

This article makes three major contributions. First, it is one of the first to examine whether short sellers in Chinese A-share markets possess an information advantage, the source of the advantage, and the effect of the advantage on expected stock returns. Second, whereas studies on short sale activities usually focus on one type of corporate announcement, this article investigates six types, namely insider sales of restricted shares, annual reports, lawsuits, analyst upgrades or downgrades, suspension and resumption of trading, and stock dividends. This article finds strong evidence that short sellers engage in insider trading. Third, this article analyzes the factors that affect short sellers' engagement in insider trading, shedding new light on how securities regulators can monitor trading behavior in stock markets.

Determinants and Pricing Effects of Short-term Herd Behavior: An Empirical Test Based on High-Frequency Data

ZHU Feifei LI Huixuan XU Jianguo LI Hongtai

(Guanghua School of Management, Peking University; School of Economics, Beijing Technology and Business University; National School of Development, Peking University; Zhangzhou Municipal Government Office)

At the 19th National Congress of the Communist Party of China, the authorities emphasized the importance of financial sector institutional reform in China, particularly increasing the proportion of direct financing and promoting the healthy development of a multilevel capital market. As a vital part of the multilevel capital market, China's A-share market plays an important role in optimizing information transfer and allocating capital resources. However, a large body of literature argues that herding behaviors may negatively affect the information transparency and pricing efficiency of the stock market. Such behaviors can even cause financial turmoil in severe cases. Short-term speculative herding behaviors also lead to a high turnover rate of capital flow and impede the formation of long-term capital, which is harmful to economic growth. Thus, understanding herding behaviors in China's A-share stock market is critical to improve pricing efficiency, increase the proportion of direct financing, and support the healthy development of the real economy.

Many theoretical studies find that herding behaviors are short-lived and fragile. However, research on herding behaviors in China is mainly based on the quarterly holdings data of institutional investors. First, short-lived herding behavior and its pricing effect are highly likely to be missed when using quarterly data. Second, correlated trades at the quarterly level tend to reflect changes in the fundamental values of stocks rather than herding behaviors. In a word, the limitations of using quarterly holdings data may result in significant deviations in measuring herding behaviors.

For the above reasons, this paper improves the LSV method developed by Lakonishok, Schleifer, and Vishny (1992) and creatively uses daily trading data to obtain a more precise measure of short-term herding behaviors in China's A-share stock market. Based on this measure, we further investigate stock-specific characteristics that affect herding behaviors and the pricing effects of herding behaviors.

We have four major findings. (1) The degree of herding monotonically increases with trading frequency. It is 3.92%, 2.48%, and 1.64% over the daily, weekly and monthly horizons, respectively. This result is consistent with the theoretical prediction that herding behaviors are short-lived and fragile. (2) Asymmetric information, the proportion of institutional investors, and stock size significantly affect the degree of herding behaviors. Herding behaviors are more severe in stocks with higher levels of asymmetric information or higher proportions of institutional investors, and there is a U-shaped relationship between the degree of herding and firm size. (3) There is a price reversal after the herding: a positive (negative) abnormal return is gained after the sell-side (buy-side) herding behaviors, and the price reversal is more significant following a higher degree of herding. (4) The price reversal effect after the herding behaviors is asymmetric: it is more pronounced for large and liquid stocks after buy-side herding than after sell-side herding.

This paper makes three major contributions: First, we are the first to use daily trading data to obtain a more precise measure of short-term herding behaviors in China's A-share stock market, which overcomes the limitations of using quarterly data in previous studies. Second, based on this more accurate measure of herding behaviors, we deeply examine the determinants of herding behaviors and the effects of herding on future prices. Our research serves as an important supplement to the literature on herding behaviors in China's A-share market. Third, contrary to findings based on quarterly holdings data of institutional investors, we find that short-term herding is subsequently followed by price reversals, which supports the argument that herding behaviors negatively affect the price discover function of the stock market. These findings have great value in deepening our understanding of investor behavior and improving the price discovery function of China's A-share stock market.

06 International Economics & International Trade

The De Facto Exchange Rate Regime, Firm Productivity, and Firms' OFDI Activities

ZHANG Xia WANG Yanan SHI Bingzhan

(College of Economics and Management, Southwest University; School of Economics and Commerce, South China University of Technology; Institution of International Economics, Nankai University)

China is the capital exporting country worldwide. With Chinese OFDI activities increasing significantly, China's exchange rate regime reforms have been undertaken step by step. Not only has the de jure exchange rate regime become more flexible, but also has the de facto exchange rate regime. Apart from the research on the exchange rate and OFDI based on the open macro economy, this paper explores how the bilateral exchange rate regime affects firms' OFDI decisions from the microeconomic view, further enriching the research on exchange rate and OFDI. This paper builds a theoretical model under the general equilibrium framework and discusses the mechanisms between the bilateral exchange rate regime arrangement and firms' OFDI activities based on a two-country open macroeconomic model. It also uses highly detailed micro data to test and analyze the related hypothesis. Specifically, it uses List of Overseas Investment Enterprises (institutions) data, China Industry Business Performance Data, bilateral de facto exchange rate regime data published on Shambaugh's personal website, World Development Index data from the World Bank, the Gravity database from the CEPII, the IFS database, and the China Statistical Yearbook from 2000 to 2013.

This paper shows that compared to the floating exchange rate regime, the fixed exchange rate regime can lower the threshold productivity required for firms to conduct OFDI activities and to switch from export to OFDI activities. That is, the bilateral fixed exchange rate regime can stimulate firms' OFDI activities. This paper also shows that compared to the bilateral de facto floating exchange rate regime, the bilateral de facto fixed exchange rate regime can increase firms' inclination to undertake OFDI activities by 0.8%~55.4%. Furthermore, on average, one-unit increases in firm productivity can increase firms' probability of undertaking OFDI activities by 0.04%~2.9%. The bilateral de facto fixed exchange rate regime stimulates firms to conduct OFDI more than firm productivity. Second, considering the difference in ownership, the location of firms, and the incidence of financial crisis, the bilateral de facto fixed exchange rate regime and firm productivity can still stimulate firms' OFDI inclination but to a different scale. Lastly, considering sample selection bias and two-way causality, our conclusions still stand. Overall, the conclusions of this paper are theoretically and empirically supported with significant robustness.

The results of this paper show that the positive effects of the bilateral fixed exchange rate regime on firms' OFDI activities should be appreciated. Specifically, firms in developing countries demonstrate lower productivity and lack international competition. The bilateral de facto fixed exchange rate regime can give them more opportunities to increase their core competitive capacity via international competition. In practice, the internationalization of the RMB is on the road. In the long run, the Chinese exchange rate regime arrangement will be more fexible, more and more nations will have more fexible bilateral exchange rate regime arrangements with China. Thus, Chinese firms must increase their own hardcore ability to face the significantly historical alterations of Chinese exchange rate arrangements with other countries.

Three aspects of this paper are noteworthy. First, this paper is not confined to the view of exchange rate level or exchange rate volatility, but through the fundamental aspect of exchange rate regime arrangement. Second, it builds a two-country open macroeconomic model with firms' heterogeneity and further discusses the mechanism by which the exchange rate regime affects firms' OFDI activities. Third, this paper uses highly detailed firm level data to verify the mechanisms by which the bilateral exchange rate regime between China and host countries affect Chinese firms' OFDI activities.

Future breakthroughs in the following aspects may be made. Theoretically, we plan to build a two-country macroeconomic DSGE model and use simulation to argue how different exchange rate regime arrangements can affect firms' OFDI levels with different firms' total factor productivity level. Furthermore, we intend to incorporate Chinese characteristics into this medium-scale DSGE model, such as firms' financial constraints, labor mobility, and factor misallocation. Empirically, if related data are accessible, we plan to decompose firms' OFDI levels into intensive margins and extensive margins and to further elaborate on how exchange rate regimes can affect firms' OFDI activities.

The Effect of Trade Liberalization on Manufacturing Firms, Cash Savings: Precautionary Savings Motive or Investment Extrusion?

ZHANG Guofeng WANG Yongjin LI Kunwang

(School of International Trade and Economics, University of International Business and Economics; School of Economics/ Collaborative Innovation Center for China Economy, Nankai University)

With access to the WTO, Chinese firms have more opportunities to export and invest because of lower import tariffs. At the same time, trade liberalization leads to higher pressure from import competition. How does such import competition affect firms, cash savings ratios? Answering this question would not only help in understanding firms, cash savings behavior after admission to the WTO, but also have real-world benefits in terms of activating the monetary stock and stimulating the real economy. However, the literature pays little attention to this issue.

Theoretically, firms, cash savings ratios are affected by import competition through two channels. On one hand, firms will increase their cash savings, referred to as precautionary savings, to defend against the risks of import competition. On the other hand, more imports will increase competition for investment opportunities, especially when investment projects are similar between firms. If predatory investment happens, firms will lose investment opportunities; this weakens the motive to keep cash, and thus cash savings will decrease. However, the effect of trade liberalization on cash savings will depend on firm size. Large firms will keep more cash to execute the predatory pricing or entry barrier strategy. Meanwhile, the exit risk for less productive firms will increase under a more competitive market. Thus, less productive firms will keep more cash to manage operating risks.

This paper discusses the effect of trade liberalization on manufacturing firms, cash savings ratios, and using a difference-in-differences method, explores the mechanisms and heterogeneous effects based on the quasi-natural experiment of China's admission to the WTO. The firm-level variables are mainly from the Annual Survey of Industrial Firms (ASIF) conducted by the National Bureau of Statistics of China from 1998 to 2007, and firm trade regime information is taken from China Customs Data over the period 2000-2007. The dataset of Chinese import tariffs is downloaded from the Trade Analysis Information System (TRAINS) and WTO website. Average tariffs are selected to measure the industry tariff level in this paper.

Cash savings are calculated by eliminating inventory and account receivables from a firm's liquid assets, in line with the definition of cash and cash equivalents in the China Accounting Standards. To test for measurement errors in the cash savings index, we first merge the ASIF from 1998 to 2013 with Wind data of listed companies by firm name. Then, we compare the difference between the cash savings ratio measured in this paper and those published by the listed companies. We find that the cash savings ratio calculated in this paper is acceptable.

This paper contributes to the literature in three respects. First, this paper is the first to study whether trade liberalization affects firms, cash savings, and we find that Chinese firms exhibit different cash saving behavior compared to firms in developed countries. Second, instead of focusing on listed companies, this paper uses ASIF data to avoid undervaluing the average cash savings of manufacturing companies. Third, this paper explores the mechanisms in detail to identify whether the main source of cash savings variation comes from changes in the precautionary savings motive or from changes in investment opportunities.

First, we find that China's trade liberalization did not increase manufacturing firms, cash savings ratios but rather significantly reduced them as a result of decreasing investment. This finding is different from the conclusions for developed countries. Second, the effect of trade liberalization on firms, cash savings depends on the extent of market competition: lower tariffs will significantly reduce firm cash savings in competitive industries and highly concentrated areas. Third, import competition will erode the investment opportunities of domestic firms, especially small ones, thereby reducing their cash savings. The conclusions remain valid after a series of tests. These findings suggest that unlike in developed countries, the competition effect of China's trade liberalization has a negative impact on firm investment in the short term. How to deal with this unfavorable situation remains a substantial challenge for local manufacturing firms.

Relaxing market access and opening up the service sectors are important tasks in the new pattern of China's overall opening up, as emphasized at the 19th National Congress of the Communist Party. In a subsequent study, we will explore another important issue related to China's opening up, that is, how the liberalization of service sectors, especially the financial sector, affects firms, cash savings and saving strategy.

Financial Services, Foreign Entry Policy Adjustment and Exports: Evidence from China's Micro Data

HOU Xinyu CHEN Luyao SUN Puyang

(School of Economics, Nankai University; Center for Transnational Studies of Nankai University)

Service intermediaries are increasingly influencing manufacturing firms. As an important part of the service industry, financial services provide financing channels, insurance systems, securitization channels, and import or export financial services to manufacturers. However, the internationalization of China's financial market is slow to develop. Since the formal announcement of the Protocol on the Accession of the People's Republic of China in 2001, China's foreign investment regulation of banking, insurance, securities, and other financial services have gradually liberalized. This study focuses mainly on the dynamic adjustment of foreign investment policy in the financial services industry. It theoretically and empirically examines the impact of the dynamic change in foreign investment policy in the financial services industry on the export behavior of downstream firms, and conducts a heterogeneous analysis from the perspective of policy sensitivity. It also analyzes the related mechanisms.

Theoretically, at first, foreign investment deregulation of the financial services industry causes new financial service providers to enter the market. Downstream firms can use a wider range of financial services to improve the efficiency of export production and operation (Anrold et al., 2016). Second, the market competition effect brought about by the opening of financial services forces financial services providers to improve their service efficiency and quality, which can help reduce firm export risk, accelerate the export business cycle, and reduce the fixed and variable export costs (Hummels, 2013). In addition, the improvement in the efficiency and quality of financial services can improve firm output efficiency and thus increase export revenue. Finally, the decreasing service prices caused by deregulation (Fernande and Paunov, 2012) may reduce the variable export costs and thus increase export revenue. The initial adjustment in foreign investment policy in the financial services sector therefore promotes downstream firm exports. Moreover, we reveal that the heterogeneity in enterprise management efficiency and the characteristics of product factor input reflect the sensitivity of firms to adjustments in foreign investment policy in the financial services. The export performance of highly management-efficient firms, non-technology-intensive firms, and capital-intensive product firms is more responsive to foreign investment deregulation in the financial services.

Based on the theoretical analysis, this study uses information from the Chinese Catalogue for the Guidance of Industries for Foreign Investment to construct an index of foreign investment regulation in China's financial services industry from 1998 to 2007, and measures the dynamic changes in foreign investment policy in China's financial services industry for the first time. First, we use the input-output table to measure the impact of liberalizing upstream financial services on downstream export firms and then match it to China's NBS database for empirical analysis. The results show that the deregulation of foreign investment in the financial services industry helps to improve the intensive and extensive margins of manufacturing firm exports. Second, highly management-efficient firms and firms which produce non-technology intensive or capital-intensive products are more sensitive to foreign investment deregulation in the financial services industry. Finally, this study verifies the intermediary mechanism of adjusting foreign investment policy in the financial services industry through the channel of firm financing.

This study has important policy implications. First, to contribute to the sustainable development of China's export trade, efforts should be made to promote the opening up of financial services related to manufacturing production and exports. At the same time, the elimination of administrative monopolies and the introduction of market mechanisms in the financial services should be accelerated to deepen the opening-up and promotion of policy effects. Finally, we should pay attention to the different sensitivities of downstream manufacturers to adjustments in foreign investment policy in the financial services, to the construction of learning and management capabilities of firms, and to the acquisition of financial services by non-technology-intensive and capital-intensive export firms. In this way, manufacturing firms can obtain more positive effects on export growth from the deregulation of the financial services industry.

07 Fiscal, Taxation & Local Government

Land Prices, Land Finance, and Macroeconomic Fluctuations

YAN Xiandong ZHANG Penghui

(Department of Statistics and Analysis, the People's Bank of China; Fuzhou Central Sub-Branch, the People's Bank of China)

In China, land is not only an important factor of production, but also a major source of income for local governments. As a result, changes in the price of land can have significant macroeconomic effects. Local governments can manage their lands to raise money for local construction, and thus promote local economic development. However, some local governments are overly reliant on land revenue and form a community of interest with real estate developers, which not only pushes up land prices, but also restricts public decision-making and ultimately hinders local economic development. At the same time, changes in land prices are highly correlated with fluctuations in the macroeconomy. The rapid growth of China's economy has often been accompanied by high land prices, and the economy is usually in a downward trend when the price of land falls.

The cost of land is also an important component of the price of housing, which is a strong determinant of people's livelihoods. Given the important role that land plays in China's economy, it is unlikely that a modern financial system and stable real estate market can be achieved without a major reform of the land market. Hence, the factors and mechanisms that drive the fluctuations in the land prices under the land finance system need to be identified to provide theoretical and practical measures for improving people's livelihoods, promoting the reform of the fiscal and tax systems, and implementing a long-term housing mechanism.

In this paper, we introduce the land finance and implicit government guarantee financing mechanism into a new Keynesian DSGE model that includes a financial accelerator, and investigate the characteristics, factors, and mechanism driving the fluctuation in land prices under the land finance system. Specifically, our model includes families, entrepreneurs, the central bank, and the government as variables. In the model, infrastructure is included as an essential production input, and the government is the main supplier of infrastructure. The revenue for infrastructure investment is not only derived from tax revenue, but also from land sales, land mortgage loans, and implicit guarantee financing with government credit, which are the main characteristics of the local government investment and financing in China. We then use quarterly macro economic data on China's economy from 2004 to 2016 to calibrate and estimate the model using Bayesian estimation.

The main results of this paper are as follows. First, in terms of the historical variance, the land price fluctuations in China from 2004 to 2016 were greatly affected by the land demand, land supply, and monetary policy shocks. Second, the variance decomposition shows that in the short term (within one quarter), the land prices were mainly affected by the land supply, with the land supply shock explaining 49.87% of the land price fluctuations, followed by the monetary policy shock (24.52%) and the land demand shock (23.43%). However, in the long term, the land demand shock becomes the decisive factor in determining the land prices, explaining almost 42.11% of the land price fluctuation. Third, we further investigate the relationship between the land prices and macroeconomic fluctuations, and examine the amplification mechanism of land finance. We find that a positive land demand shock pushes up the land prices and causes macroeconomic fluctuations through the mortgage constraint mechanism.

This paper makes the following contributions to the literature. First, we consider the important impact of monetary policy on the land market using a sticky new Keynesian DSGE model. Second, we include the characteristics of China's land finance in the model, and depict the investment and financing characteristics of the "land sales for income, land pledges for loans" by China's local governments. Third, this paper also describes the characteristics of the implicit guarantee financing scheme with government credit, which together with the local government borrowing based on land pledges, constitutes the implicit debt of the local governments.

Economic Growth Targets Drive Investment: Evidence from China's Prefecture-level Cities during 2001–2016

LIU Shulin WANG Xianbin HUANG Liangxiong

(School of Economics and Statistics, Guangzhou University; College of Economics, Jinan University; School of Economics and Commerce, South China University of Technology)

Since the implementation of the reform and opening up policies, China has experienced unprecedented economic growth. To a large degree, this economic miracle has been driven by the political and financial incentives used by the central and local governments to promote regional economic development. To guide economic development at the district level, each year local governments set clear economic growth targets and launch various supportive policies and guiding plans. Although research has shown that the targets can promote economic growth, few studies have specifically examined how local governments manage their growth targets. In this study, we focus on the mechanisms underlying the relationship between government targets and real economic growth. As investment has always been the main driving force of China's economic growth, we empirically test whether the economic growth targets affect investment. We also explore the heterogeneity of this effect and illustrate the logic behind it.

Based on modern economic theory and the related literature, we propose three hypotheses. The first concerns the basic relationship between economic growth targets and investment. Economic growth targets are key indicators for assessing the performance of local officials. To meet the assessment criteria, local government officials introduce measures to achieve the set goals. As investment can have a rapid effect on economic growth, it has become a priority for policy makers. Therefore, we hypothesize that the economic growth targets are positively related to investment. The second hypothesis concerns the temporal heterogeneity of the effect that the economic growth targets have on investment. As the Chinese economy recently shifted from a period of high-speed growth to one of high-quality development, we predict that the positive correlation between the economic growth targets and investment will become weaker over time as local governments adapt to the new trend of economic growth. The third hypothesis concerns the regional heterogeneity of the effect of the economic growth targets on investment. Although investment can help meet the set targets, whether it is effective depends on the strength of the local economy. Thus, we predict that investment will play a more important role in achieving economic growth targets in the eastern provinces than the central and western provinces.

Using China's prefecture-level data on the economic growth targets during 2001-2016, we empirically find that the growth targets have a significant positive effect on investment, which is consistent with our theoretical hypothesis. Specifically, a 1% increase in the economic growth targets between 2001 and 2016 leads to an approximately 0.44% increase in regional investment. This finding is robust when using different indicators to measure investment and the economic growth targets, and different regression samples and estimation methods. We then study the heterogeneity of the effect of investment on the economic growth targets. The interaction item of economic growth targets and time shows that investment becomes a less important means of achieving the growth targets in the prefecture-level cities after 2011. Finally, we examine the regional differences in the relationship between the economic growth targets and investment, and find that compared with the central and western provinces, the eastern provinces are more likely and better able to use investment as a means of achieving the growth targets. These heterogeneous results suggest that the effect of the local governments' economic growth targets on investment depends on the external environment, shedding light on how to achieve high-quality development.

The main contributions of our study are as follows. First, a large body of related research has highlighted the effect of investment on economic growth. In contrast with these studies, we focus on the effect of economic growth targets on investment. Second, although a large body of literature has explored the economic effects of government institutions and policies, few studies have focused on the local governments' economic planning. We focus on the local governments' economic growth targets, and examine the actual economic effects of the growth targets. Our study contributes to the growing body of public economic and political economic literature on the relationship between planning and the market. Finally, although some recent studies have paid attention to the effect of government targets on economic growth, they have not examined the mechanism by which the targets influence economic performance. Our in-depth empirical analysis based on economic growth theory contributes to the academic and practical understanding of this topic.

Tax Sharing and Local Fiscal Expenditure Structure

MA Guangrong ZHANG Kaiqiang LV Bingyang

(School of Finance, Renmin University of China; National Academy of Economic Strategy, Chinese Academy of Social Sciences)

The government considers fiscal expenditure as a key measure when making adjustments to resource allocation, income distribution, and macroeconomic policy. One of the main macroeconomic regulation and control methods advocated by Keynes is fiscal expenditure policy, which affects output by affecting aggregate demand. Furthermore, beginning with Arrow and Kruz (1970), who divided fiscal expenditure into productive and consumer expenditures and explored the impact of fiscal expenditure structure on economic growth and social welfare, a large body of literature has analyzed fiscal expenditure structure from both theoretical and empirical perspectives.

In China, the proportion of local fiscal expenditure is much higher than that of central government expenditure, with the proportion of the former continuing to rise in recent years. A prominent feature of China's local fiscal expenditure structure is that local governments prefer productive fiscal expenditures but ignore non-productive fiscal expenditures. However, the literature ignores the importance of tax-sharing rates in the local fiscal expenditure structure. A local government's fiscal expenditure is derived from its own tax revenue and transfer payments by superiors. The local government's own tax revenue largely depends on the tax-sharing rate between the lower and upper levels of government. How tax revenues are divided between these levels of government will affect local government spending decisions. Because the local fiscal expenditure structure is closely related to local economic development and tax increases, any change in the tax-sharing rate will undoubtedly change the local government's spending behaviors.

From the perspective of tax distribution system design, tax revenue division is the core of the intergovernmental fiscal system, and unreasonable tax-sharing methods will have an important impact on local government behaviors. Discussing the consequences of this tax-sharing approach, former Finance Minister Lou (2013) said, "It is not conducive to effectively curbing the local urge to pursue quantitative economic growth". According to the endogenous growth theory of government expenditure (Barro, 1990), the structure of government expenditure will affect the scale and direction of investment in private capital. Therefore, it is intuitive that local governments will adjust the structure of fiscal expenditure because of changes in tax revenue.

This paper theoretically and empirically studies the impact of tax sharing on the structure of local fiscal expenditure. Theoretically, we introduce tax-sharing factors within the framework of a local government competition model. An increase in the tax-sharing rate will directly cause local governments to increase productive public expenditures, exploit the output externalities of productive expenditures, increase output levels and tax revenues, and further maximize social welfare. On the empirical side, we use prefecture-level city data from 1996 to 2006 to analyze the impact of tax revenue on the structure of local fiscal expenditure. There is a strong difference in tax sharing between regions in China, which provides an excellent sample for studying the relationship between tax revenue sharing and the local fiscal expenditure structure. Although the tax-sharing rule between the central and local governments is uniform, that between provincial, municipal, and county governments varies across provinces. Empirical studies have found that as the tax-sharing rate of municipal governments increases, municipal fiscal expenditures will be more biased toward productive fiscal expenditures.

The main contribution of this paper is to analyze the impact of local governments' preference for productive expenditures from the perspective of tax sharing. The theoretical model constructed in this paper helps uncover the mechanism of the effect of tax sharing on local government behaviors. The empirical analysis is helpful in explaining the changes in China's local fiscal expenditure structure. It also provides useful insight for policy makers on reforming tax distribution between central and local governments.

08 Inclusive Finance & Social Development

Solvency, the Life Cycle, and the Dynamic Adjustment Mechanism of Pensions

ZHANG Yong

(Lingnan College, Sun Yat-sen University)

Population aging and the slowdown of economic growth are challenging the solvency of pension funds. To maintain a sustainable pension system and coordinate the solvency of the pension funds and benefits for retirees, it is necessary to optimize the current adjustment mechanism for pension payments. On the one hand, if the funds have insufficient solvency, pension systems will be unsustainable. On the other hand, if the solvency is increased by simply reducing the benefits, the retirees will be unable to maintain a basic standard of living.

We directly use solvency as an endogenous variable and add it to the pension adjustment model, so that the pension payments dynamically adjust to the changes in solvency. When a pension fund is insolvent, the growth rate of the pension payments is automatically reduced. Based on this idea, we construct four pension adjustment modes. The first mode is the current policy, the second mode only adjusts the growth rate of payments during the retirement period, the third mode only adjusts the contribution index during the working period, and the fourth mode adjusts both the growth rate of payments and the contribution index. The payments of the latter three modes are dynamically and automatically adjusted according to the change in solvency, and the modes operate as self-feedback systems that can correct the prediction bias.

Solvency is the key index in this paper, and is equal to the ratio of assets to liabilities of a pension fund over some future period. The index needs to be evaluated each year and is used to adjust the pension amounts. When the assets are less than the liabilities, the pension funds are insolvent. Thus, a reasonable level of solvency should be maintained. If the solvency is too high, the contributions will be used inefficiently, as a large proportion will not be used to pay pensions. Therefore, a reasonable adjustment strategy should strive to make the solvency index tend to 1, which will not only maintain the financial sustainability of the fund, but also provide retirees with the greatest degree of security.

To determine the assets, liabilities, and solvency of pension funds, we need to calculate the income and expenditure, which means we have to forecast the future values of some parameters, such as the GDP growth rate, birth rate, inflation rate, and life expectancy. The data for 2016 and before are drawn from the National Bureau of Statistics of China. After 2016, we use the "2017 Revision of World Population Prospects" published by the United Nations Population Office, which provides population forecasts for 2017-2100. We collect the GDP grow rate data for 2017-2100 from the Pardee Center for International Futures at Denver University.

As we do not know the exact future values of the parameters, we use the scenario analysis method to test the robustness of the model, which is widely used in the banking and insurance industry. We choose 18 scenarios after analyzing the economic, population, and policy variables. We then analyze, Compare, and rank the effects of the four adjustment modes under each scenario, and test whether the ranking is robust. Finally, we identify the most advantageous mode.

The main conclusions are as follows. First, if the current pension adjustment mode is not optimized, the degree of insolvency will continue to increase under the trend of population aging and slowing economic growth. Second, compared with the current policies and existing models, our adjustment model can effectively alleviate the degree of insolvency and reduce the large fluctuations in the benefits for retirees. Third, adjusting the pension according to life cycle theory not only improves the solvency better than the other models, but also extends the time for paying retirees and improves their ability to deal with risks. Finally, when introducing policies such as delaying the retirement age, multiple factors need to be considered, such as the adjustment mode, growth rate of pensions, the birth rate, and the solvency of pension funds.

This paper makes the following contributions. First, we use solvency as an endogenous variable and add it to the "pay-as-you-go" pension system, whereas the current automatic balance mechanism (ABM) is applicable only to a fully funded pension system. Second, our model is a self-feedback system that can correct the prediction bias, which improves the robustness and operability of the model. If there is no forecast, the solvency of the pension fund cannot be calculated, whereas if there is no correction, the forecast deviation will continue to increase. Third, compared with other models, such as the ABM, our model can reduce the risk of excessive fluctuations of benefits and provide a more stable income for retirees, although it does require some public financial support. The dynamic effect of public financial support on the solvency of the pension fund is a topic for future research.

How Financial Innovations Fix Credence Goods Market Failure: Evidence from a Natural Experiment in China

DUAN Baige WANG Yongqin XIA Mengjia

(School of Economics, Fudan University)

Problems caused by the credence goods (such as food, drugs and health care products) market have been plaguing China and the rest of the world for years. Asymmetric information on the quality of goods and services caused by moral hazard and adverse selection can lead to market failure of credence goods. To fix credence goods market failure, a common solution is government regulation. However, many economists advocate more market-based solutions (e. g. financial innovations such as compulsory liability insurance), but smoking gun evidence has been yet to come. A priori theories suggest that compulsory liability insurance has two opposite effects: reduced moral hazard by insurer's monitoring and induced moral hazard of the insured companies.

Fortunately, China's policy innovations and reform experiments on compulsory food safety liability insurance was phased in China from 2011 to 2017 and is leading the world. In other countries such as the United States, food, drugs and other products are usually covered by product liability insurance, as food safety liability insurance is rarely separately set up. China's food safety compulsory liability insurance constitutes a rare and ideal natural experiment for two reasons. First, it has been phased in at different times in different provinces. This exogenous shock enables us to use the difference-in-difference method to identify the causal effects. Second, liability insurance is not all mandatory in western countries, which brings about mixed effects of moral hazard and adverse selection and makes it difficult to disentangle these two effects. In China, however, the compulsory nature of food safety liability insurance shuts down the adverse selection channel, enabling us to disentangle the moral hazard channel.

The paper exploits the natural experiment to identify the causal effects of liability insurance on credence goods market using the compulsory liability insurance on food program. Specifically, we examine whether insurance-based financial innovation helps solve credence goods market failure through reducing moral hazard problem. The paper finds that the liability insurance significantly reduces the probability of food safety accidents. After the implementation the compulsory liability insurance, the average number of outbreaks of food borne diseases in every 10 000 people has decreased by about 6. Both parallel trend test and direct test of insurers, monitoring effect further support the results. These results reveal that the mandatory financial innovation can be an effective tool for risk management.

The study shows that financial innovations are a powerful tool to solve social and economic problems. Financial innovations including liability insurance can be an effective alternative solution to credence goods market failure. On the one hand, insurance companies can solve the adverse selection problem by assessing the risk types of different insured enterprises. On the other hand, to stay competitive, insurers have the incentive to push the insured to reduce risk, thus mitigating the moral hazard problem. Compared with government regulation, market-based mechanisms can make better use of insurers, expertise in monitoring and screening. Insurance companies can use their market advantages to collect data for actuarial analysis and the estimation of premia according to expected losses. From the perspective of solving negative externalities, this is tantamount to tailor-made Pigou taxes, which requires agents to pay the same costs as their externalities to prevent socially harmful actions, namely, to internalize the externality. Interestingly, from the perspective of mechanism design, the solution is equivalent to the Lindahl equilibrium, where the agents pay the corresponding “taxes”. That is to say, compulsory liability insurance is an efficient implementation of Lindahl equilibrium in resolving credence goods market failure.

More interestingly, compulsory insurance is also consistent with the idea of second-best theory. The second-best theory implies that if there are many distortions in the economy, eliminating one or several of them (but not all distortions) may make things worse rather than better. On the contrary, adding one distortion may achieve Pareto improvement. In the case of compulsory insurance, government coercion is a distortion by itself, but in the presence of information asymmetry, it can lead to Pareto improvements when combined with market-based solutions.

Some problems remain for further study. For example, different credence goods and their markets may require different regulatory responses and financial innovations. These heterogeneities await further research in the future.

Economic Policy Uncertainty, Regional Culture, and Insurance Demand

LIU Wei HUANG Xiaoqi

(School of Economics and Management, Wuhan University)

Studies of the impact of economic policy uncertainty on macroeconomics and micro-firms have ignored the role of insurance demand, which is closely related to uncertainty. Insurance demand should be considered in studies of the impact of policy uncertainty on different types of insurance. Existing research also ignores the different extent to which individuals are affected by economic policy uncertainty. Regional culture may influence individuals' reactions to external policy shocks, making the impact of uncertainty on economic activities variable. Therefore, it is unclear how economic policy uncertainty affects insurance demand or how regional culture mediates the impact of economic policy uncertainty on insurance demand. These are the key issues of this study.

The study first uses the background risk theory of Guiso and Jappelli (1998) to reveal the mechanism through which economic policy uncertainty impacts insurance demand and further analyzes whether regional culture influences the impact of economic policy uncertainty on insurance demand. Second, using monthly panel data of 30 regions in China from 2007 to 2017, the study examines the impact of economic policy uncertainty on total insurance demand, personal insurance demand, and property insurance demand, focusing on the different impacts of economic policy uncertainty on the three types of personal insurance. Third, using the 30-region cultural dimension data measured by Zhao Xiangyang et al. (2015), this study examines the moderating effects of uncertainty avoidance, performance orientation, societal collectivism, assertiveness, and power distance on the impact of economic policy uncertainty on insurance demand. There are three key findings. First, increasing economic policy uncertainty has a significantly positive impact on regional insurance demand. Second, the impact of economic policy uncertainty on insurance demand is restricted by cultural differences. Third, when economic policy uncertainty rises, people tend to avoid risks by purchasing personal insurance, especially life and health insurance with social security and savings functions. Property insurance demand is less influenced by economic policy uncertainty.

The main contributions of this study are as follows. First, we find that the impact of economic policy uncertainty on China's insurance market is robust. This study not only clarifies the mechanism through which economic policy uncertainty affects insurance demand, it also empirically tests the impact of economic policy uncertainty on the demand for different types of insurance. Second, traditional background risk theory emphasizes that background risks, including uncertainty, have an impact on insurance demand, but ignores the potential regulatory effect of regional culture on the impact of background risk on insurance demand. This study expands the theoretical model by incorporating regional culture into the research framework, and analyzes the mechanism through which regional culture moderates the effect of background risk on insurance demand. Furthermore, this study finds that regional culture has a moderating effect on the impact of economic policy uncertainty on insurance demand in China.

The findings have important theoretical and practical implications. First, the Chinese government should increase its investment in the social security system to enhance people's ability to withstand uncertainty. Furthermore, the government should disclose more information to establish a more open and transparent information transmission channel, which helps to reduce the negative impact of economic policy uncertainty on social behavior. Second, the implementation of

China's economic policy adjustments should be based on a full understanding of the cultural characteristics of each region, so that the government can appropriately guide the cultivation of risk-aversion cultures. Third, the government should formulate incentives to adjust the structure of the insurance market and guide the expansion of the markets in property insurance and personal accident insurance. Furthermore, Chinese insurance companies should diversify the supply of insurance products, strengthen the market promotion and product design of property insurance and personal accident insurance, and promote the balanced growth of China's insurance market.

Asset Portfolios and Household Consumption in Urban China: Theory and Evidence

JIANG Tao　DONG Bingbing　ZHANG Yuan

(Southwestern University of Finance and Economics; Central University of Finance and Economics; Postal Savings Bank of China)

Many countries, including China, have adopted fiscal policies such as tax cuts and subsidies to boost consumption. However, how effective these policies are is a matter of some debate. Previous studies have traditionally focused on relatively poor families because they have higher marginal propensity to consume (MPC) and therefore fiscal policy oriented to such families should be more effective (Gal et al., 2007, Morita 2015). Carroll et al. (2014) further show that the more inequality, the higher aggregate MPC in response to temporary income shocks. These studies follow Campbell and Mankiw (1989, 1990) in describing the poor as those who consume all their income, namely, hand-to-mouth (HtM) households, in contrast to households that do not do so and typically have greater wealth (non-HtM). Wealthy or non-HtM households have low MPC. However, such studies have neglected the possibility that even wealthy households may also have high MPC. The idea is that some wealthy households may have a large amount of illiquid assets but few liquid assets, versus households that have both. These families do not usually liquidify their asset holdings to make consumption smoother, and they therefore tend to consume more in response to a temporary income shock (due to tax cuts or subsidies). Kaplan and Violante (2014a, 2014b) formalize this scenario and re-categorize this group of households as "wealthy HtM households". Such households are wealthy in terms of total wealth but are

HtM because they consume almost all their income.

Our first contribution is to re-examine the strategy for selecting types of households and quantifying the shares of different households. We focus on the consumption behavior of urban households and exclude those living in rural areas, as the former have more reliable data and regular income flows. We differ from previous studies of China in that we use four rounds of China Households Finance Survey (CHFS) data (from 2011, 2013, 2015, 2017) and perform a more thorough analysis by comparing different selection criteria. We consider the following concerns. First, Chinese households are more prone to savings and keep more liquid assets. Second, the liquidity of assets is slightly different compared other countries. In particular, we take time deposits, bank issued investment products, and treasury bonds as liquid assets because they have much lower returns and higher liquidity than real estate, the main component of illiquid assets in China. We apply different thresholds of liquid assets over yearly income ratio to determine which households are HtM, complemented by the consumption over income ratio, which is also used in Kaplan and Violante (2014). We find a significantly higher threshold of liquid assets over yearly income ratio, 1/4, than has been used in the literature (1/24). Considering real estate as the main component of illiquid assets, we also use the net value of housing (total market value minus debt and mortgage) to determine whether a household is wealthy.

With this selection strategy, we find the following evidence from Chinese urban households. First, the wealthy HtM share is about 36.7%, higher than the upper bounds estimated by He and Zang (2016) and Cui and Feng (2017). We then estimate the heterogeneity of consumption behavior over different types of households. The estimated consumption income elasticities for poor HtM and wealthy HtM households are 4.4% and 5.9% higher than wealthy non-HtM households, respectively. The MPCs to temporary income for poor HtM and wealthy HtM households are 0.069 and 0.09, compared to 0.045 for wealthy non-HtM households.

Another contribution of the paper is its recognition of the fact that most households in China must save a high down payment to buy real estate. These households have relatively more liquid assets and negligible illiquid assets. They have smaller MPC compared to wealthy non-HtM households, as shown in a previous study (Zang and Zhang, 2018). Their consumption income elasticity is also 2.7% lower than that of wealthy non-HtM households.

Our study has several policy implications. First, we show that the share of wealthy HtM households is larger than previously reported in urban China. These households have high MPC and should be targeted by policies intended to boost aggregate consumption. Second, there is a significant group of poor non-HtM households in China that should not be ignored.

The Effect of Mobile Payments on Household Money Demand: Micro Evidence from the China Household Finance Survey

YIN Zhichao GONG Xue PAN Beixiao

(School of Finance, Capital University of Economics and Business)

Alibaba reported that on May 4, 2018, there were 870 million global active users of its Alipay application. During the 2018 Spring Festival, the number of WeChat monthly active accounts exceeded one billion. With the development of modern mobile technology and the popularization of mobile devices, mobile payments have rapidly replaced internet payments and become the backbone of third-party transactions. In China, electronic payments have brought great changes to people's lives, especially mobile payment tools, such as Alipay and WeChat payment. These new payment tools, which combine liquidity and profitability, have caused a shock to the traditional payment methods. Moreover, the financial management tools provided by these applications have given households more money management options, and to some extent have replaced savings deposit. Thus, evidence of the impact of mobile payments on China's household money demand can provide a theoretical and practical basis for formulating China's cash management policy.

This paper is divided into seven parts. The first part introduces the research background and the related literature. The second part outlines the theoretical framework of money demand, and the third part introduces the empirical model, data, and variables. In the fourth and fifth parts, we report the empirical results and analyze the heterogeneity, respectively. The sixth part provides the robustness tests and the seventh part concludes the paper.

In this paper, we use the data from the fourth round of the nationwide China Household Finance Survey (CHFS) conducted by Southwestern University of Finance and Economics in 2017 to examine the impact of mobile payments on monetary demand at the household level based on the Baumol-Tobin model. To overcome the endogeneity of mobile payments, we use two stage least squares (2SLS) to do the estimation.

We find that mobile payments lead to a 25% decrease in household cash and have a significant negative impact on the level of money demand. Specifically, the proportion of decreases by 36.1% and the proportion of M_1 decreases by 21.7%, indicating that mobile payments reduce the money demand to different degrees. We also find that the coefficient of the cross-terms between the transaction cost proxy variables and mobile payments is significantly negative, indicating that changes in transaction costs may be an important channel for mobile payments to affect the demand for cash. Furthermore, using a quantile regression, we find that the effect of mobile payments on the precautionary money demand is greater than that of transactions.

The impact of mobile payments on the money demand also varies significantly for different age levels, education levels, urban and rural areas, Eastern and Western regions, and different cities. Specifically, mobile payments have a greater negative impact on the proportions of M_0 and M_1 among elderly households. For households with a lower education level, mobile payments have a relatively large negative impact on M_0 and M_1, but a relatively small negative impact on M_2. We also find that the level of urban development has a significant effect on the role of mobile payments.

Finally, we analyze the effects of debit card, credit card, bank card, and computer payments on the proportion of cash, and the estimated coefficients are all significantly negative. This shows that the change in the method of payment has had a profound impact on the amounts of cash that households hold.

Although mobile payments are very convenient, the web-based and immaterial characteristics of the system pose numerous possible risks in terms of security. To encourage the use of mobile payments, it is necessary to strengthen the supervision of risk during use, formulate laws and regulations to regulate the behavior of both sides of the transaction, and strengthen the security of the platform using fintech, so that mobile payments can play a key role in cash management.

Overall, this paper makes the following contributions. First, from a micro perspective, we study the impact of mobile payments on monetary demand at the household level. Second, we define the M_0, M_1, M_2 of a household according to the monetary level standards set by the People's Bank of China. Third, we analyze the influence of transaction costs on the demand for cash and confirm the findings of the Baumol-Tobin model.

The Effect of Social Interaction on Household Commercial Insurance Purchases: Evidence from the China Household Finance Survey

LI Ding DING Junsong MA Shuang

(Institute of Development Studies, Southwestern University of Finance and Economics; School of Social Development and Public Policy, Fudan University; School of Economics and Statistics, Guangzhou University)

As one of the three pillars of the modern financial industry, insurance plays an important role in economic compensation, capital financing, and social management, and it is known as the "patron saint" of socioeconomic development. Although China's commercial insurance market has developed rapidly over the past 40 years into the world's second largest insurance market, the insurance industry is still in the primary stage of development from the perspective of insurance depth and density. The literature generally points to limited participation among residents as an important reason that China's commercial insurance industry is not strong despite its large size. The key to solving the problem of limited participation is to identify factors that affect residents' purchasing of commercial insurance. At present, there are relatively few studies on the influence of social interaction on family commercial insurance purchases, and no consistent conclusions have been reached so far.

To address this research gap, the present paper studies the influence of social interaction on family commercial insurance purchases and its channels using data from the China Household Finance Survey (CHFS) 2013. First, by selecting eight variables related to social interaction and using the iterative principal factor method, this paper constructs a comprehensive social interaction index. Second, Probit and Tobit models are used to conduct empirical analysis, and two channels are verified through the variables of financial knowledge and degree of trust in commercial insurance. Third, potential endogeneity problems related to social interaction are overcome by constructing instrumental variables, and heterogeneity analysis and robustness tests are conducted. Finally, based on tracking data from the 2013–2015 CHFS, logical problems related to the time inconsistency between social interaction and household commercial insurance purchases are overcome. The results show that social interaction promotes household purchases in the commercial insurance market, and the effect is still significant after solving the endogeneity problem. In addition, this paper confirms two channels of social interaction that affect commercial insurance purchases. According to heterogeneity analysis, social interaction plays a more important role in promoting insurance purchases among families in the eastern and central regions, those with medium levels of education, those with high income levels, and those in low-purchases-rate communities.

The main innovations of this paper are fourfold. First, the use of CHFS data to examine the relationship between social interaction and household commercial insurance purchases allows our findings to be strongly representative, as the data span 29 provinces and more than 28 000 households. In this way, we avoid the drawbacks of previous studies that fail to provide a comprehensive picture of residents' insurance purchases in China. Second, by using the iterative principal factor method to construct a comprehensive social interaction index, we avoid the concern that a single variable cannot accurately describe social interaction. Third, by verifying two channels of social interaction's impact on household commercial insurance purchases, our paper allows for a more thorough understanding of the effect of social interaction. Finally, potential bias in regression results caused by endogeneity problems and time inconsistency is solved by constructing instrumental variables.

This paper is the first to explore the development of China's commercial insurance market from the perspective of social characteristics. Efforts to promote insurance market development should go beyond economic factors and also recognize the importance of residents' social characteristics. Therefore, relevant agencies should pay attention to the role of social interaction in the development of insurance. It is also necessary to further standardize China's insurance market and strengthen the trust of commercial insurance conditions to improve the depth and breadth of insurance purchases and promote the industry's development.

Family Social Network and Employment Quality: Analysis Based on Data from the 2009-2015 National College Graduates Employment Investigation

FENG Shilan TAN Ya JIANG Cheng

(School of Marxism, Peking University; Guanghua School of Management, Peking University; Graduate School of Education, Peking University)

As a policy guarantee of economic development in the 13th Five-Year Plan for Economic and Social Development of China, "employment first", which concerns people' s well-being, is prioritized. According to the report of the 19th National Congress of the Communist Party of China, "Employment is pivotal to people' s well-being" and we should "adhere to the strategy of giving priority to employment and the active employment policy so as to achieve higher quality and full employment". The Report on the Work of the Government in 2019 further promotes the employment-first policy to the same high level as the fiscal and monetary policies. Social networks play an important role in employment. They not only affect information acquisition during the job search process but also are closely related to employment quality. To investigate the effect of social networks on employment quality, we first introduce the accumulation decision of family social networks into the endogenous discount factor model, analyze the mechanism through which family social networks affect employment quality, and explain the employment motivation to accumulate social networks. We then discuss two important dimensions of employment quality (i. e., employment satisfaction as it relates to individual welfare and the match between job and skill/major as it relates to resource allocation efficiency), thus analyzing micro welfare and macro efficiency in an integrated framework. Third, we explore the mechanism through which family social networks affect employment quality. We discuss the direct effect of social networks on employment and analyze their indirect effect via experiences during college.

Based on the endogenous discount factor model in Becker and Mulligan (1997), we introduce the accumulation decision of family social networks and discuss the mechanism through which family social networks affect employment decisions. Specifically, family social networks influence the utility of households via the discount factor and the probability of industry entry, leading to the heterogenous optimal accumulation decision of social networks. We find that family social networks complement the major disadvantage of graduates. Considering the difficulty of admission into popular majors, individuals with wider family social networks strategically apply for majors with higher admission probabilities and enter high-income industries with the help of their social networks. Such decisions increase the employment satisfaction of these graduates but decrease the match between job and skill.

We then use data from the 2009 to 2015 National College Graduates Employment Investigation to empirically test the model hypotheses. The empirical results indicate that family social networks increase employment satisfaction but decrease the match between job and skill. We test three potential mechanisms leading to such results: (1) family social networks help graduates from various majors enter high-income industries, as indicated by the model; (2) family social networks help graduates obtain high-quality internships; (3) family social networks give graduates more opportunities to change majors in college. We find that the first mechanism is the most significant.

Furthermore, we conduct robustness tests on four aspects: the time trend of the effect, the scope of the effect, the strength of the effect, and the regional limitation of family social networks. We obtain four findings. First, the marginal impact of family social networks on employment quality weakens gradually.

Second, for families with wider social networks, social networks have a stronger marginal effect on employment quality. Third, there is no significant difference in the intensity between sons and daughters when families use social networks, but utilization intention is diluted by the number of children. Furthermore, the effect of social networks in families with multiple children is lower than that in single-child families. Fourth, family social networks are limited by geographic distance, but their impact on employment quality does not diminish as geographic distance increases.

Overall, from the micro perspective, family social networks increase the employment satisfaction of graduates, thus improving individual welfare. However, from the macro perspective, they decrease the match between job and skill, distort the allocation efficiency of human capital resources, and influence labor productivity in the short run. Our findings provide further theoretical support for improving employment policy and can contribute to strengthening the nation through human resource development.

Is a Good Marriage Better than a Good Job? A Study on the Change in Housing Price and the Marriage Notion

ZHAO Wenzhe LIU Sijia SHI Yupeng

(School of Economics, Central University of Finance and Economics; Yunnan Provincial Energy Investment Group; School of Economics, Central University of Finance and Economics)

The rapid increase in housing prices is a popular phenomenon demonstrated by China's economy in recent years. Housing is one of the most important assets for a family, so a rapid housing price increase implies rapid change in family wealth, which has great impacts on individuals' decisions and attitudes. In traditional Chinese culture, the notion that a good marriage is better than a good job plays an important role in one's decision to marry. Some surveys show that this perspective remains popular in Chinese society. Much of the literature analyzes the effects of social circumstances and physical foundations on this notion from the view of female psychology and sociology, but few studies discuss the effects of economic factors.

For rational individuals, the trade-off decision between marriage and employment must involve the consideration of economic factors, such as the change in housing prices. Theoretically, the housing price level reflects a city's cost of living and income levels. The change in housing prices reflects expected uncertainty in the future, with higher changes in housing prices indicating greater expected uncertainty in the future. The rapid increase in housing prices implies not only the increase in nominal family wealth, but also the expected increase in housing expenditure. Therefore, the change in housing prices can affect the trade-off between marriage and employment through two channels. The first channel is the wealth effect. This channel implies that with the rapid increase in housing prices, the nominal wealth of individuals with housing increases. As the motivation to avoid the risk of future uncertainty by marriage decreases, the change in housing prices causes individuals to prefer employment to marriage. The second channel is the budgetary constraint effect. Specifically, the increase in housing prices implies a large future expenditure, which exerts great pressure on individuals with lower income and more liability. In this case, the change in housing prices causes individuals to prefer marriage to employment to avoid the risk of future uncertainty.

Based on China's General Social Survey (CGSS) data of 2010 and 2015, we examine whether people prefer a good marriage to a good job due to the increase in housing prices. We use the notion of a good job or a good marriage as the trade-off between employment and marriage. The baseline regression of the probit model shows that the higher the increase in housing prices is, the more likely people are to prefer a good marriage. This finding remains robust when we change the dependent variable and the explanatory variable of housing level (we replace the housing price-income ratio with the urban real value of housing price level). Heterogeneous analyses show that females, unmarried females, married females, female migrants, urban females, and people with more daughters prefer marriage to employment when facing increased housing prices. This preference allows them to avoid the risk of future uncertainty. Finally, we test the mechanisms of the wealth effect and the budgetary constraint effect. We test the wealth effect by dividing the sample into three groups according to the number of housing properties owned and who has the property. We find that the rapid increase in housing prices increases the nominal wealth of females with more housing such that their sense of identification with the notion that a good marriage is better than a good job is lower. We test the budgetary constraint effect by designing the regression according to individual income level. The probit regression shows that the increase in housing prices leads females with lower incomes to increase their acceptance of the notion that a good marriage is better than a good job, as they would suffer stronger budgetary constraints in the face of rapidly increasing housing prices.

Although the notion that a good marriage is better than a good job is culturally rooted, economic factors such as housing prices can also affect it. Our main contribution is our analysis of the relationship between housing price and the notion of marriage and our discussion of the probable mechanisms of the wealth effect and the budgetary constraint effect. With the rapid rate of housing price increase in recent years, more and more young females are prioritizing a good marriage. This is expected to exert greater pressure on the labor market and lead to a lower rate of female labor participation. As the increase in housing price does not significantly increase the marriage preference of males, but increases males' preference for employment at the cost of delaying marriage, it may further decrease fertility in the future. Thus, this problem is worthy of further research.

09 Corporate Governance & Corporate Finance

The Relationship between Investment Banks and Institutional Investors, Boosts, and Benefit Transfer in IPOs

SHAO Xinjian WANG Xingchun JIA Zhongzheng LIAO Jingchi

(School of International Trade and Economics, University of International Business and Economics; Institute of World Economics and Politics, Chinese Academy of Social Sciences; Research Institution, Shenzhen Stock Exchange)

Investment bank is one kind of the most important intermediaries in direct financing. As the representative of security issuer, an investment bank's competitiveness partly originates from its networks of relationship investors, which have been rarely discussed in the literature. Based on the complete records of institutional investors' participation in Chinese IPOs' book-building process, we have designed a new dynamic measure of the relationship between an investment bank and institutional investors. Furthermore, we have analyzed in detail how this relationship affects IPO pricing. The main results are as follows. (1) An investment bank can drive related investors to take part in the IPO process and submit high bids that are consistent with the underwriter analyst's valuation. This implies that the investment bank can alleviate the uncertainty of investor participation in IPO auctions by its networking ability. (2) The boost from related investors can significantly increase IPOs' offering price and the under-writing fee paid to the investment bank. However, when the trading price converges to its intrinsic value gradually in the long run, the appearance of more related investors in the IPO process will predict lower long-term return to investors. (3) The relationship between the investment bank and institutional investors is reciprocal in essence. Once the investment bank is granted allocation discretion, it will be inclined to allocate money left on the table to its related investors. The stronger the relationship, the larger probability that bids will be considered affective. Given that their bids are judged affective, related investors' demand for new issues will be satisfied preferentially.

This paper makes three contributions to the literature. First, we present a new mechanism for interest distribution in the IPO process. The traditional literature usually assumes that the principal-agent problem exists between the IPO issuer and the investment bank (IB) responsible for the underwriting. The IB is inclined to underprice the IPO relative to its intrinsic value. Then, due to its allocation discretion, it will allocate the underpriced new issues to its connected investors, who will transfer part of the revenues to the underwriter, such as in the form of brokerage fees. This quid proquo thus conflicts with the issuer's interests. However, if underwriting fees gained by the IB are positively related to the IPO offering price, the interest of the IB should be bundled with the IPO issuer and there will be no serious principal-agent problem. We find that the IB has a significant incentive to overprice the IPO according to the high bids of its connected institutional investors, so the issuer can obtain more IPO proceeds. In addition, the IB can favor connected investors over time. For example, once underwriting IBs are granted allocation discretion, they will allocate underpriced new shares to their connected investors who have supported the bidding of prior IPOs.

Second, this paper provides a new method to measure the relationship between investment banks and institutional investors, which considers both IPO issuers, participation and the relative bidding prices of investors. Based on brokerage fee data, the traditional method can only identify one special investor (fund)- underwriter relation. In contrast, our new method can measure underwriters, connection with all kinds of investors. Furthermore, compared to the method based on only participation frequency, our method also considers whether investors, bidding prices are consistent with underwriters, expectations, which means that connections can be more accurately measured.

Third, our findings extend the understanding of the efficiency of IPO auction methods. The classical literature usually concludes that auction methods lack efficiency in pricing IPOs because the underwriters have no allocation discretion, which is a key instrument to encourage investors to produce information on IPOs in the book-building process. One problem in IPO auction is investors, participation uncertainty. However, our empirical research finds that underwriters can solve this problem through their connections with institutional investors. It suggests that networks between IBs and investors can replace underwriters, allocation discretion to some extent. Furthermore, this paper shows that an underwriter will be inclined to allocate underpriced new issues to its connected investors once it gains allocation power. Thus, from the perspectives of fairness and efficiency, IPO auction methods will perform better than the traditional literature predicts if the function of the underwriter-investor relationship is considered seriously.

Strategic Reactions to Corporate Tax Avoidance in China: Evidence from Listed Corporations

LI Qingyuan LIU Yechang

(School of Economics and Management, Wuhan University)

In recent years, most research on the causes of corporate tax avoidance has focused on internal factors, such as a company' s managerial characteristics, or external factors, such as the macroeconomic cycle. Few studies have investigated corporate tax avoidance in relation to the interaction between the tax avoidance of companies in the same industry. The social economics research on non-market interaction effects has shown that it is challenging to identify the strategic responses of a company. Manski (1993) stated that the similarities between group members' responses can be considered the result of exogenous effects, correlated effects, and endogenous effects (i. e., strategic reactions). To overcome the omitted variables and "reflection" problems, Manski (2000) later proposed an instrumental variable that only affects the behavior of certain individual group members without affecting the behavior of all of the members. Leary and Roberts (2014) validated the effectiveness of the instrumental variable of idiosyncratic returns in the tax avoidance literature.

We use data on China' s A-share listed companies from 2007 to 2016 and use the idiosyncratic stock returns of enterprises in the same industry as the instrumental variable to test the relationship between the tax avoidance behaviors of competitors in the same industry (Leary and Roberts, 2014). In particular, we model a firm' s tax avoidance as a function of (i) its own firm-level characteristics, (ii) its common industry-level characteristics, and (iii) the tax avoidance decisions of its industry competitors (Raj an and Zingales, 1995; Leary and Roberts, 2014). We find that the tax avoidance of private enterprises in the same industry exhibits strategic complementarities whereby a change in a firm' s tax avoidance leads to a direct change in the tax avoidance of its industry competitors, and vice versa. We then explore the possible mechanism of the strategic complementarities and find that it may be explained by the leader-follower mechanism. Large firms arguably have more resources and stronger incentives to gather private information about the optimal level of tax avoidance. In turn, smaller firms might monitor the tax avoidance activities of their larger industry competitors to infer private information from their tax avoidance decisions. We also find that the attenuation of geographical distance is conducive to lowering the cost of collecting information in the same industry, and thus leads to a more significant strategic complementarity within the same industry. That is, the imitation of corporate tax avoidance policies has a "local preference" in the same industry. Finally, because of the inherent difficulty of credibly identifying direct strategic reactions (e. g., Angrist, 2014), we conduct a "falsification test" to assess the robustness of our inferences to alternative explanations (Cohen-Cole and Fletcher, 2008). We repeat our first set of tests using firms' pre-tax financial performance, which should not exhibit strategic reactions if the firms do not alter their pre-tax performance in response to that of their industry competitors, rather than their tax avoidance. If our results are a product of the endogenous relation between the idiosyncratic stock returns and tax avoidance of industry competitors, then we should find evidence of spurious strategic reactions to firms' pre-tax performance. However, we find no evidence of strategic reactions to pre-tax net income, which strengthens our results.

Our findings contribute to the research on the determinants of tax avoidance, which has almost exclusively focused on firm-and manager-level characteristics, and has not formally considered whether the strategic interactions among firms influence their tax avoidance. We also draw on the literature on geographic distance and regional industrial concentration (Krugman and Obstfeld, 2000; Bai et al., 2004; Fu, 2009; Ayers et al., 2011), and examine the strategic reactions to corporate tax avoidance in relation to geographical distance. The observed effects of the strategic complementarities expand the potential application of this theoretical mechanism to domestic and foreign markets. Finally, we contribute to the literature by providing evidence that competitors' (or peers') decisions can affect firms' decisions not only through social interaction (e. g., Beck et al., 2014; Leary and Robert, 2014; Bird et al., 2018), but also by influencing the monetary costs and benefits of the firms' strategic interactions. This finding has potential policy implications because it suggests that policies that seek to limit or curtail the tax avoidance of a subset of firms could inadvertently affect the tax avoidance of their otherwise unaffected competitors through the strategic reactions that we document.

Environmental Pollution and Firm Value: Theory and Empirical Evidence

TANG Song SHI Wen SUN Anqi

(School of Accountancy, Shanghai University of Finance and Economics; R&D Department, Shanghai Headquarters, China Central Depository &Clearing Co., Ltd.; Listed Company Supervision Department I, Shanghai Stock Exchange)

China's "extensive growth" development model has led to increasingly serious environmental problems and constrained the sustainable development of the economy. The numerous incidents of severe environmental pollution have also had significant negative impacts on society. Accordingly, the environmental issues associated with economic development have been receiving increasing public and government attention. In addition to being important participants in the economy, enterprises are one of the main sources of environmental pollution. Therefore, it is of great practical significance to understand the economic consequences and mechanisms of environmental pollution at the micro-enterprise level. Although numerous studies have examined this issue, so far no consensus has been reached (Cormier et al. 1993; Karpoff et al. 2005). Moreover, many institutions in China, such as those relating to the environmental responsibilities of companies, government supervision, and the enforcement of laws, differ from those in Western countries (Dasgupta et al. 2001). Therefore, it is of significant theoretical and academic value to explore the economic consequences and mechanisms of the environmental pollution in China.

Using a sample of 71 reports of incidents of environmental pollution by listed companies in China from 2005 to 2015, this paper finds that the firm value of listed companies declines significantly after the reports of incidents of environmental pollution are published. Specifically, the market value of the listed companies falls by an average of 1.51% on the day the incidents of environmental pollution are reported. Further analysis also shows that listed companies are more likely to be subject to environmental supervision and government sanction after incidents of environmental pollution are reported, and have greater difficulty obtaining bank debt financing. The changes in the levels of government environmental supervision and debt financing are also significantly related to the cumulative abnormal returns of corporate stocks during the reporting window of pollution incidents. This suggests that investors rationally anticipate the adverse consequences of incidents of environmental pollution and respond negatively to the news. In addition, the increased government supervision after the reporting of pollution incidents is more evident in areas with high needs for public environmental protection, and after the tightening of the government environmental protection policies in 2010. Moreover, the reduction in debt financing is more likely to occur after the tightening of the government environmental protection policies in 2010.

The results of this paper have several policy implications in relation to the control of environmental pollution in China. First, the government should further enhance the public awareness of the need for environmental protection. To enhance the supervisory role of the public and the media, the government should also vigorously encourage the media to report environmental problems in a timely and objective manner. Second, the relevant government departments should further use administrative and financial means to strengthen the supervision and restraint of the environmental pollution from enterprises. Third, government departments should adhere to the principles of fairness and openness when enforcing environmental protection laws and credit resource allocation.

This paper contributes to the literature in several ways. First, the paper proposes and empirically tests the unique mechanisms of the effects of incidents of environmental pollution on the firm value of listed companies, which are government supervision and access to debt financing. Second, this paper investigates the relationship between the reporting of environmental pollution and firm value over a long sample period and using a rigorous research design, and thus makes a useful addition to the literature on the relationship between the reporting of environmental pollution and firm value in China. Third, this paper presents an innovative analysis of the heterogeneity of the economic consequences of incidents of environmental pollution among different firms. We plan to explore other possible mechanisms of the effects of environmental pollution on firm value in future studies.

The Reputational Spillover Effect of Media News Reports

RU Yi XUE Jian ZHANG Qian

(School of Economics and Management, Tsinghua University)

The media plays an important role as an information intermediary and monitors in the capital market. The media can earn a good reputation if their news reports reflect the truth, and the journalists behind the reports can also obtain better career prospects. However, false reports may damage the media's reputation and even hinder their normal operation. However, due to economic interests or a lack of professionalism, morals, and legal awareness, bias in media reporting is quite common.

In this paper, we examine whether a media outlet's news reports prior to a firm's fraud exposure affect the outlet's reputation among investors (i. e., whether there is a reputational spillover effect). More specifically, we examine whether investors' perceptions of the outlet's reputation change immediately after a fraud is exposed and how they respond to news stories by the same outlet about other no-fraud firms. On one hand, if the media outlet releases positive reports about the fraudulent firm ex ante, rational investors should question its professionalism and/or independence, making its reports on other no-fraud firms less likely to be trusted in the near future (negative reputational spillover effect). On the other hand, the media outlet's negative reports may be regarded as a positive signal by investors, which can produce a positive reputational spillover effect.

We obtain firm fraud information from the China Stock Market and Accounting Research (CSMAR) database and set the lockup period as the window [-14,-7] before fraud exposure. First, we identify the treatment media outlet that reports on the fraudulent firm during the lockup period. Next, we identify other no-fraud firms reported on by the same outlet in both windows [-7, 0] and (0, 7) around the exposure date. Then, for each no-fraud firm, we find all other media outlets that release reports in both windows but have no reports on the fraudulent firm and use them as the control group. Finally, all news reports on no-fraud firms in the window [-7, 7] by the treatment media outlet and the control media outlets are identified and included in our sample.

We then use a difference-in-difference-in-differences (DDD) method for estimation. The results show that a more positive (negative) tone in the media's pre-exposure news report leads investors to react less (more) strongly to its news reports on no-fraud firms soon afterwards, indicating a two-way reputational spillover effect. However, the effect is asymmetrical in that the positive spillover is significantly stronger than the negative spillover. Further results show that the effect depends on investors' subjective perception of the media outlet's prior reputation and its ability to interpret the relevant information. The effect is more pronounced in cases with lower media reputation prior to the fraud, more severe fraud, or higher shareholding percentage of institutional investors in the no-fraud firm.

This paper provides empirical evidence on whether and how the media should maintain its reputation among investors. We demonstrate the importance of media objectivity to reputation accumulation and point out specific influencing factors that determine spillover effects. In addition, we find that the information content of media news reports is highly related to the outlet's most recent reporting quality, indicating that the information content of its news reports can change dynamically. Therefore, we also provide important guidance on how to use media news reports for making better investment decisions.

We acknowledge that the quality of media reports is also closely related to the individual characteristics of journalists, and these characteristics may also matter for the spillover effect discussed in this paper. In addition, the media's reporting behavior may directly affect the careers of journalists and even the reputations of peer outlets. What's more, the exposure of false reporting behaviors may also exert a long-term deterrent effect on media reporting quality. These issues can be explored in the future to deepen our understanding of media reputational concerns.

Reputation of Venture Capital Firms and the Contagion Effect: Evidence from Regulatory Investigations of Chinese Listed Firms

HE Ding LUO Wei

(Business School, China University of Political Science and Law; Guanghua School of Management, Peking University)

In the economic context of widespread entrepreneurship and innovation, Venture Capital (VC) has become an important source of capital for innovation entrepreneurship in China In mature Western capital markets, VC, as a specialized financial intermediary, monitors and certifies enterprises; therefore, VC investment can signal the value of venture enterprises and reduce information asymmetry. However, in recent years, there have been many negative examples of VC in China, which involved grandstanding and post-IPO deterioration of financial performance. These phenomena are related to the stage of VC development in China. Although the first financial institution in China specializing in VC investment was established in 1985, the development of VC has been slow due to the lack of a general exit mechanism in the early period. After the opening of the Shenzhen SME board in 2004 and the implementation of stock split reform in 2005, more and more VC has become available, and it has grown rapidly with economic development and inventive policies. Due to their limited experience, many VC firms in China lack professional skills. They are eager for a quick exit and instant benefits. Furthermore, under the strict restrictions on IPOs in China, entrepreneurs and limited partners may value VC firms, government background or political connections more than their professional ability, which contributes to the short-term behaviors of VC firms.

Such phenomena are common in the early stage of an industry's development. However, to ensure the sustainable development of the VC industry, an effective reputation mechanism is necessary. The professional quality of VC can be improved gradually, if there is a market mechanism to screen the quality of the VC firms, thereby developing superior firms and weeding out inferior firms. This study examines whether the reputation mechanism works in China's VC industry. There are few studies of this problem, and the conclusions are inconsistent Some find that a VC firm's reputation improves its portfolio companies, financing environment, productivity, and merger performance; but others find that a VC firm's reputation has no significant influence on the initial return of IPOs, and is even positively correlated with earnings management at the time of the IPO. Most studies have used VC exit history to measure firm reputation. Such measures mainly reflect the progress of reputation building, but do not capture events that damage reputations. In addition, most studies have focused on the influence of firms, reputation before or at the time of the IPOs, not the reputation mechanism in the secondary securities market.

In this study, we exploit the VC reputation mechanism in the secondary securities market by studying the effect of reputation damage to VC firms on their portfolio companies. Specifically, we examine whether investigations of VC-backed listed firms by regulatory bodies lead to price declines in other firms backed by the same VC firm (related companies).Our research setting offers two advantages. First, we observe the reputation damage to VC firms. When the portfolio companies that went public are investigated by regulatory bodies, the quality of the VC firms, monitoring is challenged and their reputation is affected. Second, by observing the immediate market reactions to regulatory investigations, we exclude the influence of other factors and can posit a causal link between the reputation of the VC firms and the contagion effect.

Using a sample of CSRC regulatory events from the 2007 to 2015 period, we find the market reaction of investigated VC-backed companies is -8% around the announcements of investigation events, and the related companies, market reaction is -1.2% around the events. We also find that investors impose a larger penalty on the stock prices of the related companies backed by VC firms that have higher reputations or are more intensively involved in the operations of the investigated firms.

Our study makes several contributions. First, our research provides evidence that the reputation mechanism affects VC in China. Our results indicate that a VC firm's reputation influences the valuation of its portfolio companies even after they go public; therefore, entrepreneurs and limited partners should pay more attention to VC firms, professional abilities. Second, existing research has found that negative events in one firm can induce share price declines in other firms related by industry, supply chain, auditor and so on. We identify another stock price contagion channel: the VC firm. Third, our paper sheds light on the consequences of Chinese SEC regulation. The results show that regulatory investigations influence not only the investigated companies, but also some related financial intermediaries and companies.

Party Organizations in Chinese Privately Owned Firms and Corporate Donations

ZHENG Dengjin XIE Deren

(School of Accountancy / China's Management Accounting Research & Development Center, Central University of Finance and Economics; School of Economics and Management, Tsinghua University)

Most previous studies approach the relationship between enterprises and government from the perspective of macro government intervention or the government backgrounds of managers or shareholders. This, however, ignores the distinction between the government and political parties and the influence of party organizations in enterprises. Given that the role of the party directly depends on party organizations, we must explore the influence of such organizations on firms, behavior. During the 18th and 19th National Congresses of the Communist Party of China (NCCPC), Xi Jinping repeatedly stressed the importance of party organizations in corporate governance. At the National Conference on Party Construction in Non-public Enterprises, Xi emphasized that the key to building a corporate governance mechanism with Chinese characteristics lies in embedding party organizations into the corporate governance structure. Unfortunately, there is little empirical research on the economic consequences of such embedding in privately owned firms. Consequently, we focus on the influence of party organizations in privately owned firms in the corporate donations setting.

As mentioned, we take the social donation behavior of privately owned firms as the research setting. We choose the social donation setting (an important aspect of corporate social responsibility) to study the role of party organizations in privately owned firms for two reasons. First, corporate social donation behavior is consistent with the Party's beliefs and mission. Second, with the development of privately owned firms in China, charitable donations from privately owned firms have gradually become an important part of China's social public welfare. Since 2007, the donation rate of privately owned firms has been more than 50%. Therefore, the social donation of privately owned firms offers an ideal setting in which to test the economic consequences of the influence of party organizations in such firms.

The effect of party organizations on privately owned firms is largely ignored by the literature. We manually collect data on party organizations in privately owned listed companies for the period 2004-2015 to examine the real effect of party organizations on the donations of these firms. We find that donations are significantly positively related to party organizations in these firms, and the positive effect is still significant after donation data are adjusted to the industry or province level. The positive effect is more pronounced in privately owned firms that have more solid party organizations or managers that pay more attention to them, and during (NCCPC) periods. In addition, the results are robust after controlling for potential endogeneity. Finally, we find that province-level donations are significantly higher in provinces where the impact of party organizations is stronger.

The main contributions of this paper are as follows. First, we provide new perspectives and evidence for research on political parties and political party organizations. Previous studies mainly explore how party organizations in state-owned enterprises affect corporate governance and corporate performance. Due to the difficulty of data collection and other reasons, few empirical studies address the economic consequences of party organizations in privately owned firms. Second, we expand the cross-disciplinary study of government-enterprise relationships and corporate behavior. We study the relationship between government and enterprises from the perspective of party organization embeddedness; this topic spans the fields of sociology, politics, management, and economics and thus extends the literature on the relationship between government and enterprises. Finally, this paper has strong immediate significance. The results show that party organizations embedded in privately owned firms help them fulfill their social responsibilities. This is consistent with the mission of the Central Committee of the Communist Party of China to strengthen party organizations in privately owned firms. The findings also offer useful insights on the experience of party organizations' construction in privately owned firms, which can serve as a reference for the reforms, such as strengthening the construction of grass-roots organizations.